新电商精英系列教程

电商运营

第3版

阿里巴巴商学院 编著

電子工業出版社
Publishing House of Electronics Industry
北京•BEIJING

内 容 简 介

“电商精英系列教程”自2011年问世以来，伴随着电子商务大潮在国内的兴起，已经热销100多万册，两次荣获电子工业出版社最佳品牌奖，成为全国范围内颇具影响力的电子商务系列教程，是几代电商人和院校学员学习的“绿色记忆”，中间经过几个版本的更新迭代。2023年，第3次升级版“新电商精英系列教程”问世！

本套丛书均配有PPT课件，由阿里巴巴商学院召集三十余位优秀创业者、商家、教师和电商领域专家编写，丛书包括8本：《网店推广》（第3版）、《电商直播》、《电商运营》（第3版）、《网店美工》（第3版）、《网店客服》（第3版）、《跨境电商物流》、《跨境电商营销》、《跨境电商独立站运营》。

《电商运营》（第3版）全面且深入地介绍了电商运营的知识和技能，从电商概述的基础知识开始介绍，进而深度阐述了店铺运营、商品运营、视觉运营、内容运营、客户运营和关系管理、数据运营和团队运营等电商运营相关工作内容。本书通过丰富的实战案例，让读者迅速掌握电商运营的相关知识和核心工具的使用，具有很强的可操作性。

图书在版编目（CIP）数据

电商运营 / 阿里巴巴商学院编著. —3版. —北京:电子工业出版社，2023.7
新电商精英系列教程
ISBN 978-7-121-45972-6

Ⅰ. ①电… Ⅱ. ①阿… Ⅲ. ①电子商务—运营管理—教材 Ⅳ. ①F713.365.1

中国国家版本馆CIP数据核字（2023）第130012号

责任编辑：张彦红　　文字编辑：高丽阳
印　　刷：三河市良远印务有限公司
装　　订：三河市良远印务有限公司
出版发行：电子工业出版社
　　　　　北京市海淀区万寿路173信箱　　邮编：100036
开　　本：787×980　1/16　印张：19　字数：364.8千字
版　　次：2016年10月第1版
　　　　　2023年7月第3版
印　　次：2025年1月第4次印刷
定　　价：69.00元

凡所购买电子工业出版社图书有缺损问题，请向购买书店调换。若书店售缺，请与本社发行部联系，联系及邮购电话：（010）88254888，88258888。

质量投诉请发邮件至zlts@phei.com.cn，盗版侵权举报请发邮件至dbqq@phei.com.cn。

本书咨询联系方式：faq@phei.com.cn。

“新电商精英系列教程”编写委员会

序

数字经济的崛起与繁荣，赋予了经济社会发展的“新领域、新赛道”和“新动能、新优势”，正在成为引领中国经济增长和社会发展的重要力量。电子商务作为数字经济中极具活力和发展潜力的领域之一，持续推动着数字时代各行业商业模式的创新和转型，2022 年，全国网上零售额 13.79 万亿元，产业电商市场规模达 31.4 万亿元。随着技术和社会媒体的不断发展，电商行业正在经历着新的转型和变革，在这个过程中，越来越强调消费者体验。智能化进程加速、社交电商和直播电商的崛起，以及数字货币和元宇宙的应用成了当前电商行业的最新趋势，进一步推动电商成为中国经济社会转型发展的重要一极。

新技术的应用，例如移动互联网、人工智能和区块链等，推动了电商快速发展和营销模式不断创新。同时，这些技术也对整个电商生态系统中的各类参与方提出了更高的要求。从区域发展的角度来看，各大电商龙头企业争夺的“主战场”已经从一二线城市扩展到三四线城市，并向东南亚、非洲和中东等新兴电商市场转移。下沉市场和跨境电商则成为新的风口。从电商平台模式创新的角度来看，传统主流电商平台规则在不断升级，而新涌现的 O2O、社交电商和直播电商等多种新模式更注重消费者个性化需求和购物体验。电商创业者必须具备更前沿化和技术化的知识，以适应以数据驱动、网络协同和客户体验为核心要素的智能商务时代。

在过去三十年中，电商人才培养已经取得了显著的成果。然而，如何更好地培养电商人才以适应行业发展是一个难以回避的问题。一方面，新的电商模式和后发地区的电商升级都面临着电商人才短缺的问题。虽然在校电商专业的学生掌握了一定的理论知识，但在实际操作和应用层面，他们往往难以满足最前沿的行业技能要求。从业人员在实践中积累的知识往往零散、片段化，缺乏必要的体系和提升。另一方面，国内现有的电商相关专业课程和培训内容难以与时俱进。传统的工业时代教育体系已经不能适应新经济时代对人才巨大且崭新的知识要求。

教育部高等学校电子商务类专业教学指导委员会在过去数年中，在电商人才培养的总体目标、专业素质构成、培训体系设置以及产教融合拓展等方面开展了大量的工作，取得了多项宝贵共识。作为该委员会的一员，笔者参与并见证了国内电商人才培养的改革和创新，深知要在互联网发展日新月异的情境下保持相应知识内容体系的适应性，既是一项振奋人心的任务，更是一个非常艰巨的挑战。电商创新创业人才的培养，必须一如既往地秉承前沿理念，紧跟行业领域的技术及市场趋势，形成更具时代感的电商创新创业知识体系，为电商行业的发展注入新的活力。

多年来，笔者所在的阿里巴巴商学院一直致力于满足新经济时代不断变化和升级的需求，在电商和数字经济领域创新型人才的教育、培训和教材方面做了大量卓有成效的工作，为行业和社会各界输送了成千上万名高素质电商人才。这次学院组织召集了三十余位活跃于电商一线的资深创业者和优秀商家，高等院校一线教师，以及教育部高等学校电子商务类专业教学指导委员会专家，对“新电商精英系列教程”进行了新一轮的升级，既考虑到数字经济时代的新变化和新需求，也兼顾到电商新竞争格局中涌现出的新主体和新规则。我们相信，这套教材将成为电商人才培养探索的重要里程碑，能够积极促进电商行业的发展，同时也将为广大创业者和从业者提供有价值的参考。

章剑林
阿里巴巴商学院执行院长
教育部高等学校电子商务类专业教学指导委员会副主任
2023 年 4 月于杭州

再版前言

“电商精英系列教程”自 2011 年问世以来，伴随电子商务大潮在国内的兴起，已经热销 100 多万册，两次荣获电子工业出版社最佳品牌奖，成为全国范围内颇具影响力的电商系列教程，是几代电商人和院校学员学习的“绿色记忆”。

2016 年，电子工业出版社推出丛书升级版“新电商精英系列教程”。2019 年，第 2 次升级版“新电商精英系列教程”问世！2023 年，第 3 次升级版“新电商精英系列教程”（即本套丛书）问世！

丛书为电商创业者、从业者和大中专院校的电商相关专业学生提供了一系列体系化、具有实践性和可操作性的电商知识。这些知识不仅让电商行业人才技能及素质得到了极大提升，更让我们一起见证了电商行业最激动人心的时代！

实践总是超前于理论的发展，系统的学习必须要对来自实践的知识进行梳理与总结。阿里巴巴商学院发起了此轮（第 3 次升级版）修订工作，旨在“培养一批能够适应新技术和新模式快速涌现的电商实操型人才”。我们密切关注新经济趋势，深度调研电商行业人才能力的构成，并严格把关教材内容和作者筛选。历时近六个月，我们完成了这套新版“新电商精英系列教程”。本次修订体现了以下几个新特点：

第一，新版教材更符合电商前沿知识体系需求。

在多方专家讨论的基础上，新版教材新增了跨境电商独立站运营、跨境电商物流、跨境电商营销三个专题，进一步契合全球化电商运营的现实场景，为电商从业人员提供更系统化的基础知识。通过增加的这三个专题，读者可以更深入地了解电商的最新发展趋势和运营方法，有助于更好地应对市场变化和提高竞争力。

第二，电商"产教"整合实现优质内容发布。

编委会邀请三十余位活跃于电商一线的资深创业者和优秀商家，高等院校一线教师，以及教育部高等学校电子商务类专业教学指导委员会专家共同参与编写，既保证了内容具有指导性和可操作性，也保证了内容的逻辑性和条理性。通过"产教"整合，丛书能够更好地满足电商行业从业者的实际需要，提高读者的学习效果。

第三，全方位优化设计提高电商相关专业学生的学习体验。

编写团队在创作初期便充分考虑如何将新版教材更广泛地应用到高等院校中电商相关专业的全日制大学生群体及自学人员。在内容上，本书结合高校学生培养特点做了相关设计，如在各章都安排有练习题和答案。这些优化的设计可以帮助读者更深入地理解和掌握电商知识，让学习过程更加轻松、简单和有效。

《电商运营》(第 3 版)是本轮升级版教材的重要组成部分，全书共分 8 章。其中第 1 章由黄海林编写，主要内容是电商概述；第 2 章由高嗣龙编写，主要内容是店铺运营；第 3 章由刘黄伟编写，主要内容是商品运营；第 4 章由杨志远编写，主要内容是视觉运营；第 5 章由杨志远编写，主要内容是内容运营；第 6 章由高嗣龙编写，主要内容是客户运营和关系管理；第 7 章由杨志远编写，主要内容是数据运营；第 8 章由黄海林编写，主要内容是团队运营。此外，范志刚、徐瑶之等人也为本书做出了贡献。

本书凝聚了诸多优秀商家的智慧与心血，编写工作得到了政产学各界领导、专家、学者的关心和支持，部分素材、数据来源于行业内权威的研究机构及相关网站信息，在此一并表示感谢！

由于电商行业的发展日新月异，编写组水平也有限，书中难免有不当之处，敬请广大读者指正。

"新电商精英系列教程"编写委员会

目　录

第 1 章

电商概述

1.1 电商运营简述

2000 年，教育部批准设置电子商务本科专业。10 年之后，教育部批准了 300 多所本科学校开设电子商务专业。2022 年，全国电子商务专业招生超过 4 万人，较 2021 年上涨 12%。截止到 2022 年，国内开设电子商务专业的高校约 560 所。

学校专业的发展，一般都紧跟产业的发展。中国电子商务的蓬勃发展，已经形成了完整的产业链、人才链。中国电子商务服务业持续稳步增长，市场规模不断扩大，2021 年线上销售增速超过 10%，中国网购客户规模超过 8.4 亿人，网购交易规模超过 40 万亿元。不只是中国，全球电商的发展也呈上升趋势。

我们的日常生活，在过去 10 年中，已经完全被电子商务所“包围”，它已经完全融入了我们每个人生活中的每一天。所以，选择电子商务专业，意味着进入了一个成熟、稳定而又呼唤创新的行业，也是能够有所作为的行业。

1.1.1 什么是电子商务

电子商务的本质是利用电子设备和网络通信技术进行的商务活动。电子商务是以信息网络技术为手段，以商品交换为中心的商务活动。“电子”是技术和手段，而“商务”才是核心目的，一切的手段都是为了达成交易目的而产生的。

广义的电子商务，指借助电子工具，运用互联网从事商务活动。

狭义的电子商务，就是网购及相关活动。我们一般理解的电子商务，就是指在互联网上进行商品买卖的活动。

本书要谈的，就是狭义的电子商务，一般简称电商。

1.1.2 电商的几种类型

从经营的角度，按照市场主体的属性分，电子商务可以分为传统电商、社交电商、内容电商、跨境电商。

传统电商，主要平台有淘宝、天猫、京东、当当、苏宁、唯品会等，这些电商平台邀请商家入驻，然后依靠平台自身的运营能力和流量，吸引客户购买，推动线上商品交易。

社交电商，是靠客户的社交关系链展开的销售行为。其最大的特点是，以粉丝的关注、基于社交工具的沟通、自媒体内容的分享、社群的传播裂变等为核心。

内容电商，是因为手机和 4G 技术的成熟，随着图文、短视频内容消费习惯的形成产生的，用非常碎片化的内容重新定义广告，用内容沉淀消费行为，用内容塑造电商新生态。小红书、抖音、快手、微信视频号，也都各具特色。很多食品、有地方特色的商品，或者新奇的商品，首发站都是内容电商平台。

跨境电商也称跨境电子商务，主要平台如亚马逊、SHEIN（希音）等。

从学术的角度，电子商务按模式可分为企业对企业（Business to Business，B2B）、企业对个人（Business to Customer，B2C）、个人对个人（Customer to Customer，C2C）、线上对线下（Online to Offline，O2O）、企业与政府间电子商务（B2G）等几种类型。

B2B：进行电子商务交易的供需双方都是商家（或企业、公司），它们使用互联网技术或各种商务网络平台完成商务交易。阿里巴巴的 1688、慧聪网等都属于 B2B 平台。

B2C：企业对个人的一种电子商务模式，即企业通过互联网将商品、服务及信息提供给个人客户。B2C 模式是直接面向客户销售商品和服务的商业零售模式。比如天猫、京东等电子商务平台都是 B2C 模式的。

C2C：指个人对个人的电子商务模式，是个人将商品发布到电商平台，让个人客户购买的模式。淘宝、闲鱼等都属于这类平台，微商在朋友圈卖东西，抖音达人推荐商品“带货”某种意义上也是 C2C。

O2O：又称离线商务模式，是指线上营销、线上购买或预订（预约），带动线下经营和线下消费的模式。美团、饿了么、途虎养车、携程都可以归属于这一类平台。

B2G：是企业与政府合作的电商，比如国家控股的国家和私人合营公司就是属于这种商业模式，政府的采招网、政采云就是这种类型。

1.1.3 电商的发展历程与趋势

电商是零售的一种呈现形态，零售的特点是直接为客户服务，每笔交易数量少，交易次数频繁，经营的消费品品种繁多，富有特色。先看看零售业历史上的三次革命。

（1）第一次革命：19 世纪中期，出现百货商店这一新业态。

（2）第二次革命：20 世纪初期，出现连锁店这一商业组织形态。

（3）第三次革命：20 世纪 30 年代后，出现超级市场这一商业组织形态。

中国电子商务的发展历程，也和世界零售业类似，经历了一个合理且较长的演变过程。

（1）萌芽期：1997—1999 年。大众对电子商务知之甚少，大部分电商网站举步维艰。

（2）调整期：2000—2002 年。国内的电商，主要从 B2B 开始起步，三分之一的电商公司销声匿迹，市场大范围调整。

（3）复苏期：2003—2005 年。以 2003 年淘宝网成立为标志性事件，C2C 的概念得到验证。以此为契机，发展出淘宝、当当、卓越、聪慧等第一批初具规模的中国电商公司。

（4）成长期：2006—2009 年。中国电子商务市场进一步快速发展。而垂直 B2C 模式，开始被视为未来趋势和理论上最理想的电商模式。一时间大量的垂直 B2C 平台如雨后春笋般成立。这一时期开始呈现“水大鱼大”的特点，“双 11”也是在这一时期开始的。

（5）发展期：2010—2012 年。物流、支付等在这一阶段大规模发展，网民数量和物流公司数量均保持极快的增长趋势。B2C、O2O 等都在这一阶段兴起，美团、饿了么、京东、聚划算等，在这一阶段都有了自己的位置。

（6）崛起期：2013—2017 年。电商行业发展逐渐呈现去中心化、去边界化、多行业、跨领域全方位发展趋势。菜鸟、京东物流，以及综合平台的各类自营模式，都是在这一阶段开始的。

（7）成熟期：2017 年至今。从纯线上电商发展成为线上线下多端融合的新零售，从货架电商主导到兴趣电商异军突起，从以城市消费为主到农村消费也蒸蒸日上，从把货物由城市卖到农村到城市农村可以互相买卖，都是电商成熟期的典型变化。

中国电商行业保持快速的增长状态，2018 年开始进入红海，电商运营也就进入了深水区。虽然现在中国电商行业还在稳步发展，但是和世界经济一样，也呈现出增速放缓的态势，这意味着国内电商行业的竞争将更加激烈，更加呼唤创新，只有找到正确的发展方向和新的起点，努力打造自己的核心竞争力，才能实现可持续发展，更上一层楼。

电商行业的未来趋势，整体上来说，更加具备国际化、社交化、数字化的特点。从运营的角度，大概有如下趋势。

（1）小店人格化。小店需要小而美，实现人格化和 IP 化的属性，让一部分客户因为喜欢和信任小店的“人设”而购买。人格化可以加强商品的记忆点，可以提升内容、商品、商业的附加值，可以具备良好的延展性和渗透性，也可以围绕 IP，从内容、商品、包装、周边定制等方向进行一系列的延展。

（2）大店品牌化。大店需要强化品牌，构建品牌的壁垒。品牌意味着一个商品的市场地位，意味着商品质量、性能，以及店铺的技术、装备和服务的价值，它最终体现了企业的经营理念。要更加注重品牌塑造，而不只是技术端的更新。品牌化是未来的一个趋势，这更能让客户有信心去购买商品。

（3）运营精细化。运营精细化，不只是核心卖点突出、包装精致、页面精美，还要各行各岗分工明确、协同运作，单一商品的生命线较短，需要不断基于市场需求创造新产品。本书也会详述店铺运营、商品运营、视觉运营、数据运营等，就是为了适应电商运营精细化的知识需求。

1.1.4 新零售与数字经济

说起中国电商，完全绕不开义乌小商品市场，因为中国第一代电商，就是把义乌小商品市场搬到了线上，第二代就是把工厂直接开放给客户，第三代是把生产过程、设计理念、客户感知都通过抖音、快手、微信视频号等进行展示或传达。

可以说义乌小商品市场，经历了从“坐商”到“电商”，再到“云商”的全过程。

淘宝是第一代电商平台的代表，实现了从“坐商”到“电商”，从线下销售商品到线上销售商品的跨越。拼多多是第二代电商平台的代表，实现了客户直供，且惠及低收入低文化人群。抖音和快手是第三代电商平台的代表，实现了商品人格化、社交化和全面可视化。下一代电商，会基于客户、供应链、消费平台，实现“云商”，真正实现线上与线下、生产与制造融为一体的数字经济。

2017 年后，阿里巴巴不再提电子商务，而是打造新零售。新零售提法之初，简单地说就是线上线下结合，就是进行人、货、场的重构。人，即以人为本，无限接近客户的内心需求。货，即更好的商品。场，即无处不在的消费场景。

产业互联网、物联网的发展，对新零售又提出新的要求，新零售进入精耕期。早期的新零售主要解决人、货、场的匹配问题，代表平台是阿里巴巴的盒马。但数字经济下的新零售，正在和新金融、新物流等诸多的“新物种”，一起成为数字生活时代的重要组成部分。

通过新技术、新材料，改造 B 端的生产方式和供应方式，实现产销融合，代表平台是阿里巴巴的犀牛智造。

1.1.5 电子商务的法律常识

中国正在构建更加完善的法治社会，做电商经营不可不懂法。与电子商务行业紧密相关的法律主要是《中华人民共和国电子商务法》《中华人民共和国广告法》等，读者可自行学习、研读相关法律文本。需要特别注意关于税收、跨境代购、虚假评论、二选一（垄断）、押金退还、快递交付、大数据“杀熟”等的相关规定。

这里讲解几个需要重点关注的地方。

知识产权保护。卖家希望知识产权不被剽窃，买家也不希望买到假冒伪劣商品。电子商务活动涉及域名、计算机软件、版权（字体、音乐、图片、视频素材）、商标、仿品等诸多问题，是新手很容易犯错，或者被恶意敲诈的地方。所以使用各类有知识产权风险的文件时，要先检查是否需要授权，有问题要及时整改。

合法宣传。发布内容的时候，注意是否使用了相关法律法规规定的禁用词、敏感词，是否夸大或者虚假宣传，是否有明显不良的引导，是否侵犯他人版权等。这些是运营人员应该掌握的基本常识。

税收合规。既要合规纳税，也要注重将税作为成本计算进去。税务相关的专业问题，交由专业的财务人员去处理，运营人员在工作中要注意计算税务成本。

保护隐私。既要保证信息公开、自由流动，又要防止滥用个人信息。这里面包含了商家的经营商业秘密，客户的姓名、电话、地址、购物内容和购物习惯等，都要注意保护。在日常工作中，导出数据时需要注意规避隐私，保存数据时需要加密，对比和公开数据时要注意脱敏。在做私域运营的时候，也要注意尺度，谨防客户投诉。

确保交易安全。谨防“钓鱼”、诈骗，尤其是通过“刷单”等不良行为进行的诈骗。

1.2　主流零售电商平台简述

1.2.1　淘宝、天猫

淘宝是亚太地区较大的网络零售平台，由阿里巴巴集团于 2003 年创立，被称为“万能的淘宝”，是很多传统商家电商经营的“第一站”，主要进行轻量级、可验证交易。

天猫原名淘宝商城，2012 年更名，是一个综合性购物网站。天猫是阿里巴巴重要的战略部署，其整合数万家品牌商、生产商，为商家和客户提供一站式解决方案。

阿里巴巴集团经营多项业务，相关业务还包括聚划算、全球速卖通、阿里巴巴国际交易市场、1688、阿里妈妈、菜鸟网络、闲鱼等，如图 1-1 所示。

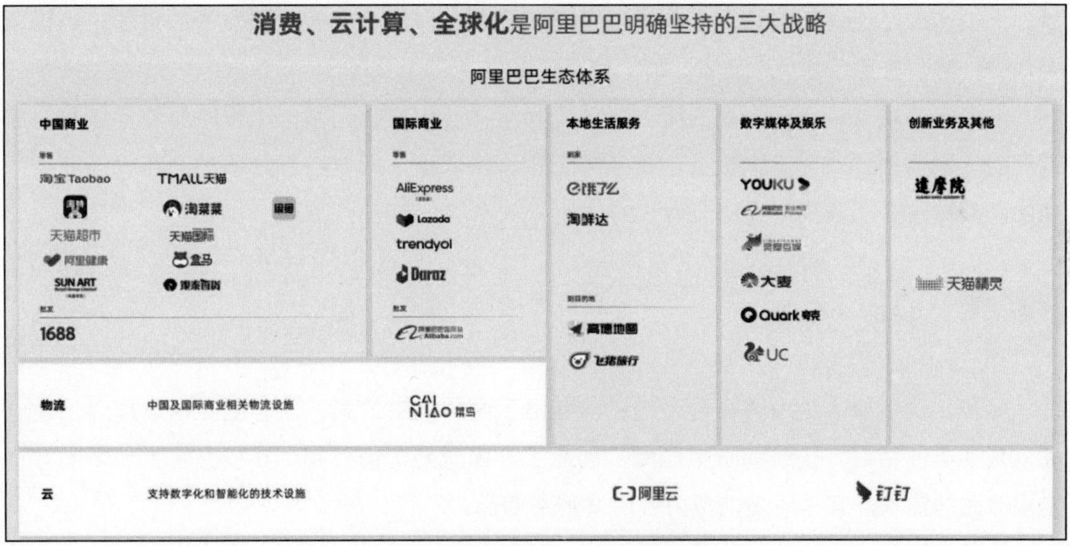

图 1-1　阿里巴巴集团经营的业务

相关数据显示，在零售领域，阿里巴巴的市场份额最大，其次是京东、拼多多、抖音、快手、美团等。随着技术和市场的发展，兴趣电商和货架电商的融合度也越来越高，逐步演变成线上和线下融合的新常态。

1.2.2 京东

京东于2004年正式涉足电商领域，是中国的综合网络零售商，是中国电子商务领域深受客户欢迎和具有影响力的电子商务网站之一。

很长一段时间中，京东的经营理念是“多•快•好•省”。多，为客户提供一站式综合购物平台。快，自建物流实现极速配送服务。好，坚持正品行货保证商品品质。省，依靠低成本和高效率实现天天低价。

1.2.3 拼多多

拼多多成立于2015年9月，是国内移动互联网的主流电商平台之一，直接从手机端起步。拼多多专注于拼团购物，客户通过发起和朋友、家人、邻居、网友等的拼团，可以以更低的价格，拼团购买优质商品。

拼多多的发展，实际上是利用了移动互联网普及到农村、微信小程序的流量红利、产业产能过剩需要释放等三大机会。拼多多主打价格低廉，所以大部分店铺开在“产业带”地区，直接由工厂发货，实现交易目的。

1.2.4 抖音、快手

抖音、快手原本是内容平台，逐步演变出了内容电商模式，内容电商也被称为兴趣电商，兴趣电商相对于传统的货架电商，创造了一种新的营销模式，其核心是主动帮助客户发现潜在的需求，其本质是消费内容引发消费商品。

抖音电商致力于让美好生活唾手可得，“没有难卖的优价好物”，而成为客户发现并获得优价好物的首选平台。快手电商，是一个好逛、有趣、让“老铁”信任的优质电商平台，帮助达人和商家实现高效交易，以沉浸式体验带给客户不一样的购物感受。

相对而言，抖音倾向于集中向客户推荐几个近期的优质视频或优质创作者，快手更多地让观看视频的客户在各垂类作品中“均分”。

抖音和快手，是很多新商家尤其是商品具备新奇特点的第一站。同时，因为具备内容的属性，所以也是很多大品牌做“品效合一”的最佳选择，可以实现品牌宣传和 App 内购物一体化。

1.2.5 微信及社交电商

社交电商因为凭借客户的社交关系网，所以具有黏性大、互动性强、细分客户精准、获客成本低、商业潜力大等特点。现在很多社交电商企业和商家都在做优质的内容分享，并且通过两级分销制度激励，让有需求的客户产生对商品的消费意愿。

传统电商以货为中心，而社交电商以人为中心。不再以商品搜索、展示为销售模式，而是通过客户分享传播，形成口碑效应，从而激发消费需求。传统电商解决了客户去哪里买和怎么买的问题，而社交电商通过场景化的展示解决了为什么买的问题。

社交电商主要有三种模式：拼团模式、会员裂变模式和社区团购模式。

社交电商早期基于共同兴趣模式，这种模式以蘑菇街、美丽说为代表平台，这种模式的特点是解决了客户“逛”的需求。然后基于微信生态中的好友、群、朋友圈、公众号，产生了一些基于信任推荐的交易，产生了一大批微商。后来才有云集等平台基于微信的基础功能和客户消费习惯，切分了不同的细分市场。再后来产生了社区团购，客户可以拼团购买日常生活用品和食品。

有时候客户并没有明确和强烈的消费需求，只是在社会交往过程中受到商品信息的促发而产生了消费需求。淘宝的“亲”、快手的“老铁”“家人们”、抖音的“宝宝们”，是平台商家对客户的友好称呼，本质上都是社交化的产物。

人们已经完全离不开微信、微博、抖音、快手、小红书等 App 了，相当一部分人每天花在手机上的时间超过 6 小时，每天点击或者滑动手机屏幕的次数超过 3000 次。社交电商涉及的范围非常广泛，涉及的人也相当多，越来越多的企业重视起了社交电商。

1.2.6 其他电商平台

电商经过 20 多年的发展，具备较强的多元性，还包含了其他各类垂直电商平台（叮咚买菜、春水堂、酒仙网），半垂直半综合电商平台（当当网、唯品会、必要），返利或导流类电商平台（返利网、什么值得买、淘粉吧、好省、蜜源），等等。

除了国内的电商平台，还有主流的B2C跨境电商平台：亚马逊、速卖通、eBay、Wish等。亚马逊创立于第一次互联网浪潮兴起的1995年。速卖通上线于2010年，是阿里巴巴旗下唯一面向全球市场打造的在线交易平台，被广大卖家称为“国际版淘宝”。

除了跨境电商平台，海外客户也接受独立站，商家利用Facebook、YouTube、TikTok等平台为独立站引流，然后促成转化。

不管什么平台，其对于电商运营的本质要求是一致的，就是做更好的商品，更好地服务客户，做好客户的转化和复购引导，本书接下来将和同学们一起探讨如何做好电商运营。

本章要点

1. 了解电子商务的基本概念，以及B2B、B2C、C2C、O2O的区别。
2. 了解电商经营中的法律常识。
3. 基于新零售、数字经济，对多元复杂的科技+零售有较深的认知。
4. 对主流电商平台有全面认识，并能分清主流电商平台之间的核心差异。

本章习题

一、名词解释

1. B2C
2. O2O
3. B2G

二、选择题

1. （单选）以下不属于兴趣电商一项的是（　　）。

A. 快手　　B. 抖音　　C. 小红书　　D. 微信群接龙

2. （单选）电商平台中，以 C2C 为主要模式的是（　　　）。

A. 淘宝　　B. 抖音　　C. 京东　　D. 快手

3. （单选）以下哪个平台是基于微信生态，用拼团模式做起来的？（　　　）

A. 拼多多　　B. 唯品会　　C. 美团　　D. 携程

4. （多选）电子商务知识产权保护方面，以下哪几项是受法律保护的？（　　　）

A. 著作权　　B. 商标权　　C. 民国名人名言　　D. 肖像权

5. （多选）从商家的角度来说，下列哪些是兴趣电商平台相对于传统货架电商的优势？（　　　）

A. 通过内容充分介绍商品　　B. 口碑更容易传播

C. 可以靠内容掩盖商品的不足　　D. 有更多机会触达潜在客户

三、填空题

1. 淘宝网是____电子商务模式的代表。

2. 淘宝的“亲”、快手的“_____”“家人们”、抖音的“宝宝们”，是平台商家对客户的友好称呼。

3. 中国正在构建更加完善的_____社会，做电商经营不可不懂法。

四、简答题

1. B2B、B2C、O2O 的主要代表企业有哪些？

2. 未来 3 年电商的发展趋势和发展方向是什么？

第 2 章

店铺运营

2.1　店铺运营概述

互联网电商平台的店铺运营，就是负责网络店铺日常运作过程中的各项活动的计划、组织、实施和控制的岗位，有时也指在这些岗位工作的人员。

对于个人而言，店铺运营很多时候就像是一支球队的教练。上有老板，下有球员，中间可能还有一群球迷等着看教练的带队表现。如果带队表现好，球队成绩不错，那么“球市”自然就会好，球迷数会变多，薪酬、待遇、名声等各方面自然都能噌噌往上涨。倘若带队成绩不理想，球队成绩始终没能有起色，或者没打出球迷和老板心中的成绩，那教练有可能被解雇。

店铺运营其实也是这样，上面有老板，下面是团队，中间的“球迷”其实就是平台要获取和维护的客户。倘若店铺的经营成绩好，那么成交客户就会增多，各项业绩指标、考核要求也相对容易达成。而若店铺的经营成绩不好，迟迟都找不到成交客户，或者迟迟没能实现销量增长，那么运营背负其最主要责任，似乎也在所难免。

此外，大家可能也都知道，小球队的教练通常只有一个人，有的甚至还以球员兼教练的形式存在。而大的球队，或者成熟的职业球队，教练其实是有班组的，除去主教练外，通常还会有助理教练，会有智囊团，甚至还会有体能教练等，大家共同努力，把球队带出好成绩。

店铺运营大多也是如此，在绝大部分的中小网店中，店铺运营往往是一个从选品到推广、从接待到售后，什么都需要负责的岗位。很多情况下，在很多店铺中，老板就是店铺运营，或者一家网店只有一个单独的同事负责，由他来完成必要的人员搭建、团队配置和相互协作等事宜，可谓事无巨细，掌控一切。

而在那些中大型店铺，或者电商团队相对成熟一点的公司中，除去我们熟悉的店铺运营之外，一般还会有运营助理，会有活动助理，大家各司其职，完成各自模块的运营工作，一同经营好一家店铺、一个品牌，从这一点上看，这两种职业也很相像，如图 2-1 所示。

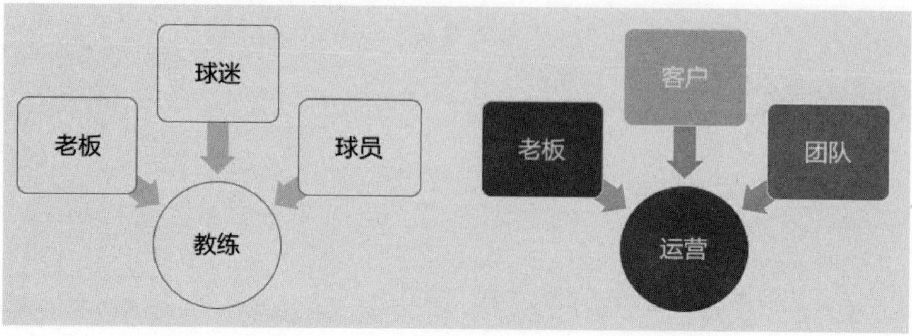

图 2-1　球队教练与店铺运营对比

倘若再换一个视角，大家可能会有另外一种感觉，那就是店铺运营这项工作，多少也是分层次、分阶段的。

比如我们绝大部分人接触店铺运营，都是从商品运营、商品售卖开始的。正常情况下，当我们还是“电商小白”时，恐怕都是从宝贝编辑、商品上架、促销设置、活动报名、数据统计、商品推广这一系列商品运营的细节入手的。然后和同事彼此熟悉，磨合一段时间后，有些表现不错的，可能就会成为店铺的专职运营。公司这时候可能会将旗下某个平台的一个网店切分出来，让这些同事尝试去运营打理，然后制定 KPI 进行相应的考核。

于是，这些运营就成了店铺运营，运营对象也从原先的一款商品变为多款商品，从原先关注某一单品的细分数据，转变为关注一家店铺的整体数据，要做整体布局方面的考量和规划。

而为了能运营好店铺，达成更高的交易额，通常情况下，在实际的运营内容上也会有很大程度的拓宽。比如现阶段各个电商平台店铺的运营过程中，内容营销已经是一个绕不开的话题，小到给商品拍摄视频制作短片、发布精美的图文或视频，大到策划专题性的主体内容、做店铺直播、与达人网红机构合作等，都属于内容营销的范畴，也都和店铺运营息息相关。

再比如，客户运营和关系管理也是店铺运营必定会关心的细节。诸多商家一边在各电商平台通过公域获取流量售卖商品，一边也在通过送“福利”、做活动、社交等形式吸引客户进微信、社群等私域池。随后再围绕这些客户，做进一步的行为数据跟踪和活动营销策划。

在有些品牌型的店铺、品牌旗舰店中，店铺运营的内容还会进一步衍生，衍生成为该平台上的品牌运营，品牌的官方形象、店铺风格、新品打造等，都是这个阶段的店铺运营所需要考虑和布局的。

这是运营的内容随着阶段和层次逐步递增的过程。当然，在递增的同时，其本身也会不断地变化。因为品牌运营的工作，最终还是要回归到商品运营上来，商品的更新迭代，能带动店铺业绩的整体提升，能吸引更多的客户，而更多的客户，最终又会提升整个品牌的影响力。

因此店铺的运营，其实是一个随着阶段和层级的变化，不断拓宽和不断循环的过程，如图 2-2 所示。

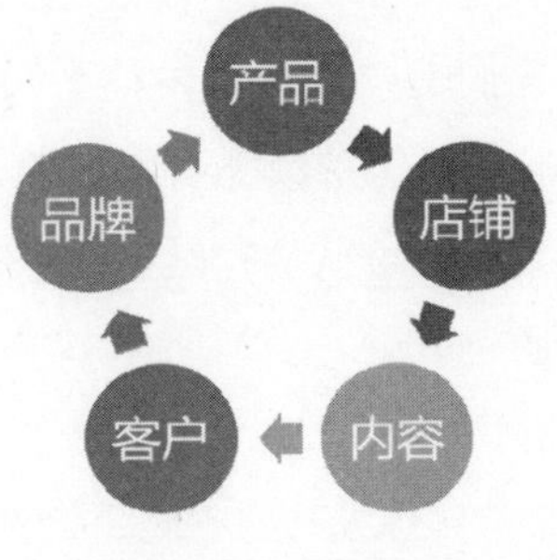

图 2-2　店铺运营的阶段和层级变化

而如果用一张更为完整的图，更全面地解读店铺运营的阶段和层级，这张图应该包含整个店铺运营的前端、中端和后端的工作内容，是一个类似于汉堡的样式，如图 2-3 所示。

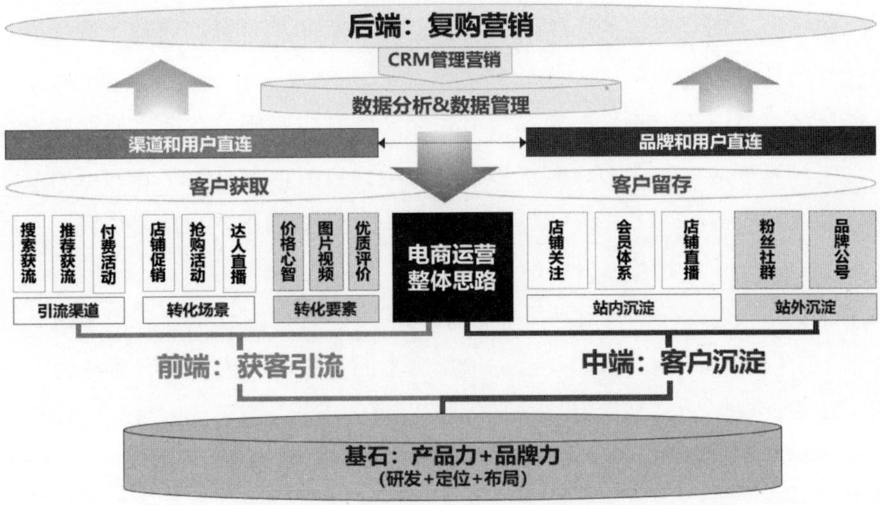

图 2-3　电商运营整体思路体系图

“汉堡”前端最底层是一个品牌、一家店铺的最为核心的基石，也就是产品力和品牌力。主要包括产品的研发、市场的定位、整体品类和规划上的布局。任何品牌、任何商家，想要成就一番事业，这个最底层的基石一定少不了。虽然很多时候店铺运营实际在运作的是中间的营销、中间的引流转化，乃至中间的交易，但是底层的基石是这座“高楼大厦”必不可少的地基工程。

“汉堡”中间层是整个运营的核心内容，也就是前端的获客引流和中端的客户沉淀，解决客户获取和留存的问题。获客引流方面，我们需要注意的是平台的引流渠道、转化场景和转化要素。而沉淀客户方面，我们需要运营站内的会员、站外的社群，乃至品牌形象、公众号等社交媒体，为的是客户、粉丝能持续和我们商家、品牌保持关联。

“汉堡”的最顶层，也就是店铺运营的后端，是客户关系管理和复购营销。无论商家是通过流量渠道获取的客户，还是通过其他方式获取的客户，最后都需要通过后端的客户关系管理和复购营销，通过数据分析导回到前端，形成运营的闭环。

当然，在实际运营过程中，我们会发现，店铺运营的成长过程，是一个从商品运营到品牌运营的内容拓宽和阶段递增的过程，其实际运作过程，遵循“优势资源沉降原理”：当拥有后端高阶资源和内容的时候，前端的基础运营工作将会变得容易和轻松许多。犹如从小到大的几张扑克，越往后的牌面越大，所能起到的作用自然也就越强。

如果商家自己的品牌有一定知名度，那就意味着他可能拥有大量的粉丝或客户，这时只需要将这些资源应用到自己的店铺，或者自己的爆款商品上去，店铺运营和商品起量的过程都会变得容易很多。

举个简单的例子，我们经常会看到很多知名品牌的旗舰店，在上线初期，没有太多的活动导入，也没有去做大幅度的让利优惠，甚至运营自身也没有非常强的电商专业技巧，但店铺和商品依然能很快就“做起来”。其背后的原因就是品牌本身就是资源，品牌自身能推动商品和店铺的成长。此时作为店铺运营，需要做的就是利用好这部分资源。

再如，这些年互联网平台中诞生了非常多的网络红人、网红主播。很多团队或者个人在内容营销上，很有自己的心得和手法，拍摄出来的短视频有内容，有感染力，布置出来的直播间有氛围，有场景。当他们将这些优势资源应用到店铺运营中时，店铺运营的各项工作似乎也会变得水到渠成，这同样是因为优势资源沉降原理。

实际上，这种沉降式的运作逻辑，在商业运作层面上，有一个更为形象的词汇可以形容，就是“降维攻击”：利用更多的高阶资源，降低一个维度迅速占领市场。

在商业环境里，降维攻击几乎每时每刻都在发生。比如线下品牌上线了，原有线上自主品牌的市场就会受到打压。一些真正的一线品牌、海外大牌入驻了，原有的二三线品牌市场就会受到冲击。

但正是由于商业环境的降维攻击无处不在，也促使着我们在店铺运营的过程中，要不断去挖掘自身优势，不断去寻找与同行相比“人无我有，人有我强”的特点，并把这些特点加以利用。

当然，在现实中，并非每家店铺都有降维的资本，并非每个商家，在面对各式各样的竞争对手时，都能找到所谓自身资源上的优势，那时又应该怎么应对呢？那唯有通过比同行更勤奋，通过比同行更精细化的运营方式，来想办法逐步获得这些能力和资源的提升，并在这个漫长过程中，始终借用降维攻击的思维，逐步站稳脚跟，壮大自己。

所以关于店铺运营的核心要领，其实应该有两条：

（1）学会降维攻击。降低一个维度冲击市场，聚集更高阶的资源来迅速占领市场。

（2）勤于精细运营。通过勤奋和精细化的运营方式来逐步优化提升，在获取资源的同时，寻找自身优势，壮大自己。

2.2 店铺运营方向和类型

了解了店铺运营的职责和核心要领后，我们来了解一下店铺的运营方向和店铺的运营类型。

2.2.1 店铺的运营方向

什么是店铺的运营方向？

简单来说，就是我们要用什么样的方式去运营一家网店，用什么样的形式，在淘宝、天猫、京东、拼多多乃至抖音、快手平台上售卖我们的商品。这个问题看似很简单，但各个平台特色不同，玩法各异，想要真正回答好，也并非易事。因此，这里我们有必要先了解电商运营中经常会被提及的经营理念——“人货场”，如图 2-4 所示。

什么是“人货场”？人，指的是消费人群，是我们的客户。货，指的是商家的货品。

场，指的是我们售卖货品时的销售渠道乃至销售场景。从生意的本质上来说，不管做的是什么生意，不管是在哪个平台、哪个渠道做生意，这 3 个要素都非常重要，甚至缺一不可。

图 2-4　人货场

为什么"人货场"这些要素非常重要？

因为在这些概念下，至少有两套生意的底层逻辑。

首先是客户的购买逻辑，我们可以先试想一下客户通常是如何买东西的。很多商家或者运营认为，客户买东西，就是直接去购物平台上寻找东西，或者直接去购物车里下单购买。

单纯从客户最终行为上来看，或许这样的观点并没有错，但是如果我们从客户的购物路径上来解析，这样的观点恐怕并不完全正确。

当站在客户的角度时，会发现我们在买东西的决策过程中，首先的着眼点通常会是"场"，而不是"货"。是会先思考我（作为消费者）在什么样的场景下需要这个商品，以及我要通过什么渠道才能买到这个商品，然后才会考虑我该如何在特定的渠道中，选择自己心仪的商家或者商品。

所以客户的购买决策，其实是"人—场—货"的逻辑。

"人货场"理念下的第二套底层逻辑，也就是我们商家经营或者运营的逻辑。

商家作为为客户提供服务的"对立面"，其运营的逻辑，和客户的购买逻辑是相反的。商家手里有的是商品，是"货"，所以从"货"这一端出发，商家做的选择一定是拿自己手里的"货"去覆盖客户可能会去的"场"（渠道/场景），再在这些"场"里，顺应展现规则，匹配适合的"人"，最终形成交易闭环。

所以，"人货场"的理念为何如此重要？因为它既包含了客户的购买逻辑，也包含了商家的经营逻辑，我们之后所有的运营策略、营销玩法，本质上都是在这个理念下孕育而成、开枝散叶的。因而我们也常说，所谓的生意场景，就是用合适的商品匹配合适的渠道、场景，进而吸引精准的人群最后形成成交的过程，如图 2-5 所示。

图 2-5　“人货场”的匹配思路

而在了解了“人货场”的经营理念后，对于店铺运营方向的选定，自然也就有了一个新的角度：既然所有生意的本质，都离不开“人货场”的匹配思路，那店铺运营的本质就是店铺在各平台中，实现“人货场”的链路匹配和打通。

1. “人”和“场”如何匹配

首先我们讲“人”和“场”该如何匹配。我们以淘系平台电商来举例。

淘宝天猫这样的购物平台中到底有几类人群？

2019 年阿里巴巴曾联合凯度咨询，调研了一至五线 360 个城市的 4434 位 18 岁以上的客户，根据不同人群的年龄、城市、家庭可支配收入等基础属性特征，总结出了平台 8 大人群，包括“小镇青年”“Z 世代”“精致妈妈”“新锐白领”“资深中产”“都市蓝领”“都市银发”“小镇中老年”等。本质上所有的商家、所有的品牌，所服务的客户属性，都在这 8 大人群之列。

而如果我们站在客户的视角看待这个问题，淘宝和天猫作为购物平台，应该有几类人？或许答案是两类。

一类是选购目标相对清晰的人，他们清楚地知道自己想买啥，有怎样的购物需求。另一类是选购目标相对模糊的人，他们并不清楚自己想买啥或者有什么特别的购物需求，他们只是来平台上边看边考虑会买些什么，也许看到合适的会当场“下个单”或者为下一次促销活动提前“种个草”，如果没遇到心仪的，那就默默跳转到其他 App。毕竟就平台性质而言，淘宝、天猫的本质是购物平台，而非娱乐或新闻百科类平台。

顺着这个结论，我们再来看一下这两类人各自的特点。

目标相对清晰的人通常有三个特点：

（1）购物时以精准搜索为主。

（2）对于价格有一定的敏感度。

（3）购物需求和目的比较明确。

我们再回到“人”和“场”如何匹配这个问题。

既然选购目标清晰的人有这样三个消费特征，那我们其实不难想象出下面三种与他们匹配的主要场景。

（1）“搜索场景”：通过关键词查询宝贝、寻找商品。

（2）“购物车场景”：从已加购（加入购物车）、已收藏的商品中寻找商品购买，或者从已购买商品中选择商品再次购买。

（3）“活动场景”：在促销活动期间，通过活动入口选购心仪的商品。

由此，商家在运营侧可以采用以下策略：在搜索关键词方面做布局，参加相应优惠活动，日常做好店铺粉丝、老客户沉淀等。如果店铺运营方向或者获取流量手段是围绕搜索展开的，那这些工作基本是运营日常必不可少的内容。

再来看选购目标相对模糊的人，他们同样也有三个消费特点。

（1）更多以浏览、闲逛为主。

（2）更容易被款式或内容所吸引。

（3）消费需求往往是被激发的。

同样，围绕这三个特点，我们可以总结出他们的三个主要消费场景。

（1）“推荐场景”：在平台首页以信息流形式推送的商品中挑选需要商品。

（2）“订阅场景”：在平台中已关注或订阅店铺的推送中选购心仪的商品。

（3）“活动场景”：在活动期间通过活动入口选购心仪的商品。

由此，商家可以采取以下运营策略：日常运营中要熟悉公域算法推荐权重（熟悉平台推荐算法要点，根据平台要求，做好相应的素材完善、内容覆盖）。布局好内容渠道（深挖人群背后的场景和使用需求，通过短视频、图文、直播等形式予以呈现和表达）。注重内容的质量反馈（观看量、观看时长、点赞数、评论数、完播率等）。如果店铺运营方向或者获取流量手段是围绕推荐和信息流渠道展开的，那这些工作是日常运营重点，如图2-6所示。

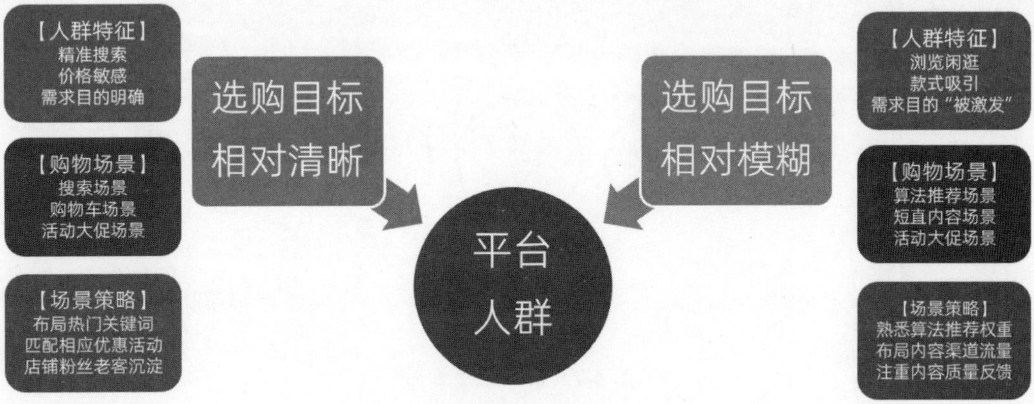

图 2-6　电商平台与人群的匹配

综上所述，"人"和"场"该如何匹配？我们认为从选购目标相对清晰和选购目标相对模糊这两类"人"出发，匹配场景应该可以汇总为四大模块，分别是搜索场景、推荐场景、活动场景以及老客（户）场景。

2."场"和"货"如何匹配

"人"和"场"的匹配问题解决后，"场"和"货"的匹配问题，相对要好理解得多。

既然"场景"主要有搜索场景、推荐场景、活动场景以及老客场景这四大块，那本质上，"货品"也就应该围绕这四种场景去进行匹配，或者说，我们商家运营策略里的商品售卖形式，主要可以围绕这四种场景来展开。

围绕搜索场景：根据关键词搜索热度，通过关键词拆解来获取流量售卖商品。

围绕推荐场景：通过平台公域推荐、短视频、直播等内容场景获取流量售卖商品。

围绕活动场景：通过平台活动，如聚划算、百亿补贴等活动渠道获取流量售卖商品。

围绕老客场景：通过商家粉丝运营、会员活动、私域管理来获取流量售卖商品。

而诚如前文介绍，店铺运营的本质是"人货场"链路的匹配与打通，店铺方向的选择，自然也就取决于商家卖货的形式，由此我们可以推断，店铺运营方向可以分为以下四类：围绕搜索方向，围绕推荐方向，围绕活动方向，围绕老客方向，如图 2-7 所示。

图 2-7 店铺运营方向

店铺运营方向既然已经明确，那顺着这些方向，就会产生不同的运营类型，总体来说，我们可以将它们归纳总结分为以下三类：搜索型、推荐型、活动/渠道型。

2.2.2 搜索型店铺

这是最常见的店铺运营类型，也是以淘宝、天猫、京东等平台为代表的传统电商平台发展最早期的店铺主要形态。

1. 店铺特征

搜索型店铺的主要特征是店铺内的商品大多数依靠各平台的搜索渠道获得流量，并且完成最终销售。

2. 运营策略

搜索型店铺的运营策略，大体可以分为以下三个阶段。

1）第一阶段：选择商品，聚焦关键词

任何运营的起点，几乎都是从选品开始的，而搜索型店铺在选品时，通常要考虑以下几个特点。

①市场有大量搜索需求和长尾关键词

这是搜索型店铺运营在选品时，必然会关心的一项内容。既然商品要通过平台的搜索渠道获得流量，那首先就必须在该渠道有大量的搜索需求存在，因为搜索需求往往决定了商品在搜索端的曝光展现机会，也决定了商品搜索流量的大小。

比如 A 市场一天只有 100 个人有需求并通过搜索关键词寻找该类商品，那即使商家做得非常优秀，在该平台上最多也只能获取 100 次搜索曝光机会。而至于搜索流量，还取决于被曝光展现后的商品点击率（流量=展现量×点击率）。

而 B 市场一天有 10 000 个人有需求并通过搜索关键词寻找该类商品，那理论上商家获得搜索曝光展现的机会就更多，倘若商家自身运营得还不错，能超越一些竞争对手，那在搜索流量获取上，自然会比 A 市场更多。

同样的道理，同类或同款商品 A，因各平台流量特性不同、玩法特色各异，在不同平台上获取搜索流量的机会和流量大小也会有天壤之别。切不可简单地判断市场的搜索需求。

当然，这里需要指出的是，在实际运营场景中，我们在判断关键词搜索量时，不仅要能看到现阶段的搜索热度（各大平台基本均有市场分析、行业热搜词指数这类工具），也要能对未来几个月的搜索热度有一定预判能力。因为有很多品类的销售有淡旺季之分，而且很多新型行业、新型品类是在高速发展的，我们切不可以当下的市场结论作为判断的唯一依据。

以婴童用品品类下的儿童润唇膏类目为例，如果我们通过淘宝“生意参谋—市场大盘—行业趋势”进行分析，比对搜索人气，大体可以看到图 2-8 中的数据。

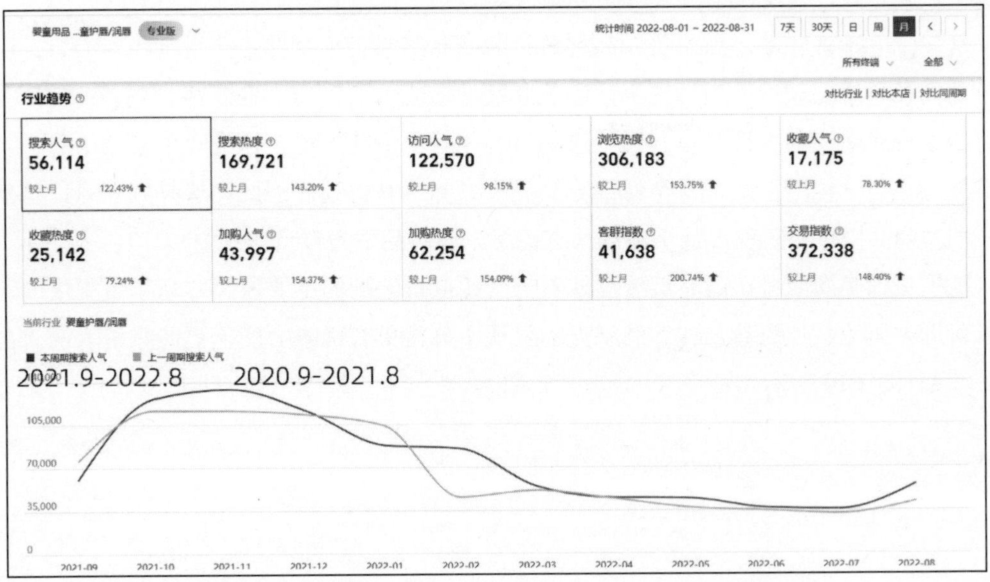

图 2-8　儿童唇膏 2020 年 9 月—2021 年 8 月搜索人气趋势

图中深色的趋势线代表 2021 年 9 月—2022 年 8 月的行业搜索人气，浅色的趋势线代表 2020 年 9 月—2021 年 8 月的行业搜索人气，两者属于相邻的同周期。

通过趋势线，我们基本可以看出：润唇膏品类在一年中有较强的淡旺季差异，3 月—8 月是淡季，市场需求逐渐走低。9 月—次年 2 月的秋冬季，需求量大，商品热卖。此外，我们也能看出，尽管两年中的搜索人气略有差异，有高有低，但整体的走向趋势基本重叠，没有明显变化。

因此运营在进行市场选品分析时，如果只看到现阶段的搜索热度，那就很有可能发生误判，比如 7 月底 8 月初时，判断润唇膏搜索人气不如一些夏季商品，从而错失运营切入的良机。

而借着这个案例，我们也可以得到一个运营结论，那就是绝大部分优秀的运营、成功的商家，往往都会做运营上的提前规划和布局，绝不会待市场需求处在高位之时，才考虑切入市场。很多红海市场早期是个巨大的蓝海市场，谁切入得更早，谁就有可能获得更多的收益。

②主推商品在行业中相对处于中低价位段

搜索型商品或店铺运营在选品时要考虑的第 2 点，就是商家主推商品在行业中价位段要偏中低端一些，能覆盖主流人群的普遍需求。

这句话并不意味着，高定价、高客单价的商品不适合平台搜索，只是相对而言，中低价位的商品更容易获得人们的选择，因此获取搜索流量的机会更多一些。正如前文所介绍的，搜索场景对应的人群，本身属于选购目标相对清晰的人群，他们对价格通常有一定的敏感度，也有一定的了解，甚至对部分品类有预算、有规划，因此在选择判断时，自然会对于同类商品中价格适中，甚至略低（有优惠）的商品更为青睐。

这也是很多商家会在商品链接里放置一些超低价选项的主要原因。商家希望借助这些超低价选项引流，让商品在搜索结果页的呈现中显得更有优惠力度，更能吸引人的点击，如图 2-9、图 2-10 所示。

图 2-9　淘宝/天猫平台商家部分商品设置

图 2-10　拼多多平台商家部分商品设置

当然，不同平台都有自己的算法，千人千面呈现机制和市场竞争策略各有不同，所以显示在搜索结果页上的价格区间也会略有差异。比如淘宝、天猫、京东平台往往会过滤一些超低价格的商品，拼多多平台也不允许同一链接中的商品选项、最低价和最高价的价差超过 5 倍。因此从这个角度上来说，中低价位的商品更容易获取搜索流量。

③行业热搜词不以品类、品牌大词为主

搜索型商品或店铺运营在选品时要考虑的第 3 点，是行业热搜词不是以品类、品牌大词为主，而是以功能词、属性词、风格词、场景词等为主。倘若一个类目下前 10 甚至前 20 名的热搜词都是品牌词，那本质上这个类目下的搜索流量更多的是品牌营销、市场推广维度的竞争，而非单纯运营优化维度的博弈。好比人们不会搜索“手机”或者“智能手机”直接下单选择购买手机，而多是搜索品牌，搜索手机型号，如“iPhone”“华为 Mate 50”等。

这是搜索型店铺在做品类、商品选择时，通常会参考的一些特点，而整个运营的第一阶段主要做的就是选择合适的商品，聚焦于相应的关键词。

2）第二阶段：推广运营，提升转化率

当品类和商品基本选择完之后，接下来应该就是围绕该商品进行具体的页面优化、基础运营打造，以及推广营销。这是搜索型商品或店铺在运营过程中，工作量最大，又最漫长的一个阶段，而整个阶段的主要工作内容，大致可以分为以下 5 项。

①标题优化

搜索流量=搜索展现量×点击率。搜索展现量主要由关键词搜索人气及关键词覆盖面所决定。对于一些竞争激烈的热门词，通常还和这些关键词背后的近期人群行为及商品近期动销情况有关。因此运营日常需要做好商品的标题优化，并时常根据市场动向、行业热词，以及引流关键词的成交情况，做出多轮调整、测试，以获取更多在搜索渠道展现的机会。

②主图测试

影响搜索流量获取的另一大因素，是主图点击率。在搜索曝光展现量差不多的前提下，图片点击率越高，说明该图片越能打动客户群体，客户也更为喜欢这样的表达方式，商家获得流量的机会也就越多。因此优化主图、测试并保留高点击率的图片，同样是搜索型店铺或商品运营过程中的重要工作。

③推广调整

利用付费推广工具，帮助商品更为快速地“成长”，如今已成为各平台商家运营的必经之路。各平台也在竭尽全力研发和推出各种场景下的智能付费工具，以帮助商家业绩增长，同时也为平台本身带去流量商业化的价值。

而店铺运营过程中，商品推广的技巧则直接影响了商品的引流精准度和引流成本。引流精准度决定了后续转化的可能性，决定了商家投入产出比（ROI）的高低。引流成本则决定了同等预算额度下，引入访客的数量多少。因此在一定程度上，推广策略的调整优化，是运营过程中一项常态化的工作。

④转化跟进

销量=流量×转化率。通过标题优化、主图调整、营销推广获取流量后，下一步要提升和跟进的一定是商品转化率的相关问题。

而商品转化率牵涉的面其实非常广，涉及的点也非常多：商品的风格款式、营销图片、售价定位、引流渠道乃至客服的服务体验、客户的评价口碑，等等。这些都会对转化率起着直接或者间接的影响，因此店铺运营在日常跟进和优化过程中，需要不断地尝试，不断地调整，不断地统计，不断地复盘，以求得一个相对平稳，且能至少不弱于同类竞品的转化率。这样，在流量相当，或者在加大推广引流力度时，才更有可能让商品热卖，甚至超越同行同类竞品，获取更多的平台资源和流量。

⑤评价维护

在互联网时代，评价内容对于商品和店铺的重要性，其实已经毋庸置疑。一个置顶的好评内容，不见得能使商品的转化率变得更高，但一个置顶的差评内容，却足以摧毁一款有潜质的热销商品。因而积累优质的评价，维护商品置顶的评价内容，自然也是运营工作的一部分。

以上 5 项内容，是搜索型店铺在运营商品的第二阶段需要着重落实的主要内容。

3）第三阶段：关联成交，孵化次爆款

而当商品真正卖起来后，运营策略也随之进入了第三阶段。此时商家需要考虑的是如何让商品能形成关联成交，带动店铺相似商品的售卖，或者为店铺引流，孵化次爆款。因为绝大部分商品在运营过程中，都有所谓的生命周期（规划期—成长期—爆发期—衰退期），每个商家都需要在爆款商品销售衰退之前，尽可能利用好它们现有的流量和客户群，为店铺运营做其他维度的更多贡献。

通常情况下，在这个过程中，店铺运营有两条线路可以选择。

（1）就热销商品本身进行更新迭代，推出升级版本的商品，或者增添新的包装、组合，乃至配色，来规避市场竞争中的直接模仿、抄款，乃至低价竞争。比如 3C 数码、汽车配件、玩具模型类目，商家常会遇到此类情况。

（2）围绕热销商品背后的人群特性，开发周边相关品类或商品，借助爆款商品的销量和人群特征，快速起量，同时也丰富客户在店内的其他选择。比如快速消费品领域中，美妆洗护、个人清洁、食品饮料类目的商家常会遇到此类情况。再比如某女包品牌旗下的某款水桶包卖得不错，商家往往也会围绕这款水桶包背后的人群特征，开发其他款式的水桶包，或者诸如小方包、托特包等其他女性箱包，拓宽店铺的品类，丰富客户的选择。

总体来说，这两种选择各有千秋。根据行业特色、竞争状况、商家运营发展方向的不同，可以有不同的选项。

以上便是搜索型店铺整体的运营策略，通过图 2-11，我们可以更为直观地了解这三个阶段。

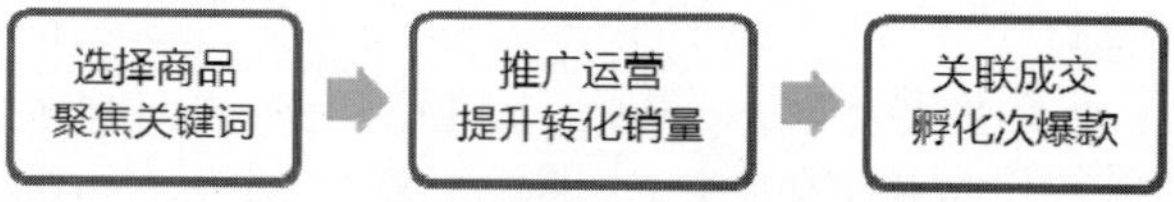

图 2-11 搜索型店铺运营策略

3. 团队要求

搜索型店铺的运营团队，通常来说要具备以下两种能力。

（1）熟悉平台上搜索流量的获取方式，了解搜索爆款的打造流程及相应的节奏。

（2）具备一定的竞争对手分析和跟进能力，如运营方式、推广技巧、成本控制乃至市场动向预测等。因为无论哪个电商平台，公域流量的展现都是有限的，因而平台搜索展现的分配，往往倾向于给那些近期动销情况更好、客户点击更高、商品价格更优惠、更容易转化的商品。因此竞争对手和市场环境关注与跟进，往往是实操过程中必不可少的一环。

4. 适合商家

搜索型店铺对于绝大部分快速消费品，尤其是标准品类商品比较适合，毕竟传统电商平台（如淘宝、天猫、京东等）最早期的交易形态和宝贝呈现方式，主要依赖于客户搜索，是人找物的模式，时至今日，这对于大部分品类的商家依然是适用的。

2.2.3 推荐型店铺

推荐一词，广义上理解，指的是介绍好的人或事物希望被任用或接受。因此推荐型店铺，本质上是指那些通过介绍商品卖点、描述商品特色，从而吸引客户、售卖商品，乃至经营店铺的一种形式。而倘若我们就商家的推荐方法进一步地细分，推荐型店铺可以再细分为 3 种推荐类型：公域算法推荐型、私域分享推荐型、广告营销推荐型。

2.2.3.1　公域算法推荐型店铺

公域推荐的本质是平台为了满足客户日益增多的在线浏览时间，和提升客户停留时长而不断升级优化算法后的产物。目前绝大部分电商平台（淘宝、天猫、京东、拼多多等），都拥有自身巨大的推荐流量（也称平台信息流），因而围绕这些公域推荐去获取流量，去经营店铺，自然也成了很多商家日常运营类型的一种选择，如图 2-12 所示。

图 2-12　各电商平台公域推荐页面

1. 店铺特征

店铺内大量的商品通过平台公域算法推荐获得流量，并且完成最终的销售，如图 2-13 所示。

二级流量来源　　店铺来源 >

排名	流量来源	访客数	下单转化率
1	手淘推荐	23,699	0.28%
2	手淘搜索	6,218	9.04%
3	短视频全屏页上下滑	2,695	2.19%
4	我的淘宝	2,063	11.25%
5	购物车	1,777	18.23%

图 2-13　某店铺流量来源构成

2. 运营策略

公域算法推荐型店铺的运营策略，大体可以分为以下 3 个阶段。

1）第一阶段：运营选品，商品企划

诚如前文所说，任何运营的起点，几乎都是从选品开始的。而公域算法推荐型店铺在进行市场选品时，通常要考虑以下几种。

①适用面相对“宽”“泛”的商品

如果说搜索需求决定了商品在搜索端的曝光机会和潜在流量，那么来自推荐的曝光机会和潜在流量，则由商品背后所能匹配的相关人群数量和类型来决定。选择适用面相对“宽”和“泛”的商品，往往就更有机会扩大匹配的人群数量，因而也有机会获取更多推荐流量。

比如，母婴用品品类下面，有两个细分子类目市场，分别是：“婴儿奶瓶”和“婴儿湿巾”。

就搜索场景而言，奶瓶和湿巾都属于婴童领域的“刚需”，市场需求其实相差无几，很难分出伯仲。而就推荐场景而言，婴儿奶瓶的主要受众，是 0～2 岁的婴儿，人群基数相对固定且年龄段较窄，很多孩子到了 18 个月之后就不再使用奶瓶了。但婴儿湿巾则是一种“泛用品”，除了婴儿适用外，全家老小都能有适用的场景，没有特定的年龄段限定，因而能覆盖的人群基数远大于奶瓶。而现实中也确有诸多“宝爸宝妈”，在育儿的过程中对某款湿巾感受良好，因而持续复购，使其逐渐演变成日常家用清洁品。因此从推荐的视角来看，“婴儿湿巾”有着比“婴儿奶瓶”更大的被公域算法所推荐的机会和可能。

②大品类，热门周边及应季类商品

商品匹配人群的规模和类型，决定了推荐流量的曝光机会多少，因此在选品时，选择大品类或热门商品的周边商品，往往更有机会获取公域的推荐流量。

比如服装、美妆、箱包、饰品等类目，通常推荐流量远大于五金配件、车床加工等工业用品类目，原因就在于人群覆盖基数不同。同样，手机数码产品的保护壳、挂饰配件等商品，推荐流量大小往往也和手机数码产品的热门款式息息相关，越热门的机型款式，往往搜索和推荐流量越大。

而选择应季类的商品，也是同样的原理，旺季的匹配人群比淡季大得多。从平台算法的角度而言，也更愿意将当下的热门或客户感兴趣的商品和内容，作为主要的推荐呈现。

③“新”“奇”“特”或店内高人气的商品

人们总是对于新鲜的事物充满好奇心，而一旦有好奇心就容易去点击，产生购买欲望。因此，平台在做日常推荐时，也时常会挖掘一些“新”“奇”“特”的商品，来吸客户多做停留，增强客户的浏览兴趣。

同样，平台也会利用大数据和云计算的功能，找出一些行业中点击数多、收藏数多、客户停留时间较长的高人气商品或内容，做主动推送，打破原来覆盖的人群圈层，曝光给更多的潜在客户或相似人群。

因而店铺运营在日常经营时，也可以多留意行业内的“新”“奇”“特”商品，以及店铺内近期的高人气商品，借助这些商品，获取公域推荐流量。

这是公域算法推荐型店铺在选择商品品类时，通常会具备的一些选品特点。

2）第二阶段：公域打标，商品入池

当商品或品类基本选择完之后，接下来要做的是让商品能被公域算法所收录，在运营领域中也称之为商品的“打标”和“入池”阶段。这个阶段的工作大体可以分为两个部分。

①完善基础运营素材

首先要完善商品的一些基础运营素材，让平台系统“认知”商品及商品的基本属性。这里包括商品本身的主图优化、标题优化、短视频优化和属性优化等一些基础运营部分，也包括各个平台为了提升商品池的总数量，而要求商家去提交的一些符合平台算法、抓取逻辑的公域素材部分。

以淘系平台的店铺为例，商家在运营过程中，公域素材的完善主要有两个场所，分别是商家公域素材中心和淘宝旺铺素材中心。利用前者主要可以完善一些商品的白底图、场景图，有助于平台根据算法抓取商品进入公域池。而利用后者，主要可以完善商品的推荐理由、短标题和微详情视频，有助于商品的一些主图视频、场景素材在公域渠道获得展现。因此对于店铺或商品运营而言，完善基础素材，基本是商品入公域池的第一步，如图 2-14、图 2-15 所示。

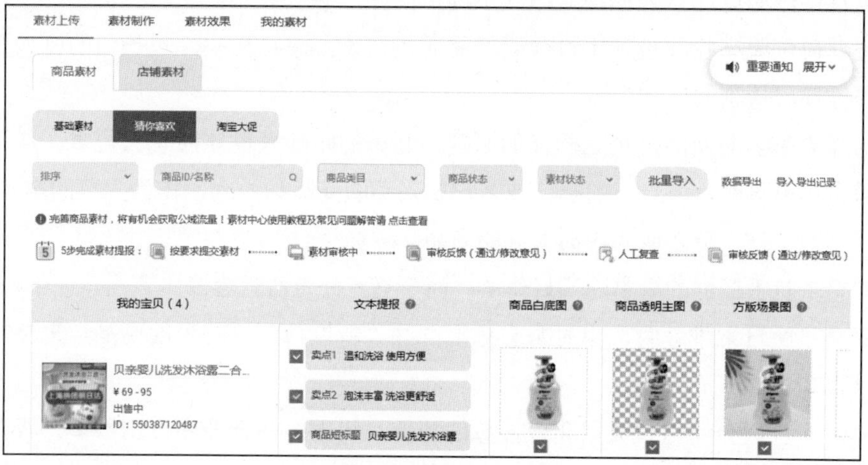

图 2-14　商家素材中心

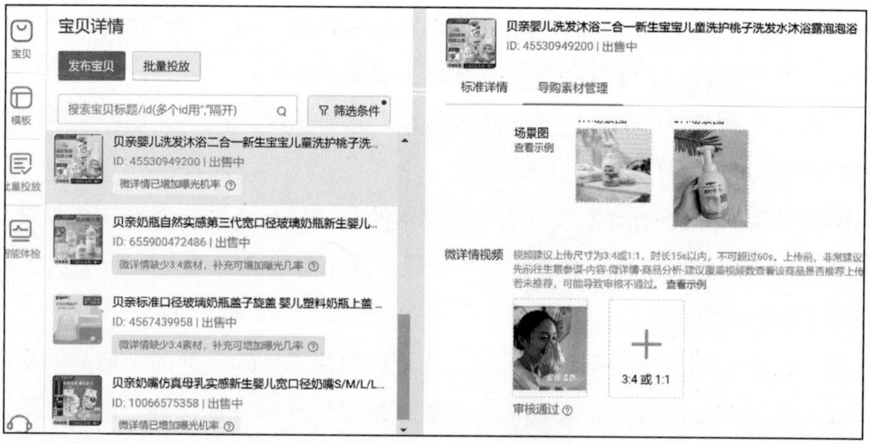

图 2-15　淘宝旺铺素材中心

②商品匹配人群标签

接下来是商品匹配人群标签，让平台知道什么样的人对这类商品会感兴趣，或者这类商品比较适合推送给有什么特点的人群。

运营过程中，通常把这一部分工作称为“商品打标入池”。具体方法各平台间可能略有差异，但总体来说主要包括以下方法。

搜索打标：通过平台关键词引流成交，为商品匹配相应人群标签。

付费打标：通过推广付费，引入目标人群，为商品匹配相应人群标签。

老客打标：通过店铺老客营销，引导老客户成交商品，为商品匹配相应人群标签。

内容打标：通过店内或与达人合作直播、短视频等形式，为商品引流并匹配标签。

由于平台算法的原因，绝大部分情况下，平台不会直接告知商家商品是否已被公域池收录，是否已具备被推荐的资格。因而大部分情况下，运营需根据自身经验和所在行业的特点自我判断。而一般来说，大部分品类较为通用的判定方法是关注商品推荐来源端的流量数据：当商品单日推荐流量的访客有 50 个以上时，商品公域打标、商品入池的目标就基本算达成了。

3）第三阶段：流量爆发，维稳承接

当商品被平台系统收录，并获得公域的算法推荐后，商品一段时间内的推荐流量会渐渐增多，接下去的运营策略是关注并统计推荐流量的数据波动，并借着推荐流量来促使商品成交。

在这个过程中，一般建议店铺运营少做非必要的运营修改，比如修改主图、标题、商品属性等，避免由于平台系统的识别失败，而导致推荐的流量迅速下滑。但可以适当做些付费推广，来扩充商品原本的人群圈，扩大流量池，激发其他维度自然流量的增长。或者尝试做店铺内其他商品的入池，做好后续的流量承接转移等工作。

以上便是公域推荐型商品/店铺整体的运营策略，通过图 2-16，我们可以更为直观地看到这 3 个阶段。

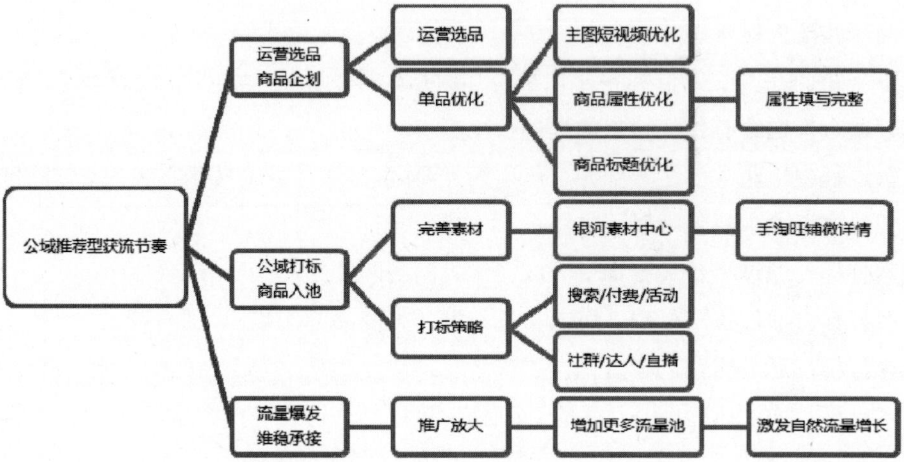

图 2-16　公域推荐型获流节奏

3. 团队要求

公域算法推荐型店铺的运营团队，通常来说要对所运营平台的公域推荐流量算法有一定了解，对商品获取推荐流量的运作方式和流程有一定的认知。

4. 适合商家

推荐流量目前在各个电商平台基本都有，每个商品理论上也都能获取到公域的推荐流量，但想要以推荐流量为主导去运营店铺，对于大品类下非标品类的商品会更为适合一些，如服装、箱包、饰品等。如果店铺本身不以价格促销竞争为主，有些自己的风格特色，有些精准的受众人群，往往可以参考这一种店铺运营方式。

2.2.3.2　私域分享推荐型店铺

商家自己拥有的，可重复、低成本甚至能免费触达客群的渠道，称为私域渠道。在日常生活中，最常见的一种私域分享推荐型的店铺，当属微信里的微商店铺。对于做微商的商家而言，本质上没有搜索，没有付费推广可言，经营的是人与人之间的关系，做的是因信任而推荐成交的生意。

1. 店铺特征

店铺内的商品主要通过私域社交分享推荐，获得流量并且完成最终的销售。

2. 运营策略

私域分享型店铺往往会先通过内容，在互联网社交媒体平台（微信、微博、抖音、快手、小红书，甚至 B 站等）以某个领域的意见领袖或者专业人士的身份吸引粉丝，再围绕这些粉丝群体做相应的销售变现。

因此，整体店铺运营策略可以简单分为以下 3 个步骤。

1）商家选品

商家根据粉丝群体的画像特征、商品需求，挑选适合的商品。

2）分享推荐

商家通过自身的私域社交媒体平台（微信、微博、抖音等），借助于内容（图文、短视频、直播等）营销的形式，挖掘人群痛点，分享推荐商品，讲述推荐理由，对精准人群展开营销。

3）后续运营

商家根据粉丝群体的购买情况和购买反馈，决定接下来的运营动作或方向。比如有些私域分享型店铺是落地于微信朋友圈、微店的，那接下去商家可能会将一些成交的情况和好评内容做分享，进行再次营销，打消部分犹豫人群的顾虑，引导他们也跟着下单购买。再比如，有些私域分享型店铺是落地于淘宝、京东这类电商平台的，那接下去商家可能会借助平台的付费推广工具，往平台搜索、推荐等这样一些公域场景方向去运营，获取后面公域曝光展现的机会。总之不同的目标决定了后续不同的运营方向。

3. 团队要求

私域分享型店铺的团队一般要求有一定的粉丝吸引能力和经营能力，并能围绕粉丝群体的画像特征，规划选择商品，设计营销内容，促进变现成交。

4. 适合商家

从最广泛的意义上，私域分享型店铺适合所有商家，毕竟各个电商平台都在鼓励商家“沉淀私域”“经营粉丝”，而所有微商或其他社交渠道中我们能看到的商家、店铺类型，本质上都是私域推荐型。但从狭义上而言，有两种商家更为适合。

一种是自身有一定吸粉和粉丝经营能力的店铺商家。比如各行业领域内的意见领袖、专家达人，乃至网络红人。其只要发挥自身的长处，就能将分享推荐一事做得水到渠成。

另一种是经营的品类有内容关注度或话题延展性的商家。比如母婴用品类目，很多客户会关注一些育儿的话题、育儿的好物推荐。又如花草种植类目，很多客户也会关心种植培育过程中的相关要领，乃至培育心得。琴棋书画类、饰品穿搭类等，都有各自的延展性话题，因此也都相对比较适合借助私域的推荐玩法来运营店铺。

2.2.3.3 广告营销推荐型店铺

这类店铺常见于一些新兴行业、新兴品类，甚至新兴品牌，因为这些行业、品类、品牌缺乏足够的市场人群认知，因而需要借助于营销广告，将行业、品类、品牌真正地推荐出去，并在长期的营销广告推广中积攒人群，拓宽认知，最终获取流量收益。

1. 店铺特征

店铺内的商品主要通过营销推广、付费推荐的形式获得流量，并且完成最终销售。

2. 运营策略

广告营销推荐型店铺的运营策略，也可以大体分为 3 个阶段。

1）第一阶段：销量导入，评价呈现

如果说传统运营中销量起步的过程是个缓慢前行、逐步递增的过程，那么广告营销推荐型的店铺销量追求的是快速、量大、一步到位。

以淘系平台的运营为例，很多商家往往会通过私域老客户、与淘客合作或者达人直播等形式，先带来一些不错的销量，打下扎实的销量基础，并在这个过程中，积攒一些有内容、有晒图的评价，为之后的运营推广打下良好的转化基础。

2）第二阶段：大力推广，人群“破圈”

随后商家可以借着这个销量基础，在短期内利用平台的付费营销工具或官方活动，大力推广，如通过引力魔方、万相台等付费工具，快速提升商品的热度，做商品的人群“破圈”，让更多的潜在客户了解这款热销商品，认知这个新型品牌。当然如果有站外资源和市场投放的规划，也可以同步进行。

3）第三阶段：形成爆单，收割流量

随着市场投入的逐步加大，商品、品牌，乃至品类市场的日益成熟，商家的粉丝开始增多，商品、品牌，乃至品类的流量开始增大，商家也开始逐步“收获”平台一些公域的展现资源，如手淘搜索、手淘推荐，乃至行业主推等流量，最终慢慢形成爆单，做大店铺、品牌或者品类的整体市场，如图 2-17 所示。

图 2-17 广告营销推荐型店铺运营策略

这几年有不少新锐品牌，在崛起的过程中，不乏利用外网社交渠道，做大量内容“种草”，铺设软文，或者投放视频广告，来培育客户心智的，也不乏在各平台站内大力推广，合作直播，培育品牌认知人群的。比如花西子、元气森林、拉面说这些新锐品牌，放在几年前，可能鲜有人知，而如今，这些品牌词已成为各大互联网平台的行业热搜词，坐拥大量的忠实粉丝。回看这些品牌的运营，基本都离不开早期的市场投入和广告营销推荐，因此某种程度上，这些新锐品牌店铺的早期，大多属于广告营销推荐型的店铺。

3. 团队要求

广告营销推荐型店铺的运营团队，通常来说要对所运营平台的推广工具和营销技巧有一定的掌握和了解。

4. 适合商家

广告营销推荐型店铺毕竟主要靠付费营销推广，因而相对来说比较适合有一定资本或者实力的厂商、品牌商，或者行业品类还处于新生态萌芽阶段，有待开发市场、挖掘培育消费人群的新型行业商家。

2.2.4 活动/渠道型店铺

店铺运营类型的第三大类，我们归结为“活动/渠道型店铺”。严格意义上来说，活动其实可以算是渠道运营的一种形式，只是为了便于大家理解，我们还是将其并列为两种店铺运营类型。

2.2.4.1 活动型店铺

1. 店铺特征

店铺内的商品主要通过参加官方活动等形式获得流量，并且完成最终销售。比如在拼多多平台，大部分优质流量都集中在平台的百亿补贴或者限时秒杀等活动中，因而拼多多店铺的运营，需要日常持续参加营销活动，并借助活动资源来售卖商品，经营店铺。又如淘宝、天猫、京东平台上一些经营大家电、3C 数码商品的店铺，出于客户购买此类商品时，都会赶着活动、大促时下单的心理特征，往往也会频繁通过参加官方聚划算、秒杀活动等来助推销售转化，因而这样的店铺就都属于活动型店铺。

2. 运营策略

活动型店铺的运营策略，主要围绕各个平台活动来展开，绝大部分电商平台的商家后端，都有相应的官方营销活动的报名入口，店铺运营可以根据活动要求，提报相应的活动商品或活动素材，待平台审核通过后，即可参与相关活动，如图 2-18 所示。

图 2-18 部分电商平台营销活动报名入口

而就一场活动本身的运营层面而言，每档活动从筹备到执行再到复盘，大体可以分为 3 个阶段，如图 2-19—图 2-21 所示。

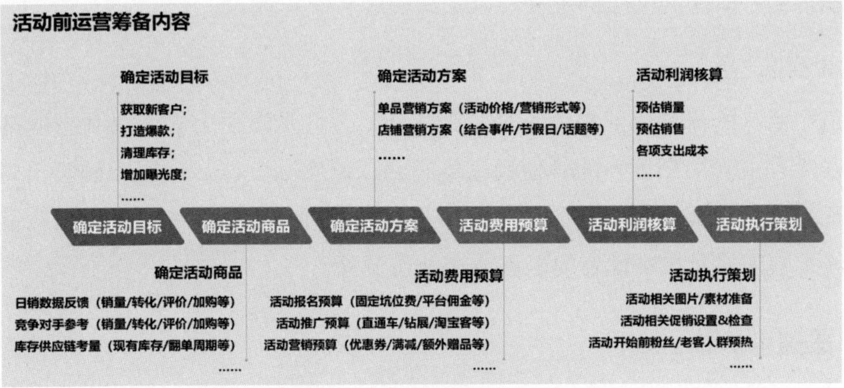

图 2-19 活动前运营筹备内容

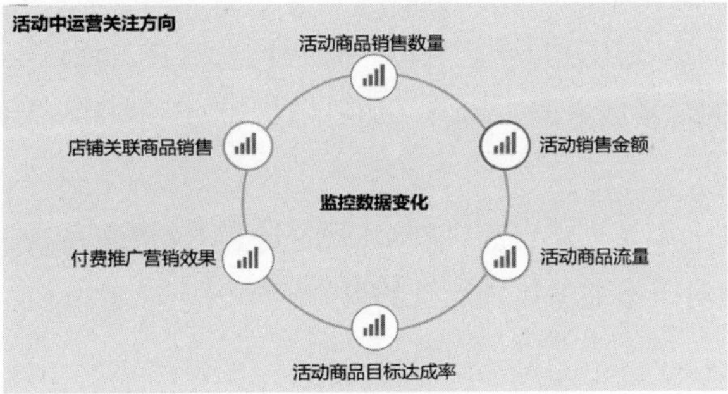

图 2-20 活动中运营关注方向

图 2-21 活动后运营复盘小结

3. 团队要求

活动型店铺的运营团队，最主要的是要对运营平台的活动报名要求和入口有一定的了解，并且能协调好前端的供应链备货，以及后端的仓储发货。

4. 适合商家

几乎每个商家的日常运营都离不开营销活动，因此从表面上看，活动型店铺应该对于除了经营浅库存或孤品品项外的其他商家均适合。但实际上，活动型店铺对于商家供应链要求一般比较高，因此相对来说，更适合那些有供应链价格成本优势，有供应链周转响应优势，有终端快递发货成本优势的厂家或产业带商家。

2.2.4.2 渠道型店铺

1. 店铺特征

渠道型店铺，就是店铺内的商品通过多方合作、多渠道经营的形式来进行售卖的店铺。

比如现阶段很多商家在店铺日常运营时，会用同一盘货，通过不同的组合构成不同的链接，进而对应不同的场景或人群去运营（如日销、活动、直播、大促等），本质上就属于渠道型的店铺。

而抖音平台在 2021 年 5 月提出的“FACT 经营矩阵”（商家自播+达人矩阵+营销活动+头部大 V），可以算是对于渠道型店铺运营的最好诠释。

2. 运营策略

渠道型商家的运营策略选择取决于商家对于“渠道”二字的理解，理解得越深入，所能演变出的运营方式就越丰富。而通常来说，最为常见的是以下两种策略。

1）以货品为渠道

这种运营策略背后的核心逻辑是阿里巴巴提出和强调的一个概念，叫“一品千面”。也就是对同一商品，运营可以围绕不同的人群特征、推广渠道、营销主题、促销场景等去呈现不同的视觉效果，塑造不同的核心卖点，以此来面向不同的客户群体，甚至最后形成不同的成交链路。

举个例子，小红书上之前有一个比较火热的主题，是同一个男生或女生，给不同的人看自己的不同照片，比如“给父母老师的”“给同学闺蜜的”“给领导上司的”等，一连会拍摄好几张，展示的同一个人面对不同关系人群时的不同穿着与打扮，为的是符合特定人群的观念、印象。这大概可以算是“一品千面”的最简单的一种解释了。

回归店铺运营本身，在实操过程中，借助“商品错分”来运营店铺的玩法，其实和小红书上这个热门主题有几分相似之处。

比如某品牌巧克力天猫旗舰店，我们如果将店铺内所有的商品按销量进行排序后浏览，会发现在这家店铺中有很多主图相似，甚至一样的商品，如图 2-22 所示。

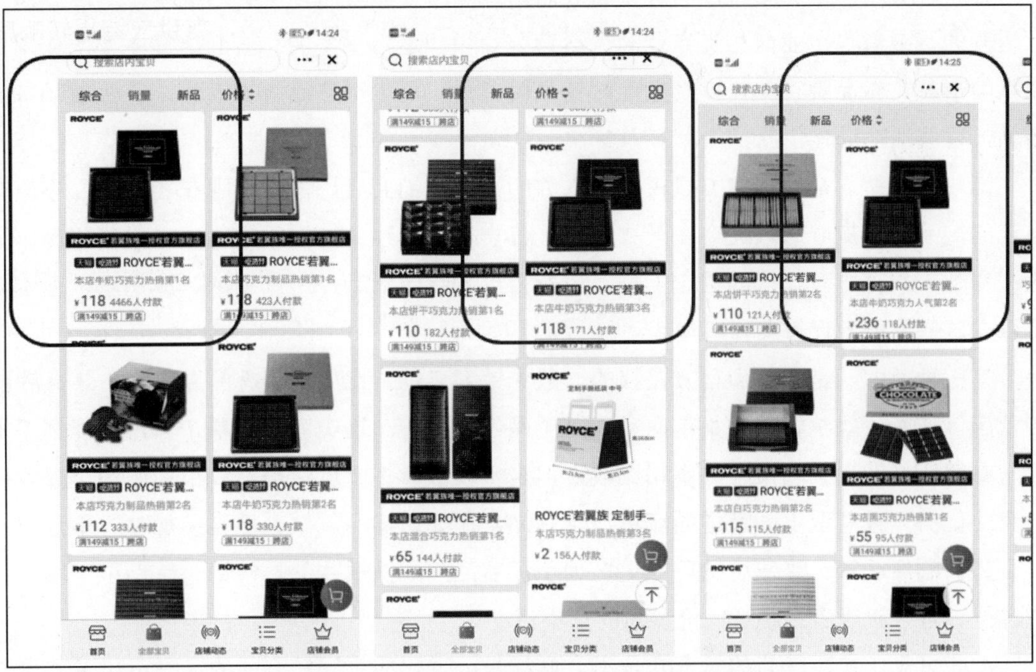

图 2-22　某品牌巧克力旗舰店店内商品销量排序

而如果我们进一步点开每一个链接，我们又会发现，这些链接对于店铺运营所起的作用或者面向的运营场景是完全不同的，例如有的是针对女生情人节送礼的，有的是针对男生生日或者同学聚会的，有的是组合装提报官方抢购活动的，而有的是为了和某达人主播合作而单独建立的专享链接等。货品本身可能都是同样的货品，但通过不同的营销场景、视觉差异、包装组合、推广渠道，让同一款商品有了多种销售方式。

2）以店铺为渠道

这种运营策略背后的核心逻辑依然是“一品千面”。这里的“千面”，最常见和便于理解的一种形式，就是美妆个护、文具办公、零食饮品、母婴用品，甚至 3C 数码等诸多行业领域中，很多品牌会在同一平台开设多家旗舰店、专卖店或专营店，形成多店铺矩阵，来做品牌的全局运营。

这一运营现象的本质，其实就是品牌商的渠道思维，因为在品牌商的规划布局里，电商平台上的店铺，即便只聚焦于一个交易平台，基本也可以分为 3 种类型。

第一种类型，是品牌自己的官方旗舰店，或者海外旗舰店，这类店铺基本是品牌商自行运营的，或者包给业内相当专业的代运营公司做代运营服务的。旗舰店最主要的作用是树品牌形象，做品牌宣传，以及大促时期品牌冲量。所以很多品牌旗舰店，会主攻品牌的新品，以及活动场景。

第二种类型，是品牌官方授权或者入驻的平台经销商店，很多品牌在经营时，不但有自己的淘系平台旗舰店，还会在天猫超市、苏宁等平台经销商性质的店铺里供货售卖。因为天猫超市、苏宁有自己的固定人群，也有自己的特定活动，所以爆款、成熟款，基本都可以在这些渠道进行售卖和参与活动。

第三种类型，是品牌商官方授权的一般经销商店铺，比如某品牌的专卖店、某品牌的专营店，或者一些综合类的集市商家，乃至网红店铺等。这类商家的单个体量可能都不足以与旗舰店或者天猫超市、苏宁相比较，但是贵在数量多、玩法丰富。很多店铺可以发挥自身的优势，来获取不同渠道的流量经营商品，比如送赠品、做直播，参加官方聚划算乃至百亿补贴活动等。这些店铺可能更多地承载着品牌成熟爆款的日常销售，乃至一些抢占资源位、官方旗舰店不便于低价参与的营销活动。

由此可见，在品牌商的运营视角里，同样是渠道化的思维，不同的店铺可以承载着不同的任务，不同的店铺以不同的方式，来售卖品牌旗下的同类商品。通过多店铺矩阵，大家相互竞争，又相互做渠道互补，如图 2-23 所示。

同样，在一些线下产业带聚集的地方，很多公司也会在自家工厂或者车间的楼上，搭建多个直播间，配置多个店铺做直播，或者用与达人合作溯源的形式来售卖商品，经营店铺。同样的商品，同样的客服、售后和仓储团队，用不同的直播团队、达人合作、组货方式和售卖场景，来实现店铺运营的渠道化，如图 2-24 所示。

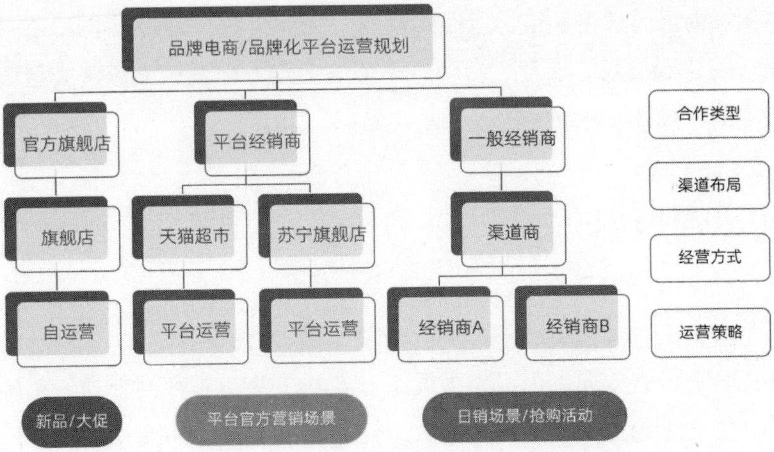

图 2-23　品牌电商/品牌化平台运营规划

图 2-24　部分商家多店铺多直播间模式经营

3. 团队要求

渠道型店铺对于运营团队的要求更为复合化，通常要求运营团队对于渠道本身有充分的理解和认知，并能在理解的基础上，进行各种形态和方式的转化，在日常运营过程中主动协同各个渠道来经营店铺。

4. 适合商家

渠道型店铺比较适合一些有供货意愿和追求合作的内容机构或产业带商家。也比较适合一些在原有领域内已经做得不错，但遇到瓶颈，想继续增长的大商家。

综上所述，围绕着搜索、推荐、活动、渠道等运营方向，店铺运营类型大体可以分为“搜索型”“推荐型”“活动/渠道型”这3种类型。

2.3 店铺运营规划

运营规划是店铺运营过程中必不可少的一项工作，“凡事预则立，不预则废”，没有目标，很多时候意味着没有方向，而没有方向会导致接下去很难评判行动的正确性，以及执行力是否到位。因此无论是大型的品牌商家，还是刚起步的中小商家，实操过程中大家一定都离不开做规划，无论是周规划、月规划，还是年规划。

2.3.1 店铺运营规划的共性

在上一节的内容中，我们为大家介绍了电商平台店铺的各种运营类型，因而从根本上来说，不同运营类型的店铺，应当有着各自不同的运营规划和方向。但所有店铺经营的本质都是做生意，都是商业行为，因此在谈及店铺规划的制定时，我们往往可以先从各类店铺运营的共同目的——获取利润来入手。

那利润怎么获取？

有一个非常通俗易懂的公式：利润=销售额–各项成本。也就是说利润的提升，本质上可以拆分为两个元素：店铺销售额及各项成本。

我们先来看销售额这个元素。在电商店铺的运营过程中，有一个很经典的销售额拆解公式：销售额=流量×转化率×客单价。

流量指的是店铺浏览量或者访客数，流量=展现量×点击率。展现量是由流量渠道和该渠道下的展现机会来决定的，不同流量渠道的展现机会大小可能也各不相同。此外，在运营过程中，店铺还可以通过竞价付费的形式，来购买流量的展现机会乃至展现位置。而点击率则是在日常经营过程中优化图片、优化标题、优化短视频，甚至优化展现位置的效果来决定的。

转化率指的是来店铺访问的客户中，会最终下单购买的客户所占的百分比。转化率=下单访客数/店铺总访客数×100%。转化率的影响因素有很多，商品的定价、图文的表现力、活动的优惠力度、服务的好坏、评价的管理等，都会直接或者间接影响着店铺或商品的转化率，因而转化率的提升和稳定，基本是日常运营除了寻找流量渠道外做得最多的工作。转化率越高，说明流量的价值就越高，商品的竞争力就越强，商家也越有信心去拓宽渠道，做更多的引流工作。

客单价指的是所有下单访客中平均每人的成交单价，客单价=销售额/购买人数。通常情况下，客单价由商家本身的商品定价和运营的营销策略（如满减满赠等活动）来综合决定。

也就是说商家想要提升店铺交易额，重点可以围绕以上 3 个元素来进行。而事实上，绝大部分店铺运营每天的基本工作，就是寻找有人群匹配的流量渠道，优化推广的点击率，稳定商品的转化率，做好新品的定价和定位，乃至规划店铺的营销活动等。

我们再来看成本这个元素，电商运营过程中的成本如果按照大类来进行划分，基本可以分为以下 4 大类。

第一类是商品类的成本，也就是我们售卖商品的主体成本，如果售卖过程中还有赠品，那这部分赠品的成本，也可以计算在内。

第二类是平台类的成本，主要包括店铺在运营过程中，需要在平台站内外投入的营销费用，也包括店铺在平台经营过程中所产生的相关佣金。不同平台在不同类目下征收的佣金扣点各不相同。比如 A 商品，成交售卖价是 100 元，在某电商平台中，该类目的佣金扣点是 2%，意味着商家每成交一笔，都需要向平台支付 2 元的成本。

第三类是运维类的成本，主要包括公司或店铺在运营期间，每月所需要承担的人员薪酬、社保奖金等，也包括办公场地租金，以及各项差旅费、培训费、硬件设施费和水电煤等相关费用。

第四类是仓储物流类的成本，主要包括仓储的各项费用和快递物流的发件费等。

作为店铺运营，如果本身级别足够高，是运营总监或者公司老板的角色，那理应对店铺各项支出有非常详尽的了解，最好能拆解在财务报表里，从整个业务层面进行管理控制和毛利空间的优化，如表 2-1 所示。

表 2-1 公司各项支出内容样表

人员场地	金额
人员薪资	
人员社保	
公司福利费	
办公室租金	
伙食费	
水电费	
通信费	
办公费	
培训费	
交通差旅费	
服务招待费	
总计	

仓储物流	金额
仓储操作费	
仓储服务费	
仓储包材费用	
快递费	
物流费	
仓库租金	
总计	

运维成本	金额
平台佣金	
商城返点积分	
推广费用	
运费险	
支付宝手续费	
公司税费	
其他费用（额外注明）	
总计	

商品成本	金额
商品自身成本	
赠品采购	
总计	

额外补贴	涉及费用
返点收入	
公司补贴	
推广核销	
总计	

而如果级别不够高，不足以了解公司或店铺运作的全貌，也没有非常详尽的财务报表，那也应当至少了解店铺的商品类成本、平台类成本和仓储物流类成本。并能通过这些成本计算出商品售卖过程中的日常盈亏，制定合适的运营策略，考量是否可以进一步参与部分官方活动。

比如，A 商品售卖价格为 100 元，商品成本为 70 元，平台佣金扣点为 5%，运费成本为 5 元，那正常情况下，商品的盈利情况如表 2-2 所示。

表 2-2 A商品毛利情况换算

商品名称	售卖价（元）	商品成本（元）	商品毛利额（元）	商品毛利率
A 商品	100	70	30	30%
	平台扣点	运费占比	推广占比	总占比
	5%	5%	待定	10%

此时我们可以看到商品的毛利额是 30 元，毛利率是 30%，其中平台扣点和运费占比各是 5%，这意味着，如果之后运营要做营销策略调整或者做付费推广，商品毛利率理应控制在 20%以内，如一个月能成交 1000 件，也就能规划出营销费用大约 20 000 元（即 100×1000×20%）。这部分费用可用于赠品采买、优惠券设置，也可用于营销推广、活动让利等。倘若商家运营良好，毛利率能控制在 20%以内，那无疑商家就能从该商品的售卖中

直接获利。而倘若商家在该商品运营层面上的毛利率高于 20%，则此商品的盈利为负值，需要借助于店铺内其他商品的毛利补回，方能让店铺整体不至于亏损。

因此，我们在店铺经营的过程中，既需要前端开源，提升转化率和客单价、拓宽流量来源、做大整体交易额，也需要后端节流，只有销售额减去成本为正值，店铺才能盈利，才能赚钱。在这一点上，无论什么样的店铺运营类型，都是一致的。而做运营规划时，我们也可以把这个共同的运营目的，简单地用“1 个目标，2 个落脚点，3 个销售指标，4 种成本”来归纳。图 2-25 所示为运营规划概览。

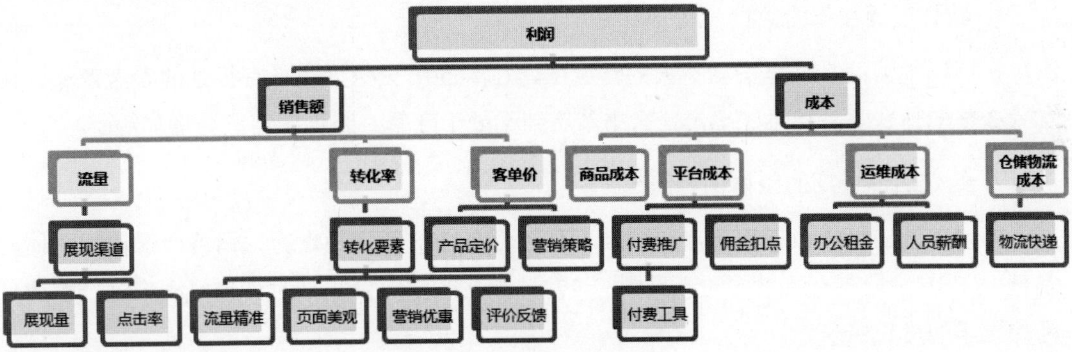

图 2-25　运营规划概览

2.3.2 店铺运营规划的个性

我们再针对不同运营类型的店铺，来聊一聊制定规划时的一些个性特色。

在 2.2 节中，我们主要根据店铺获取流量的方式和运营策略，将店铺运营分成了“搜索型”“推荐型”和“活动/渠道型”这 3 种大的运营类型。而在这一部分，我们将从另外一个视角，围绕店铺经营的核心特色，将它们再度归类，划分为“货品维度”“人设维度”以及“渠道维度”这 3 大类。

2.3.2.1 围绕“货品”维度经营的店铺

首先是最为常见的，围绕“货品”维度经营的店铺，这里主要包括前面提到的搜索型店铺、公域算法推荐型店铺、广告营销推荐型店铺，以及部分活动型店铺。

这类店铺在制定运营规划时，通常需要结合以下 4 个维度的数据，如图 2-26 所示。

图 2-26　围绕“货品”维度经营店铺制定规划时参考的数据

1. 结合店铺往年的数据

在店铺经营商品整体变动不大的情况下，往年的历史数据往往有很强的参考意义，比如什么季节什么商品相对好卖，什么季节店铺又处于旺季，整体销售额会增加等。

2. 结合店铺近期的整体销售情况

店铺近期的整体销售情况，指的是近几个月店铺的销售额走势。倘若一家店铺整体交易额（GMV）是在不断增加的（见图 2-27），那在制定运营规划时，也要顺应这个规律，考虑次年的增长要求。

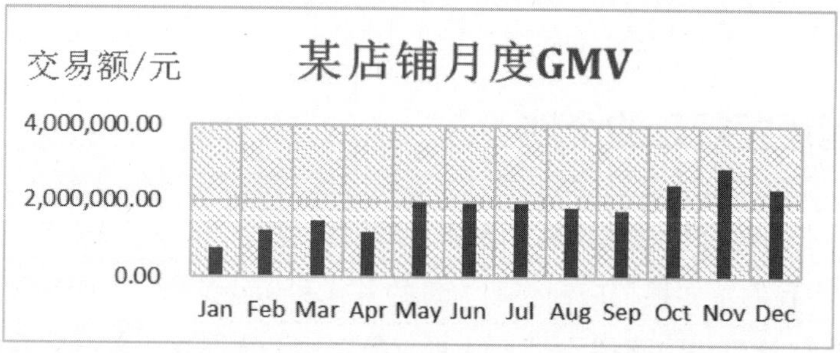

图 2-27　某店铺月度 GMV

3. 结合主营商品的“爆发特色”

主营商品的“爆发特色”，也就是主营商品在什么季节能“卖爆”，在什么节点需要增加推广投入，每个月份预计会有什么样的销量变化等，这些在做店铺运营规划时也要充分考虑。

4. 结合店铺新品的主推方向

为了增加销售量，大部分店铺在运营过程中，都会规划一些新的商品，拓宽品类，因此新品本身的主推方向、预计增收额，也是做运营规划时重要的参考和依据。

而根据这 4 个维度的数据，运营在做规划时，主要可以输出以下 3 个结果。

（1）年度目标交易额规划：新的一年预计产生多少交易额。

（2）年度目标利润规划：根据交易额规划，估算整个店铺的利润或毛利情况。

（3）年度商品及相应的推广计划：根据计划销售额拆分商品，并根据拆分结果制定相关的运营节奏乃至推广方案。

假设某店铺 2021 年的销售额是 2338 万元，2022 年计划增长 7%，毛利率维持在 25% 以上，此时作为店铺运营，我们应该如何制定运营规划？

单从规划的过程来说，主要可以分为 3 步：复盘销售额走势和品类构成—结合增长要求制定规划—根据规划拆解相应指标。

而如果结合实际操作，通常情况下，我们可以利用一张数据统计表，来完成初步的运营规划，如图 2-28 所示。

某店铺2022年运营规划表（货币单位：元）

XX店铺	① 2021年月度指标 刨除退款	③ 2022年月度指标	增长幅度	2021年毛利率要求25%	拆解季度指标	拆解季度占比	实际销售情况 刨除退款	季度销售情况 刨除退款	季度完成率	④ 计划日均成交额	推广费比例	推广费用
1月	¥1,536,310	¥1,800,000	17.16%	¥450,000.00	¥6,300,000.00	25.20%				¥58,064.52	5%	¥90,000
2月	¥1,880,303	¥1,600,000	-14.91%	¥400,000.00						¥57,142.86	3%	¥48,000
3月	¥2,744,924	¥2,900,000	5.65%	¥725,000.00						¥93,548.39	6%	¥174,000
4月	¥2,373,737	¥2,500,000	5.32%	¥625,000.00	¥6,800,000.00	27.20%				¥83,333.33	5%	¥125,000
5月	¥1,939,836	¥2,050,000	5.68%	¥512,500.00						¥66,129.03	6%	¥123,000
6月	¥2,079,809	¥2,250,000	8.18%	¥562,500.00						¥75,000.00	8%	¥180,000
7月	¥1,761,562	¥1,900,000	7.86%	¥475,000.00	¥5,800,000.00	23.20%				¥61,290.32	4%	¥76,000
8月	¥1,913,673	¥2,050,000	7.12%	¥512,500.00						¥66,129.03	4%	¥82,000
9月	¥1,698,958	¥1,850,000	8.89%	¥462,500.00						¥61,666.67	4%	¥74,000
10月	¥1,630,993	¥1,850,000	13.43%	¥462,500.00	¥6,100,000.00	24.40%				¥59,677.42	6%	¥111,000
11月	¥1,978,471	¥2,200,000	11.20%	¥550,000.00						¥73,333.33	7%	¥154,000
12月	¥1,834,120	¥2,050,000	11.77%	¥512,500.00						¥66,129.03	6%	¥123,000
合计	¥23,372,695	② ¥25,000,000		¥6,250,000.00								

图 2-28 某店铺 2022 年运营规划表

在规划的过程中，我们主要可以完成以下一些数据的统计或预估。

（1）汇总 2021 年每月的月度情况，分析约 2338 万元在 2021 年各月份的分布和走势。

（2）根据公司销售额增长 7%的计划，推断出 2022 年的年度总目标：2338×107%≈2500 万元。

（3）根据 2022 年年度目标及 2021 年各月份销售趋势，制定出 2022 年各月度的销售目标。需结合一些法定节假日（如春节）前后的变化，也需结合一些平台活动日（如大促）前后的变化来综合考量。

（4）把各月份的销售目标，进一步拆解为日均目标，并根据预算费用（如有相关配额），进一步拆解为推广费比例和预计的推广费用。

至此，运营规划基本完成，接下来需要针对这一目标，围绕店铺内爆款商品的生命周期和推广节奏，做进一步的拆解，拆解到具体的季度、月份，乃至主推品类或商品中去。

店铺运营在做此类拆解时，也是要先参考店铺往年的大促数据、推广投入，再结合平台今年的大促玩法、节奏、新增要求乃至店铺整体的销售趋势，从而制定今年的销售目标、主推商品乃至推广预算等。随后再将各个销售目标、销量目标、推广投入，甚至工作内容和时间节点拆解到大促整体阶段的具体细分日子里，通过图表的形式呈现，逐步细化整体的规划（规划的颗粒度，视各个商家/店铺的实际运营要求而定）。表 2-3—表 2-5 所示为大促运营规划部分样表。

表 2-3　淘宝、天猫商家“双 11”大促运营节奏表

大促阶段	规划期		预热期		第一次预售		第一爆发期		第二次预售	第二爆发期	沉淀期	
	9 月		10 月 10 日—10 月 23 日		10 月 24 日晚—10 月 31 日		10 月 31 日晚—11 月 3 日		11 月 4 日—11 月 10 日	11 月 10 日晚—11 月 11 日	“双 11”后	
日常任务	爆款销售维护，新品规划打造，基础运营优化（图文/客服/视频等），推广渠道优化，店铺老客沉淀，其他常规问题应对											
大促任务	商家报名	推广预算	页面设计	商品报名	“尖货”预售	会员招募	冲刺成交	未购召回	主推预售	冲刺成交	服务关怀	数据复盘
	活动选品	玩法策略	推广投放	内容“种草”	推广放大	老客营销	订单催付	第二次预热	第二次“蓄水”	未购召回	狂欢返厂	客户沉淀
核心指标	规划产出	预算费用	推广数据	“种草”数据	预售金额	加购数量	运营核心数据（GMV，转化率，客单价等）；爆款/主推款销售情况		权益核销（第一次）	销售数据，爆款/主推款销售情况	权益核销（第二次）	

表 2-4　淘宝、天猫商家“双 11”大促运营规划表

		阶段 1	阶段 2	阶段 3	阶段 4	阶段 5
“双 11”预估	日期	10 月 20 日—10 月 31 日	10 月 31 日晚—11 月 3 日	11 月 4 日—11 月 10 日	11 月 10 日晚—11 月 11 日	11 月 12 日—11 月 14 日
	阶段	预售第一次+预热	现货第一次	品类日/会员日	现货第二次	返场
	活动天数	12	3	7	1	3
2022 年整体规划	计划销售额					
	日均 UV					
	转化率					
	客单价					
2021 年实际情况	实际销售额					
	预售销售额					
	日均 UV					
	转化率					
	客单价					
推广	推广渠道					
	推广金额					

表 2-5　淘宝、天猫商家“双 11”大促货品规划表

商品定位	商品大促期运营定位	商品选择范围	商家选品	日常售价	活动价	客户到手价	商品成本	赠品成本	快递成本	佣金扣点	利润	计划销量
活动款	大促期尽可能占据活动资源位/达人合作位的商品	店铺的日常引流款/利润款/明星款	商品××									
		专门为大促筹备的品牌新品/预售商品等	商品××									
		达人带货/店铺直播活动专用商品等	商品××									
平推款	大促期间自然销售的商品	店铺日常的平销款										
	有利润支持的商品											
清仓款	大促期间尽快销售的商品	店铺日常的滞销品										
	清仓的商品											

2.3.2.2 围绕“人设”维度经营的店铺

围绕“人设”维度经营的店铺，主要包括前面提到的私域分享推荐型店铺，也包括近些年在各个平台、各个垂直品类领域中做得不错的网红达人乃至一些微商群体的店铺。

这些店铺在制定运营规划时，除了会规划传统的一些年度目标、月度指标外，也会将商品结合自己的带货节奏和上新节奏来进行更为细致的拆解，尤其是对当下 1～2 个月的工作规划。

举个例子，假设店铺的运营主要靠粉丝营销、活动上新。而活动日定在每周三这一天，那意味着店铺所有的运营工作和节奏，都要围绕这个活动日的到来而进行倒推和执行。

如表 2-6 所示，周三是活动日，因而周三这一天的主要工作就是销售跟进和库存跟进。而活动日之前的 1～2 周，店铺运营就需要完成相关的市场选品、定价企划、卖点挖掘，乃至内容素材筹备等。等到活动开始的前两日，店铺运营还需要做好相关的商品“种草”，给老客户营销通知，预热活动气氛。最后在活动日后的一两天中又需要做好运营复盘，并筹备下一周甚至再下一周的工作内容，周而复始。

表 2-6 人设型店铺日常运营规划排期

周日	周一	周二	周三	周四	周五	周六
本周商品“种草”曝光	本周商品营销预热（公布价格，宣传“加购送好礼”活动等）	加购收藏数量统计，活动页面复查，营销福利发放，下周活动商品确定	活动日销售跟进，库存跟进	活动复盘，活动库存盘点，下周活动商品筹备（拍照/制作视频/采购）	下周活动商品企划（选品/寄样/供应链协商/活动价拟定）	下周内容素材制作完成（照片/短视频/文案素材/商品链接）

因此在围绕“人设”维度经营的店铺中，运营团队常会和采购、视频团队搭班组合，形成两三套班底，采用小组制，彼此轮换，共同围绕“人设”展开各项工作。

而实际运营过程中，如果店铺活动更为频繁，比如“人设”模式是网红直播带货，每周至少 3 次甚至每天都有直播，那相应的运营选品、商务合作、采购核销、内容筹备等团队还会变得更多。

总之，对于围绕“人设”维度经营的店铺来说，运营规划主要以带货节奏和上新节奏为核心来进行目标计划的拆解。

2.3.2.3 围绕“渠道”维度经营的店铺

最后是围绕“渠道”维度经营的店铺，这种店铺和前面提到的活动/渠道型店铺有对应的关系。

这些店铺在制定运营规划时，主要根据渠道类型、玩法的不同来进行。

比如有的商家是以货品直播为主要渠道的，在运营过程中，会尝试寻找达人、主播做各类商务合作（在抖音、快手等平台）。那运营做整体规划时，就会考虑如何围绕各个直播间和合作达人的销售情况，做相应的指标拆解，并针对效果好的合作方，规划每月的合作档期、投入费用乃至合作频次等，如表 2-7 所示。

表 2-7　货品直播型店铺渠道规划拆解

	达人粉丝数	合作费用	直播排期时长	直播合作款 1		直播合作款 2		直播合作款 3		直播间总交易额
				销售件数	销售金额	销售件数	销售金额	销售件数	销售金额	
直播间/达人 A										
直播间/达人 B										
直播间/达人 C										

再比如有的商家运营主要靠的是多店铺矩阵，商家在同一平台上会开设多家同类店铺或者发展多个经销商、分销商来共同售卖商品（在淘宝、天猫、京东、拼多多等平台）。那运营做整体规划时，就会考虑如何围绕这些分销商去定目标，定政策，规划各自的主推商品，并在运营的过程中，跟进分销商的每月完成情况、增长趋势，做好及时的复盘或调整，如表 2-8 所示。

表 2-8　货品分销型店铺渠道规划拆解

	计划销售额	实际销售额	目标达成率	采购计划	实际采购额	目标达成率	返点费用
分销商 A							
分销商 B							
分销商 C							

因此，以“渠道”维度经营店铺的运营规划大多是灵活多变的，渠道玩法怎么变，运营规划也就会跟着怎么变。

综上所述，运营过程中，店铺规划是一项非常重要的工作，几乎所有店铺规划的共性特征都是为了提升店铺的利润，因而运营既要关注前端的销售额如何增长，也要合理把控后端的各项成本。而根据店铺经营核心特色的不同，以“货品”维度、“人设”维度和“渠道”维度经营的店铺，在各自运营规划的细则上，也有一些差异。

2.4 店铺自我分析和诊断

当店铺运行了一段时间后，或多或少都会有一些数据的沉淀，也或多或少都会有一些待改进优化的问题。因此定期的运营复盘分析和自我诊断，同样是日常运营过程中必不可少的工作。一方面，商家可以通过自我分析判断先前规划的方向内容是否正确，检验当下整体目标达成的情况。另一方面，商家也可以为之后新的运营规划提出方向性的建议。而通常来说，大部分电商平台店铺的自我分析和诊断，都可以围绕以下几个方面来展开。

2.4.1 店铺核心经营数据分析

作为店铺运营，清楚地知晓店铺每天或者一周的交易数据、访客数据、转化数据乃至推广花费数据，恐怕是最基本的岗位要求。

这些店铺的核心经营数据，在各大平台后端的店铺数据模块工具中，基本都能轻易地获取。

比如淘宝、天猫店铺，商家可以通过生意参谋后台首页的“整体看板”获取，也可以在“生意参谋—自助分析—取数”板块，选取相应的指标数据生成报表后获得，如图 2-29、图 2-30 所示。

在拼多多平台，商家也可以通过“数据中心—经营总览”，查看店铺前一日的交易数据、商品数据、服务数据、客服数据等，如图 2-31 所示。

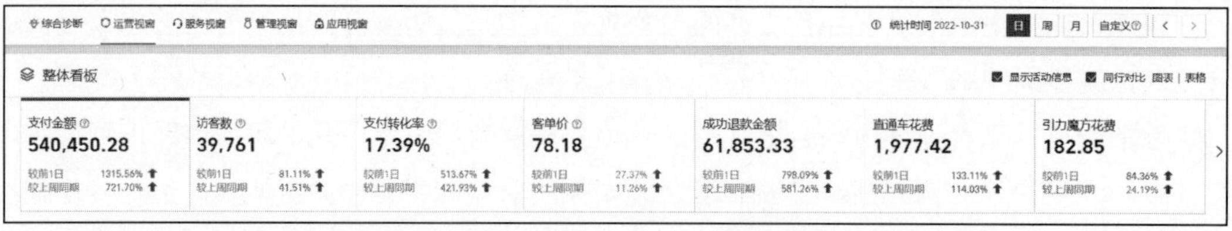

图 2-29　生意参谋的整体看板（淘宝、天猫平台适用）

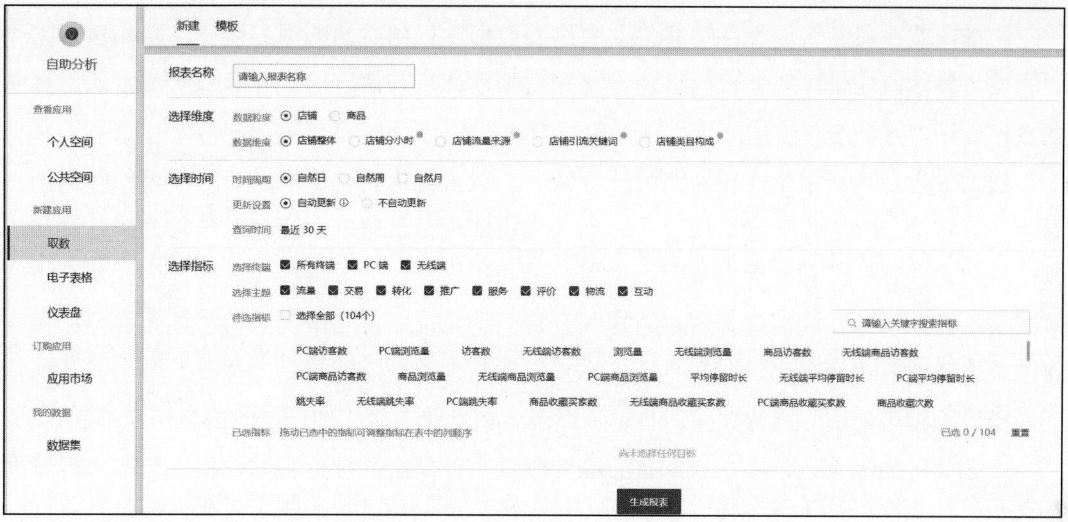

图 2-30 生意参谋的取数板块（淘宝、天猫平台适用）

图 2-31 数据中心的经营总览（拼多多平台适用）

店铺运营在日常工作中，需要将这些核心数据进行相应的整理和统计，制作日常工作表，以方便了解店铺经营情况的变化，感知店铺整体运营的近况，并对一些突发的、异常的数据波动，去做进一步的分析，思考应对方案。

假设最近几天店铺整体转化率突然降低了，运营就需要进一步思考背后可能的原因，是因为之前的平台大促活动结束了，还是因为店铺营销策略做了变动？是因为爆款商品出现了一些负面评价，还是因为市面上竞争对手的价格更低，优惠活动力度更大，从而造成了直接冲击？等等。随后运营再根据这些分析的结果，做出相应的改善措施，并持续关注接下来转化率数据的变化。

所以分析店铺核心经营数据，必定是每个店铺运营在做店铺诊断时的第一个抓手。

而在实际的运营过程中，店铺核心经营数据不仅是交易指标类的数据，还有人群维度的数据，比如店铺的人群画像、行业的人群画像、店铺的人群策略等，它们能更加全面地帮助运营了解店铺现状，如图 2-32 所示。

行业&店铺人群画像查看路径

	了解维度	了解路径	了解内容
1	了解行业人群画像	生意参谋 — 市场洞察 — 行业客群	行业市场人群的性别、年龄、地域、客单偏好等
2	了解行业搜索人群画像	生意参谋 — 市场洞察 — 搜索人群	搜索关键词下人群的性别、年龄、地域、客单偏好等
3	了解店铺访客人群画像	生意参谋 — 流量纵横 — 访客分析	店铺访客的性别、年龄、地域、新老访客转化率等

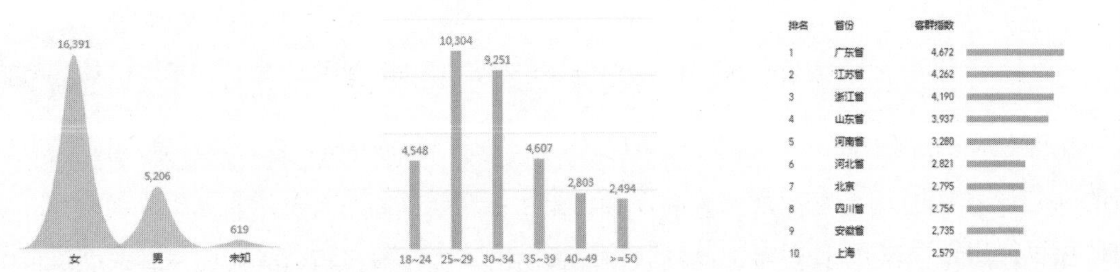

图 2-32　淘宝、天猫店铺人群画像分析

2.4.2 流量结构和转化率分析

有了店铺经营的核心数据，接下来运营可以了解店铺的流量来源结构和各流量来源的转化效率。由于各电商平台开放数据维度的不同，我们以淘系平台的数据为例进行说明。

淘宝、天猫店铺的商家可以通过“生意参谋—流量—店铺来源”来查看店铺的流量结构。通过店铺来源分析，运营可以清晰地看到过去一段时间内，如以天、周，或者月为单位，整个店铺的流量来自哪些渠道，哪些渠道带来的流量比较大。还可以了解各渠道的转化情况，以及考虑接下来运营可以优化的方向。

比如，某店铺过去一周内流量来源数据如图 2-33 所示。

流量来源	访客数	下单买家数	下单转化率
付费流量	6,492 -22.15%	78 -16.13%	1.20% +7.73%
淘内免费	3,408 +15.88%	127 +19.81%	3.73% +3.39%
手淘搜索	1,060 -0.93%	45 -4.26%	4.25% -3.35%
手淘淘宝直播	1,026 +275.82%	14 -12.50%	1.36% -76.72%
手淘推荐	535 -40.82%	18 +12.50%	3.36% +90.09%
首页推荐-微详情	328 +1.23%	11 +22.22%	3.35% +20.73%
其他猜你喜欢	93 -7.92%	6 +0.00%	6.45% +8.60%

图 2-33　某店铺过去一周内流量来源数据

从图中我们可以看到，该店铺流量来源中，付费流量的占比较大，几乎是同期免费流量的 1.9 倍。但付费流量的转化率又比较低，仅为 1.2%，不到同期免费流量转化率的 30%。由此可以得出，商家在付费营销推广方面有较大的优化和提升空间，店铺的整体转化率也会因付费转化率的提升而有所提升。

而倘若店铺运营围绕付费流量继续往下拆解，又能更进一步得出，在付费流量渠道中，引力魔方的转化率最低，应当优先得到调整和改善。其次，直通车渠道的转化率与免费搜索流量的转化率相比，也有较大的提升空间，也值得做出相应的优化，如图 2-34 所示。

流量来源	访客数	下单买家数	下单转化率
付费流量	6,492 -22.15%	78 -16.13%	1.20% +7.73%
直通车	3,506 -12.59%	45 -23.73%	1.28% -12.74%
引力魔方	2,294 -30.99%	4 +100.00%	0.17% +189.80%
品销宝-明星店铺	567 -9.71%	29 +11.54%	5.11% +23.54%

图 2-34　某店铺付费流量来源

2.4.3 店铺商品结构分析

一家店铺无论交易体量大小，理论上都不应该只有一件商品正在出售，因此在日常运营过程中，商家也需要对店内所有的商品，有整体化、结构化的认知和规划，对哪些是店铺重点打造的商品，哪些是店铺主要的盈利商品，要有比较清楚的了解。

而在日常运营中，分析店铺商品结构最常用的方式就是列波士顿矩阵。

所谓波士顿矩阵，是指商家可以通过一个二维的数轴去对店内商品进行定位。其中数轴的横坐标代表的是商品热销度，纵坐标代表的是商品利润额，运营可以将店内所有的商品，根据其销量和利润进行一定的划分和归类，如图 2-35 所示。

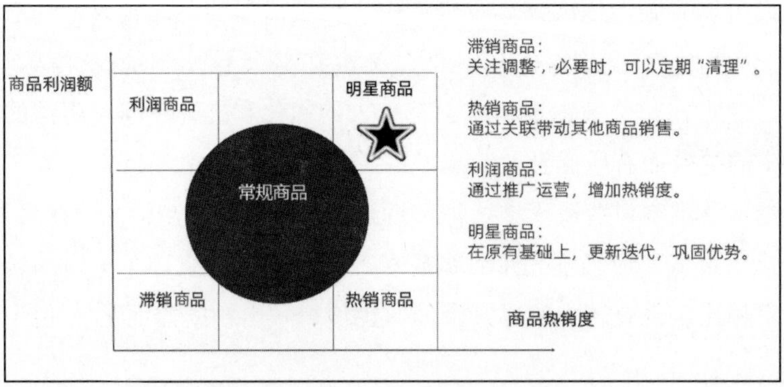

图 2-35　某店铺商品的波士顿矩阵

通过波士顿矩阵，通常情况下，店铺内的商品可以分为 5 类。

1. 滞销商品

滞销商品指销量低且利润也低的商品。在实际运营中，通常会是那些清仓甩货的商品。滞销商品对于店铺而言几乎没有任何实际的意义，因此在运营过程中，应当尽早地予以清理。

2. 利润商品

利润商品指销量低，但通常利润比较高的商品。一个月中虽然卖得很少，但基本都有足够的利润空间，属于店铺的“镇店之宝”，绝对的利润款。

利润商品在运作过程中，通常可以保留利润优势，通过营销手法获取流量，促成购买，也可以在一些活动场景中适当降低售价，来获取更多的曝光和成交机会。

3. 热销商品

热销商品指销量不错，但利润比较低的商品，有些甚至还会是负毛利的商品。大部分店铺的热销商品，基本也是店铺的引流商品，虽然它们对于店铺的直接利润贡献不大，但在实际运营过程中，可以为店铺引入流量，可以为其他商品导入流量，有着非常重要的价值和运作意义。

4. 明星商品

明星商品指热销度高，且利润高的商品。通常情况下这类商品是已经进入运营收获期的热销商品，或是店铺依靠粉丝经济、客户营销所营造的热卖新品，乃至利润商品，甚至也有可能是市场上有相当需求，但是货源又相对紧张的稀缺商品等。一般来说，店铺明星商品数量越多，店铺盈利状况越理想，应对市场的抗风险能力也越强。

5. 常规商品

常规商品指利润一般，销量一般的常规商品，通常会占店铺商品 50%～60%的比例。在运营过程中，常规商品更需要热销商品或者明星商品的导流，起到的作用往往是给热销商品或者明星商品做辅助，或者形成关联购买商品。

这是我们通过波士顿矩阵的方法，将店内商品进行的分类。而在实际运营过程中，商品结构往往也会随着季节、市场，乃至运营策略的变化，而不断发生改变。

比如，夏季驱蚊用品在秋冬季节的时候，基本可算是滞销商品，因为市场本身已进入销售淡季，所以如果此时商家拥有大量的近效期库存，那基本已是滞销尾货，需要快速进行处理。

但到了冬末春初的时候，市场开始复苏，运营需要抢占一些市场先机，此时驱蚊用品基本是相关行业商家的重点布局方向，内容“种草”、营销推广、活动布局、市场冲量，是这个阶段商家运营的主旋律。有些做得好的商家，在这一过程中已经可以将商品从常规商品运作成店铺的热销商品、引流商品。

到了春末夏初的时候，那些前期市场销量做得不错的商家，基本有了稳定的体量和日销量，因而这个阶段运营需要调整各项推广资源和营销策略，逐步降低在此类商品上的投入，同时因为其量大的优势，在前端的供应链上往往也有一定的压价能力，致使商品的利润开始上涨，商品也慢慢由热销商品转化为店内的明星商品，既热卖，又赚钱。

直到夏末秋初，市场又开始趋于平淡，商品也不得不开始以降库存，甚至去库存的方式来为这一次营销结尾，如图 2-36 所示。

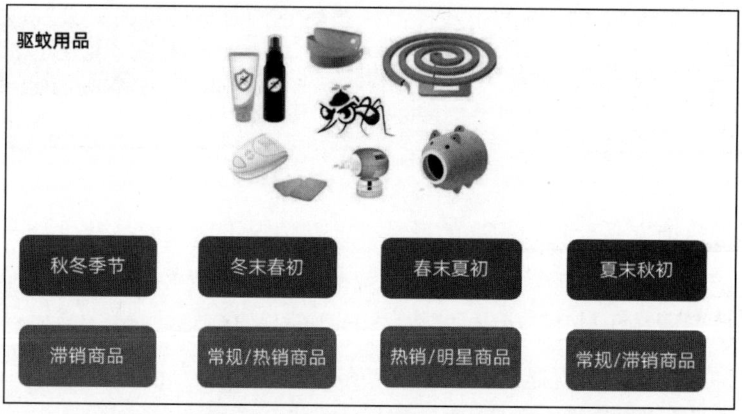

图 2-36　驱蚊用品的角色随着季节的变化而不断改变

由此可见，在实际运营过程中，商品的规划和分类是个随着环境变化而变化的动态过程，店铺商品的结构分析也应该定期进行。

2.4.4 店铺综合服务评分分析

店铺综合服务评分指的是店铺运营过程中，平台对商家综合服务水平和服务能力的考量评分。店铺综合服务评分的高低，往往决定了店铺在一些平台公域渠道里是否有展现加权的机会和活动参与报名的资格，也决定了一部分客户是否会满意或者信任商家的服务能力，从而下单成交。因此，在日常店铺运营中，店铺综合服务评分也是商家需要密切关注的指标，如图 2-37 所示。

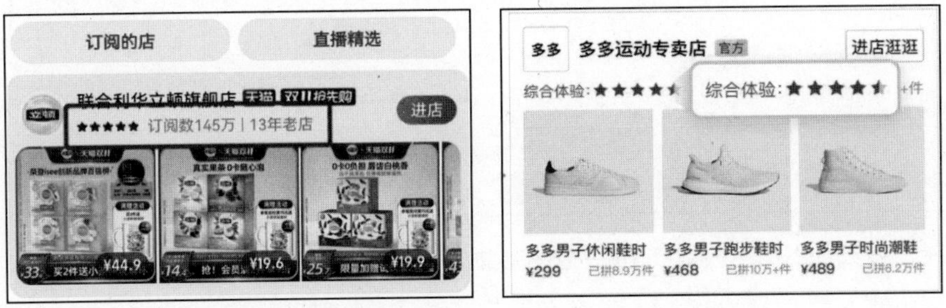

图 2-37 部分电商平台店铺综合服务评分显示

一般来说，店铺综合评分指标主要会涵盖商品品质、咨询体验、物流时效、售后退换乃至纠纷解决和特色服务等多个维度，平台每天或每周通过与行业商家整体服务大数据的综合对比，对商家目前的服务水平制定相应的星级评分和要求。店铺运营可以通过后台相应功能展示来进行查看，了解店铺当下的服务评分，以及各平台具体考量的细则和指标的定义，并对其中落后于同行商家、体验分较低的指标，有针对性地逐项优化调整，予以改善。部分平台考核说明如图 2-38—图 2-40 所示。

综合体验星级 ★★★★

商品体验	物流体验	售后体验		纠纷投诉		咨询体验
商品体验退款率	到货时长	仅退款时长	退货退款时长	纠纷退款率	投诉成立率	阿里旺旺回复率
0.068%	62.604小时	0.055天	2.707天	0.00777%	0.00388%	99.879%

店铺综合体验分 3.74分

商品体验	物流体验		售后体验		纠纷投诉		咨询体验
商品评价	物流评价	揽收及时率	仅退款时长	退货退款时长	纠纷退款率	投诉成立率	阿里旺旺回复率
4.785分	4.842分	90.613%	0.055天	2.707天	0.00777%	0.00388%	99.879%

图 2-38 淘宝、天猫后台的综合体验星级和店铺综合体验分

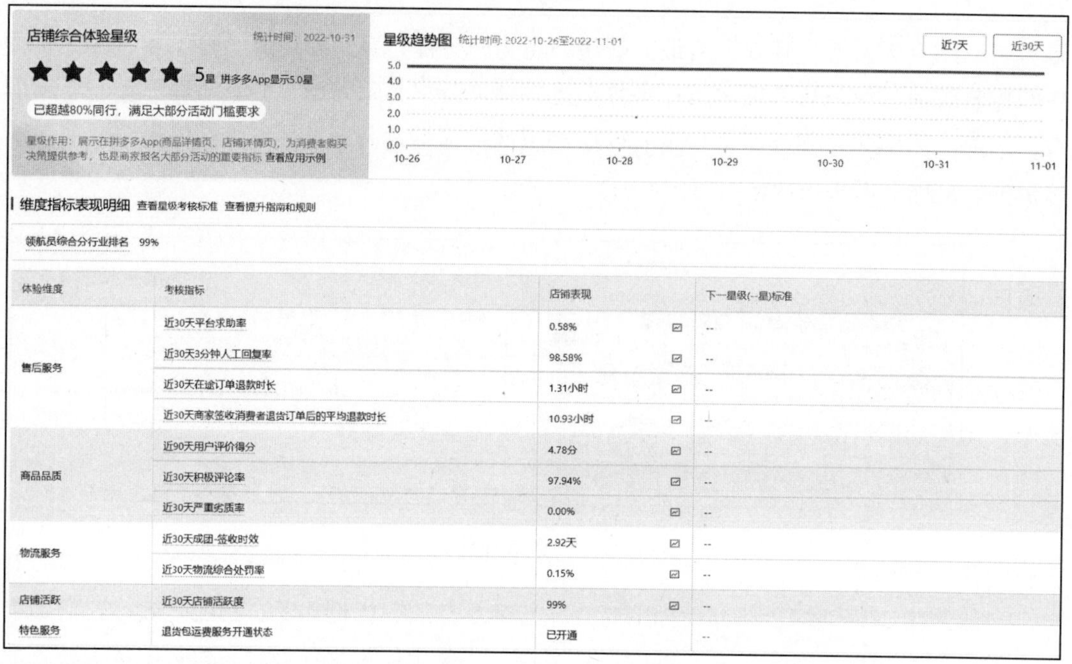

图 2-39 拼多多后台的店铺综合体验星级

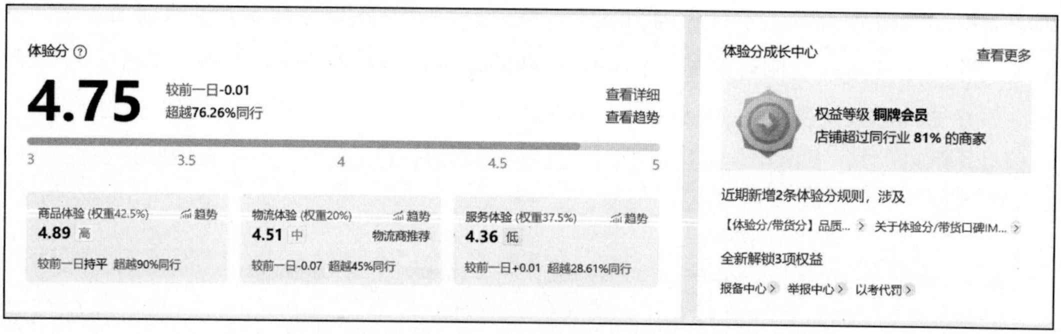

图 2-40 抖音后台的店铺综合体验分

2.4.5 竞争店铺比对分析

在商业环境中，竞争对手通常都是一个既“招人恨”，但又感觉多少有些离不开的角色。一方面，大部分商家都讨厌竞争对手，因为竞争对手就是自己店铺发展路上的拦路虎、绊脚石，是有碍店铺生存发展的最大威胁。但另一方面，竞争对手又是商家发展过程中最好的参照对象，指示着店铺的诸多不足之处和努力方向。甚至在部分新型行业或者小众领域中，商家还需要和竞争对手共同努力，一起把市场做大，把品类做强，这样才有机会形成更大的市场，衍生更长的生态产业链。

因此作为店铺自我分析和诊断的最后一项，运营通常也可以向“外”看，寻找适合自己店铺的竞争对手做相关的分析与比对。

一般来说，商家寻找竞争对手的方法有很多，行业的热销店铺、日常的竞争格局、运营的经验判断等都可以作为店铺寻找竞争对手的方式，甚至部分平台也会通过数据工具，将商家店铺近期访客的流失方向予以呈现，从而帮助商家做好竞店识别，如图 2-41 所示。

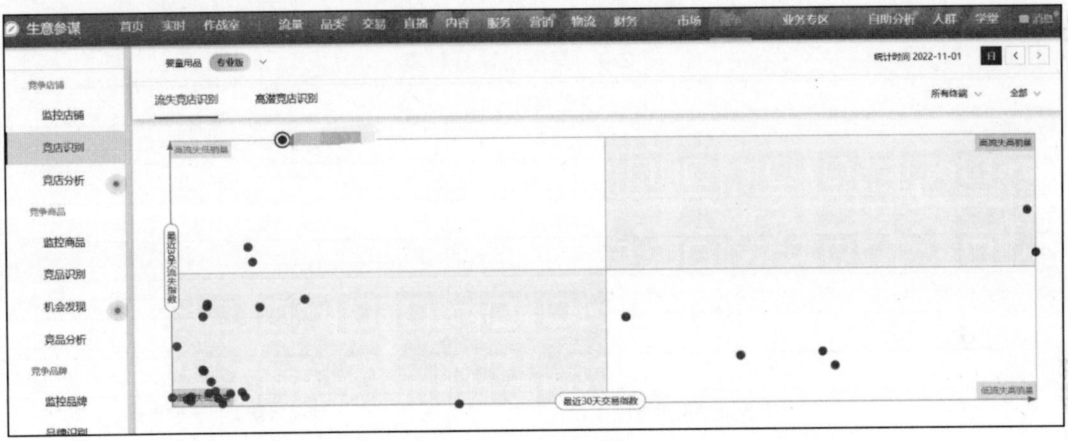

图 2-41 淘宝、天猫商家可通过生意参谋了解竞争对手

以上这些方法，商家在日常运营中都可以运用，并且没有孰优孰劣、孰对孰错之分，取决于每个商家自身的运营方式和运营习惯。

对竞争店铺的分析，通常情况下运营可以从以下 3 个维度来入手。

第一个维度是竞争店铺的主营类目分析，也就是运营得清楚地了解竞争店铺主要经营哪些类目的商品，它们各自的成交占比、份额如何。因为绝大部分电商平台的流量和活动资源是根据类目来进行划分的，因而不同的类目往往有着不同的流量分配机制和活动资源。运营可以通过分析竞店经营类目来确定竞店的交易结构，也要思考和完善自己店铺后续的品类规划。

第二个维度是竞争店铺的热销商品分析，也就是我们常说的竞店爆款分析。当有了类目交易结构后，接下来运营就需要看竞争店铺的一些热销商品，分析它们具体是哪些商品，有什么样的价位，什么样的月销量，什么样的人群定位，什么样的流量结构，甚至售卖过程中有什么样的评价反馈。

倘若此时商家店铺与竞品店铺间属于直接竞争关系（在相同市场中，售卖几乎完全一致的商品），这样的比对分析，可以帮助商家了解彼此的体量差距，具体体现在哪些商品上，哪些商品在日常经营过程中要做好“防守”，避免被竞争对手占领市场等。而倘若此时商家和竞店属于间接竞争关系（在相同市场中，售卖价位段、工艺、款式略有差异的相似商品），这样的比对分析，也可以帮助商家了解相同市场中人们的多样化选择，这对于商家之后做相应的商品规划、市场定位乃至爆款运营也有很大的参考价值，如表 2-9 所示。

表 2-9　竞争店铺分析表

<table>
<tr><td colspan="7">主营类目分析</td></tr>
<tr><td>类目名称</td><td colspan="3">自家店铺支付金额占比</td><td colspan="3">竞品店铺支付金额占比</td></tr>
<tr><td>类目 1</td><td colspan="3"></td><td colspan="3"></td></tr>
<tr><td>类目 2</td><td colspan="3"></td><td colspan="3"></td></tr>
<tr><td>类目 3</td><td colspan="3"></td><td colspan="3"></td></tr>
<tr><td>类目 4</td><td colspan="3"></td><td colspan="3"></td></tr>
<tr><td>类目 5</td><td colspan="3"></td><td colspan="3"></td></tr>
<tr><td colspan="7">成交价格带分析</td></tr>
<tr><td>价格带</td><td colspan="3">自家店铺支付金额占比</td><td colspan="3">竞品店铺支付金额占比</td></tr>
<tr><td>0～10 元</td><td colspan="3"></td><td colspan="3"></td></tr>
<tr><td>10～30 元</td><td colspan="3"></td><td colspan="3"></td></tr>
<tr><td>30～50 元</td><td colspan="3"></td><td colspan="3"></td></tr>
<tr><td>50～100 元</td><td colspan="3"></td><td colspan="3"></td></tr>
<tr><td>100～150 元</td><td colspan="3"></td><td colspan="3"></td></tr>
<tr><td>150～250 元</td><td colspan="3"></td><td colspan="3"></td></tr>
<tr><td>250 元以上</td><td colspan="3"></td><td colspan="3"></td></tr>
<tr><td colspan="7">热销 Top 商品分析</td></tr>
<tr><td>序号</td><td>自家商品名</td><td>售价范围</td><td>商品链接</td><td>竞店商品名</td><td>售价范围</td><td>商品链接</td></tr>
<tr><td>1</td><td></td><td></td><td></td><td></td><td></td><td></td></tr>
<tr><td>2</td><td></td><td></td><td></td><td></td><td></td><td></td></tr>
<tr><td>3</td><td></td><td></td><td></td><td></td><td></td><td></td></tr>
<tr><td>4</td><td></td><td></td><td></td><td></td><td></td><td></td></tr>
</table>

续表

热销 Top 商品分析						
序号	自家商品名	售价范围	商品链接	竞店商品名	售价范围	商品链接
5						
6						
比对分析结论：						

第三个维度的竞店分析比较开放，运营可以分析竞争店铺的流量来源，了解竞争店铺是如何引流、如何推广的。也可以分析竞争店铺的综合服务能力，了解竞争店铺的售前咨询、发货时效，乃至售后服务的好坏。甚至可以分析竞争店铺的盈利情况，根据已知的行业成本、竞争对手的售价体系，来预估竞争店铺的整体运作是盈利还是亏损。其中具体要了解的内容，店铺运营往往可以根据自身实际的需求来确定。

总而言之，定期的运营复盘分析和自我诊断，是店铺日常运营过程中必不可少的工作。运营通常可以围绕核心经营数据、流量来源、商品构成、综合服务评分、竞争店铺比对等进行复盘，检验当下店铺的整体情况，也为之后新的运营规划提供方向。

2.5 店铺营销策略和玩法

日常运营过程中，离不开各式各样的营销策略和营销玩法。因为销售额=流量×转化率×客单价，从本质上来说，店铺所有的营销策略，都是为了提升转化率和客单价这两个指标，从而更有效率地利用流量，达成交易，提升店铺的销售额。而通常情况下，比较常见的营销策略和玩法有以下 7 种。

1. 限时专享

限时专享类的优惠活动，是商品运营过程中最常见的营销玩法和策略，主要的形式有限时折扣、限时秒杀、限时补贴等，比如大促活动期间，很多商家会推出“前×小时×折”等活动。商家往往通过直接让利的形式，将商品的售价进行一定幅度的下调，从而提升客户的转化可能，同时再配合时间上的紧迫感，促使客户下单。

2. 人群特惠

人群特惠也可以叫定向人群营销，常见的形式如新客立减、老客专享、粉丝专属福利等，运营策略既可以针对具体商品，也可以针对整个店铺。商家针对部分目标人群，集中资金和资源进行营销，从而提升这部分人的转化率，也便于商家把控整体的营销成本。

3. 限量供应

限量供应是商家通过对售卖商品数量的限定，制造好商品需要靠抢的紧张感、刺激感，从而让客户下单的决策增速。比如直播间限量福利、限量上架、限量抢等都是常见的形式，一般会和限时优惠或者人群专享相结合，来增加活动氛围。而部分情况下，限量供应也可以起到防止恶意批发、抑制额外亏损等作用，如设定客户限购数量、福利仅限前 50 件商品等。

4. 免费试用

免费试用常见于一些客单价较低、购买件数较多、复购频率又较高的类目，比如食品、饮料、零食、纸巾、湿巾乃至美妆、日用洗护用品等。商家通常会通过少量的商品免费，或者小样装派样试用的形式让目标客户尝鲜体验，待客户体验商品之后直接回购正装商品，或通过后续定向营销优惠促使其回购。而部分类目中，免费试用也是帮助商家新品打造初始评价内容的重要手段。

5. 多件折扣

多件折扣和多买多优惠类的营销策略，同样常见于一些客单价较低、购买客件数较多的类目。商家往往通过多件优惠、满减优惠，乃至加送赠品等形式来提升客户下单件数，进而提升商品或店铺的整体客单价。而一般来说，多件折扣的力度越大，促进成交的效果自然也就越好。

6. 套餐关联

套餐关联几乎是全品类商家都适用的一种营销策略，商家把强关联的两款或多款商品绑定销售，从而引导客户一次性购买，带动关联商品销售，提升店铺客单价。绝大部分电商平台的后端目前也都有类似于搭配套餐、搭配宝、顺手买一件这样的营销工具来帮助商家设置。

而在实际运营过程中，很多商家也会借用 SKU（库存量单位）选项，设置多种套餐、多种形式的组合，来方便客户选择。或在自己热销商品的详情页里添加关联商品、新品上新的广告推荐，以此来增加客户下单关联的可能性。

7. 满额优惠

满额优惠在某种程度上可以理解为多件折扣的一种衍生方案，通常是提升店铺客单价的一种有效手段，同样也是全品类商家都适用的营销策略。

常见形式主要包括满额立减、满额送好礼、满额抽奖，乃至有消费门槛的优惠券等。本质上，各电商平台在大促期间推出的店铺与店铺间跨店满减的形式，也是满额优惠的一种。

一般来说，运营在规划此类满额优惠活动时，一要核准店铺的毛利情况，避免因满额优惠力度过大而导致的不必要亏损，二要根据店铺客单价情况予以合理设置，倘若满额门槛过高，大部分客群享受不了，则失去了活动的意义。而倘若满额门槛过低，变成了“普惠政策”，也失去了活动的意义。因此，运营要予以两方面的综合考量，方能规划出有助于激发客户凑单购买欲望，提升客单价的满减优惠活动。

本章要点

1. 掌握店铺运营的核心要领：学会“降维攻击”，勤于精细运营。
2. 了解店铺运营方向的四种选择。
3. 了解店铺运营的三种类型。
4. 店铺的运营诊断一般可以从五个方面来入手，要掌握这些方法。
5. 掌握店铺营销策略。

本章习题

一、名词解释

1. 运营
2. 人、货、场

二、选择题

1. （多选）店铺运营方向主要可以（　　）选择。

A. 围绕搜索方向　B. 围绕推荐方向

C. 围绕老客方向　D. 围绕活动方向

2. （单选）搜索型店铺运营策略的三个阶段分别是（　　）。

A. 选择商品，聚焦关键词—关联成交，孵化次爆款—推广运营，提升转化率

B. 选择商品，聚焦关键词—推广运营，提升转化率—关联成交，孵化次爆款

C. 推广运营，提升转化率—选择商品，聚焦关键词—关联成交，孵化次爆款

D. 推广运营，提升转化率—关联成交，孵化次爆款—选择商品，聚焦关键词

3. （单选）公域算法推荐型店铺运营策略的三个阶段是（　　）。

A. 流量爆发，维稳承接—运营选品，商品企划—公域打标，商品入池

B. 流量爆发，维稳承接—公域打标，商品入池—运营选品，商品企划

C. 运营选品，商品企划—流量爆发，维稳承接—公域打标，商品入池

D. 运营选品，商品企划—公域打标，商品入池—流量爆发，维稳承接

4. （多选）推荐型店铺运营的主要形式包括（　　）。

A. 公域算法推荐型　B. 私域分享推荐型　C. 活动渠道规划型　D. 广告营销推荐型

5. （单选）以下分析不属于店铺日常自我诊断/分析范畴的是（　　）。

A. 店铺核心经营数据分析

B. 店铺商品结构分析

C. 店铺综合服务评分分析

D. 店铺人员结构分析

三、简答题

1. 请写出电商运营过程中店铺利润额公式。

2. 请写出电商运营过程中店铺销售额公式。

3. 请列举五种店铺营销策略或玩法。

第3章 商品运营

3.1 商品发布准备与发布流程

在店铺申请完成之后，需要选择符合电商平台经营特点的商品，然后针对商品的目标群体挖掘商品的卖点，整理商品的销售信息，了解各平台商品发布流程，为后续准备商品主图及详情页、商品上架做好准备工作。

3.1.1 商品选择

确定准备上新的商品后，就应该开始上新的流程。上新流程的第一步是分析商品，即针对本次上新的商品进行详细的分析，每个品类都有自己商品的分析重点，简单来说，上新的商品需要符合六个选品的原则。

1. 商品的质量

质量可靠的商品除了可以帮助店铺赢得更多的好评，还可以帮助店铺降低客服的工作量，降低店铺的人工成本。

2. 商品的卖点

挖掘商品卖点，无外乎两点，第一是商品能够有差异化，第二是商品有较高的性价比。比如，饮用水的市场竞争是非常激烈的，今麦郎的凉白开的卖点就是“凉白开”，因为中国人的习惯就是喝凉白开水，这个商品与别的饮用水相比，其卖点就非常有差异化。

3. 商品的定价

在选择商品的时候，一定要考虑商品的价格，价格越低并不一定意味着销量越好。什么样的价格最合适呢？定价的时候一定要分析商品的目标消费群体，研究目标消费群体在什么价格范围内容易下单，这样有助于为商品设置比较合理的定价。

4. 商品的应季性

商家在选择商品时，需要注意商品要和时令、季节相匹配，在选品的时候不要选择过季的商品。如果冬季卖驱蚊液，夏季卖暖宝宝，肯定销量很差，选择商品的时候要顺应市场的趋势，商品是否应季非常重要。

5. 商品的销量

在互联网购物过程中，很多客户都会追捧销量高的商品，认为这个商品是受到大家认可的，有市场需求的，很多客户在搜索商品的时候都习惯选择按销量排行，这是客户的从众心理。所以，分析商品的销售情况，能更好地判断商品的销售潜力。

6. 商品的好评率

客户买完商品以后，凭借自己对商品的印象，会对这个商品做出评价。评价包括商品的质量、客服的服务质量、物流的速度等一系列指标。这里需要重点关注的就是商品的质量。

3.1.2 商品卖点整理

商品卖点可以理解为商品的优点，甚至可以理解为“我们家商品”和“别人家商品”的不同的特点。在销售过程中，客户或多或少会关注其中的某几点，并在心理上认同该商品的价值，这个时候便是达成交易的最佳时机，而其中最能吸引客户打开钱包的，就是商品的核心卖点。

1. 商品的特征

商品有多方面的特征，而这些特征，正是帮助我们找到差异化的绝佳切入点。这些特征主要包括商品的材质、工艺、功能、细节、颜色、造型、环保性、人性化程度等，这些也是客户关注的，毕竟商品本身是所有价值的载体。

当然，在提炼卖点时，不能太多，也不能太全，过多过全，客户也很难记住。用扼要的几个有震撼力的词，把核心卖点概括起来，就比较好推广，客户也比较好记。然后主推一个核心卖点，其他卖点作为辅助，在适当的时候出现。例如，农夫山泉的广告语“农夫山泉有点甜”，核心卖点是水源，辅助卖点是口感“有点甜”。

2. 商品的质量

在商品同质化的今天，对商品质量更全面的理解不但包括可用、实用、耐用，更注重的是好用、称心。假如自己的商品质量过硬，请不要吝啬，大胆喊出来。例如，某羊毛衫的卖点“水洗不变形，1 年变形免费换”，某牛仔裤的卖点“高弹力牛仔裤，进店给你劈叉做演示”。以质量作为卖点，一定要有场景化描述，多使用动词，引起客户的直观联想。

3. 名人代言，网红带货

许多企业在推出一款新商品的时候，都会邀请名人代言，或者使其出现在某个大网红的直播间里，因为名人、网红都拥有很大数量的粉丝，利用粉丝的传播效应，能成功地“勾住”一大帮客户。这就是很多品牌找名人代言，或者网红带货的原因了。

4. 品牌名称差异化

比如白加黑，作为一种药品它的核心作用应该是治病，但它把商品的特殊形态和服用方法作为卖点，它与商品核心作用的联系是“白天吃白片，不瞌睡；晚上吃黑片，睡得香”，强调解决了白天服用感冒药后嗜睡的问题，突出了品牌的差异化。

5. 生产地域优势

地域包含的内容很广泛，包括地点、地形、地貌、地域文化、当地气候等，这些都可以用来表现商品的卖点，在地域上找卖点，是很多商家都会做的事情，因为地域的独特性是不可复制的，尤其对于某些地标性商品、产业带商品，比如西湖龙井、阳澄湖大闸蟹、宁夏枸杞，这些商品背后承载了客户的记忆以及对商品优良品质的高度认可。

3.1.3 商品发布流程

商品发布流程主要包括以下几个步骤。

第一步：选择商品类目。商品在平台上销售时，通常需要选择销售类目，在类目页面中可以先选择它的大类，再选择小类，在搜索框输入商品名称查看商品所属类目，可以快速找到类目，如图 3-1 所示。

第二步：上传商品主图。将准备好的商品主图依次点击上传到商品发布页面，主图一般有 5 张。这时需要对商品的主图再次审核，商品的主图违规会直接影响商品的展示和客户看到后的体验，若出现夸大描述等，还会出现“描述与实际不符”的投诉，影响商品的正常出售。商品主图是影响点击率的关键，卖家可以用直通车或者其他方式测图以后再上传，同时做好合规检测，以免出现违规等问题。

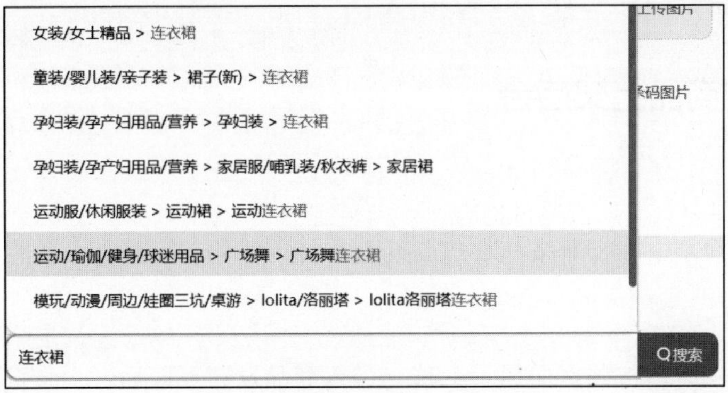

图 3-1 在搜索框输入商品名称

第三步：编写商品标题。商品标题一般不超过 60 个字符，也就是最多可以填写 30 个汉字，主要是填写商品的名称，还有商品名称的组合，填写够 60 个字符就可以。

第四步：填写商品属性。商品属性就是对商品的详细描述，其中标星号的是必填项。一定要填得详细一些，能填写的商品信息都要填写上，因为填写得越完整，商品的权重就会越高。

第五步：填写商品销售属性。根据商品情况填写销售价格及商品的库存情况。

第六步：上传商品详情页。将制作好的商品详情页图片上传至图片空间，注意详情页中各张图片的上传顺序。

第七步：填写商品的物流信息。如有合适的运费模板，直接选用就可以；没有合适的运费模板时，可以根据物流情况新建运费模板。

第八步：选择发布方式。大致分为立即发布、放入仓库、定时发布这三种。

3.2 主流电商平台商品上架后台简介

目前比较主流的电商平台包括淘宝、天猫、京东、拼多多、抖店等，下面将对这几个平台的商品上架后台展开介绍，其中天猫与淘宝类似，不再单独介绍。

3.2.1 淘宝商品上架后台

1. 发布路径

进入“千牛卖家中心—商品—发布宝贝”页面。

2. 操作流程

上传商品主图时请按照页面提示上传。进入商品发布页面后，上传商品图片或者条形码，系统会通过信息识别智能推荐商品类目。若推荐的类目不对，商家也可通过类目搜索、查看发布历史等方式自行调整，如图 3-2 所示。

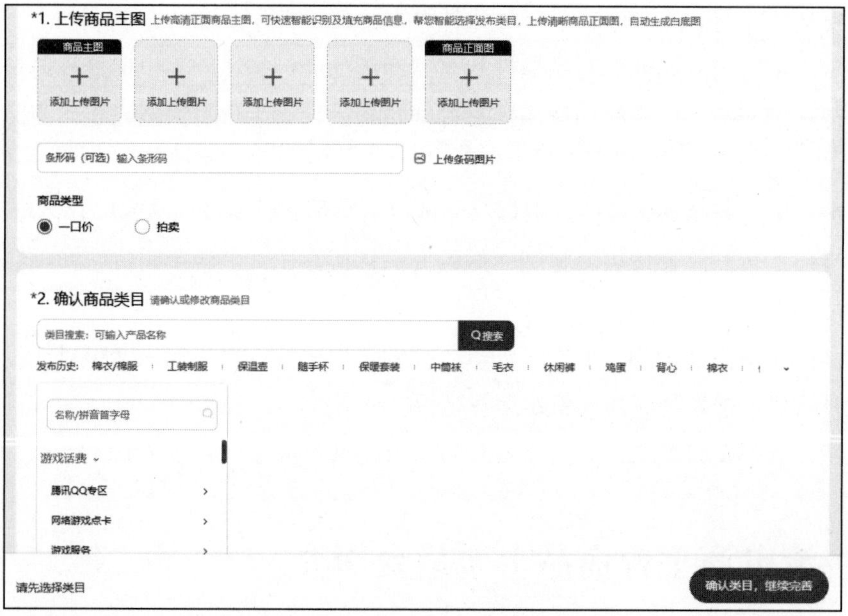

图 3-2　上传主图及确认商品类目

3. 商品信息描述

完成图片上传和类目选择后，点击“下一步”按钮即可进入商品编辑页完善商品信息。如图 3-3 所示，在基础信息填写页面，请按照页面要求填写商品属性、标题、库存等信息，页面标星号的均为必填项。销售信息填写页面如图 3-4 所示，物流信息填写页面如图 3-5 所示，支付信息填写页面如图 3-6 所示，图文描述填写页面如图 3-7 所示，售后服务填写页面如图 3-8 所示。填写完要求的商品信息后点击“发布”按钮即可。

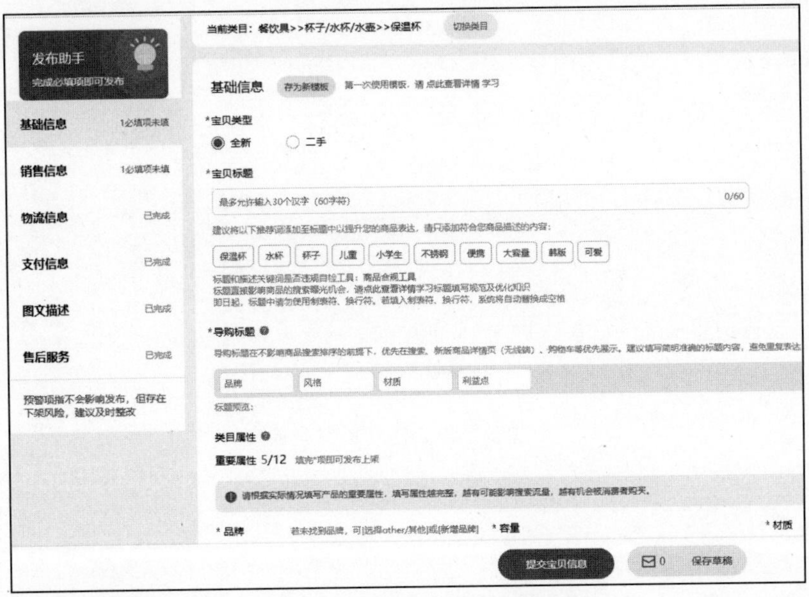

图 3-3　基础信息填写页面

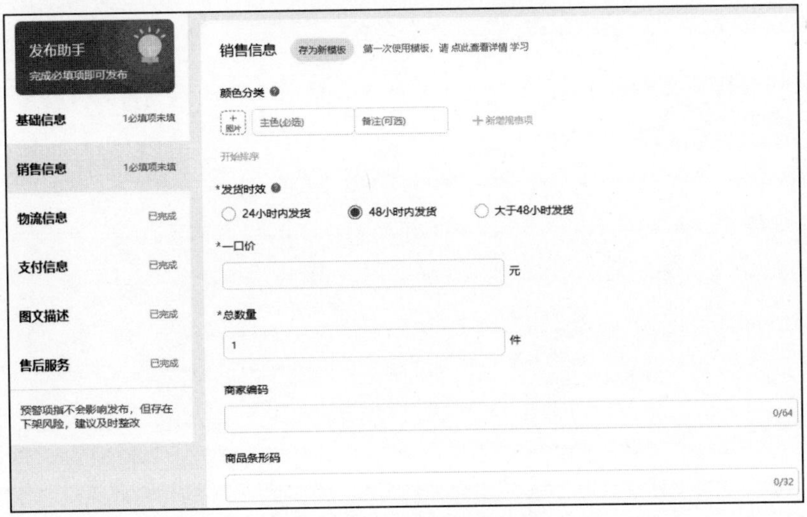

图 3-4　销售信息填写页面

图 3-5　物流信息填写页面

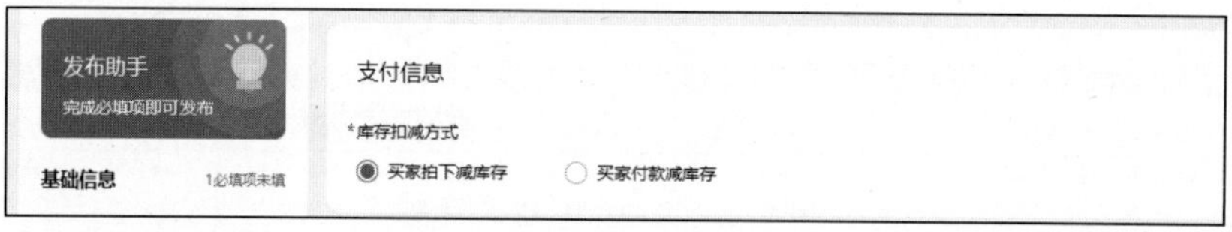

图 3-6　支付信息填写页面

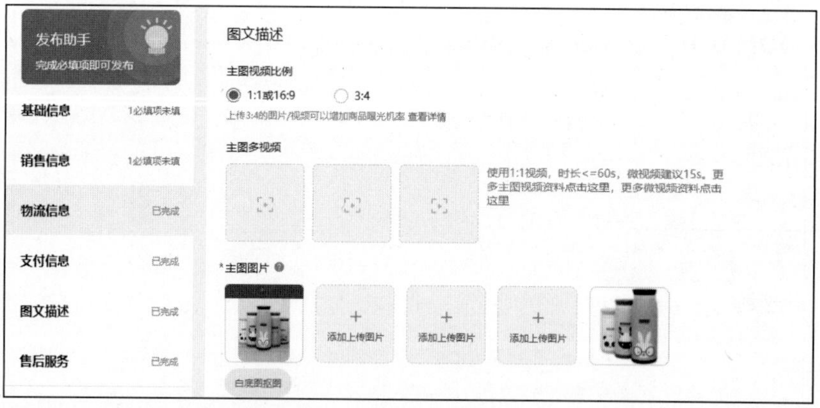

图 3-7　图文描述填写页面

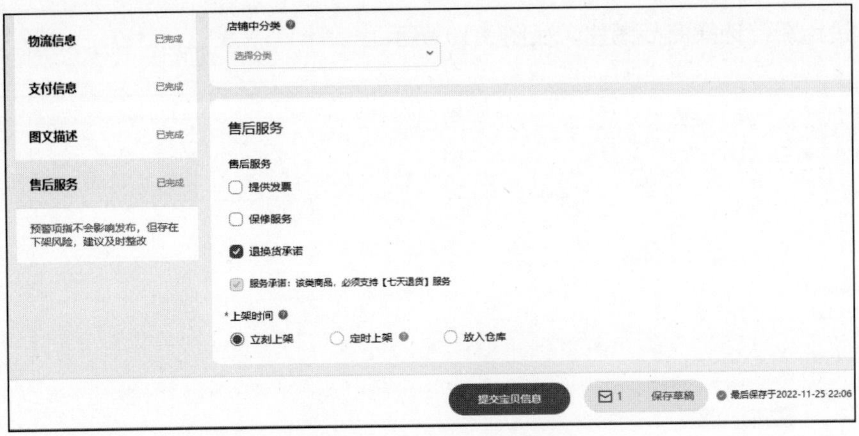

图 3-8 售后服务填写页面

3.2.2 京东商品上架后台

为提升商品基础信息发布的准确性，提高商品发布时效，京东于 2021 年 7 月在发布端开放极智发品功能，可以帮助商家智能填写商品信息，准确便捷地完成商品发布。先看一下极智发品的流程。

（1）操作路径：“商品管理－添加新商品”，如图 3-9 所示。

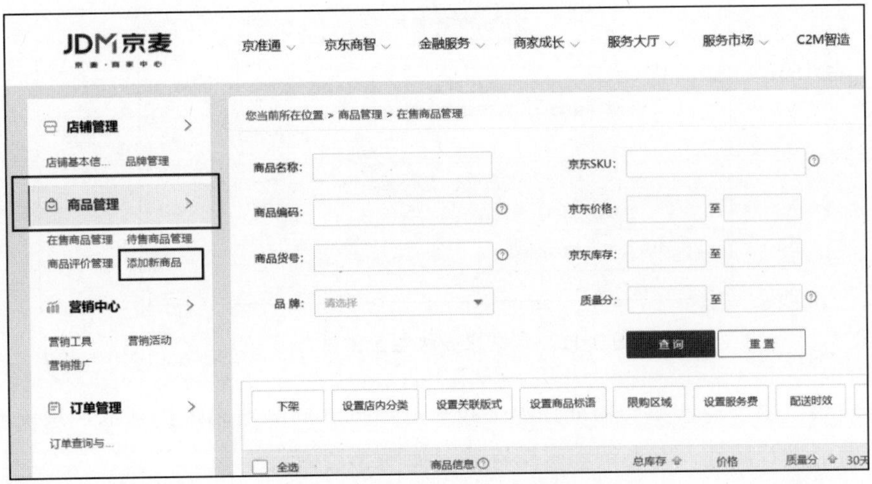

图 3-9 京东京麦商品管理页面

（2）进入后，选择商品图片，如图 3-10 所示。

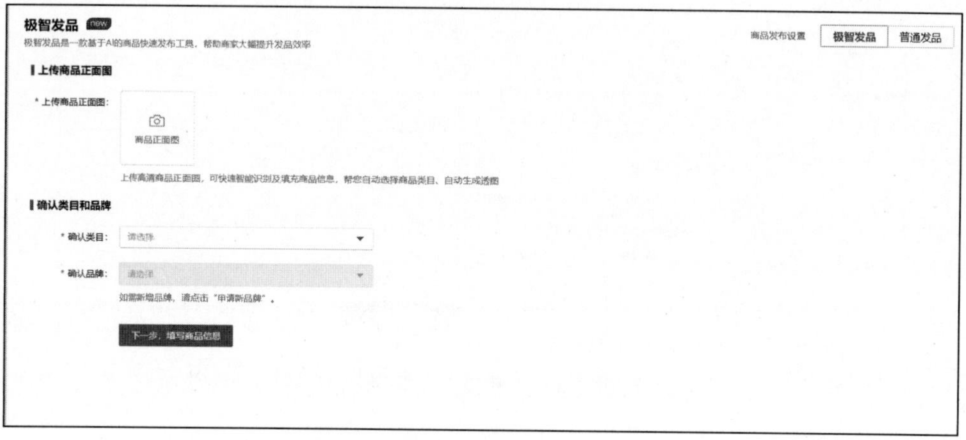

图 3-10　京东京麦极智发品页面

系统会智能推荐类目，如图 3-11 所示。但推荐类目可能不匹配，商家需根据商品实际情况进行修改。

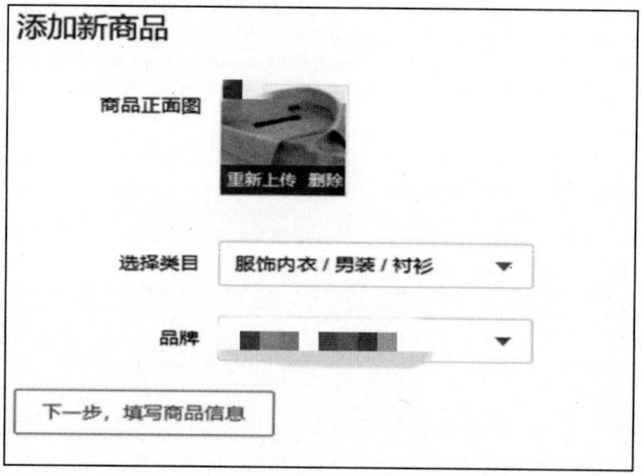

图 3-11　京东京麦极智主图添加页面

（3）点击“下一步，填写商品信息”按钮后，进入商品信息维护环节，系统可根据商品图片，智能推荐属性、标题词和营销标签，如图 3-12 所示。

图 3-12 京东京麦极智填写商品信息页面

商家需判断推荐属性是否与实际相符，如修改推荐属性值（未采用推荐属性值），则“预填”字样会消失。

（4）系统智能推荐标题词，商家可根据商品实际情况，选择合适的标题词。点选推荐的标题词，它们会自动填写到标题输入框中。商家可在标题输入框中进一步编辑标题，如图 3-13 所示。

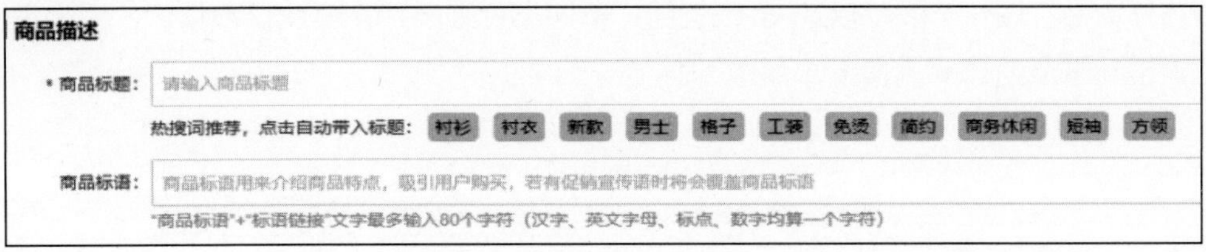

图 3-13 京东京麦极智商品系统智能推荐标题词页面

看了京麦的极智发品，再看看普通发品的页面。图 3-14 所示为京东京麦普通发品类目选择页面，此处非常重要，会直接影响后面商品的上传流程，以及后续商品销售等运营流程。一旦选择就无法修改，且商品信息需要符合京东相关标准。

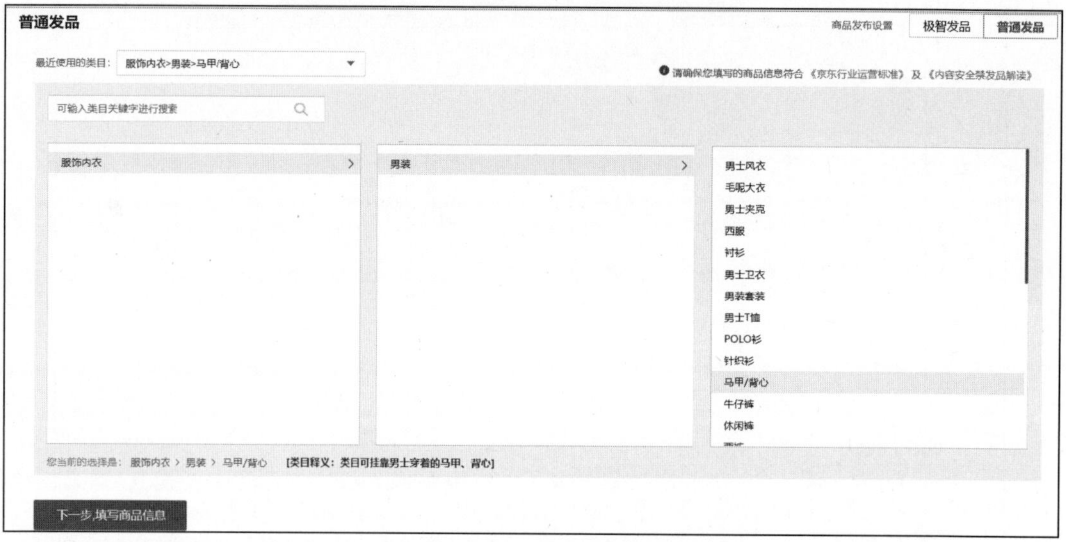

图 3-14　京东京麦普通发品类目选择页面

选择好商品分类后，点击“下一步，填写商品信息”按钮，进入填写商品信息页面。

依次填写商品详细信息，标星号的为必填项目，建议先填写基本信息，然后再优化诸如标题等需要根据实际数据填写的项目。依次填写好商品属性、商品信息等。

如图 3-15 所示，在填写“销售属性”时要特别注意，大多数时候可以只填写京东价、库存和 SKU 属性（货号）。货号很关键，会影响 ERP 读取发货信息，应与上面商品信息里面的货号填写一致。

选择商品主图，一般可以选 6 张主图，不同类目有区别，但建议都填满，因为主图对客户点击和下单的影响非常大，如图 3-16 所示。

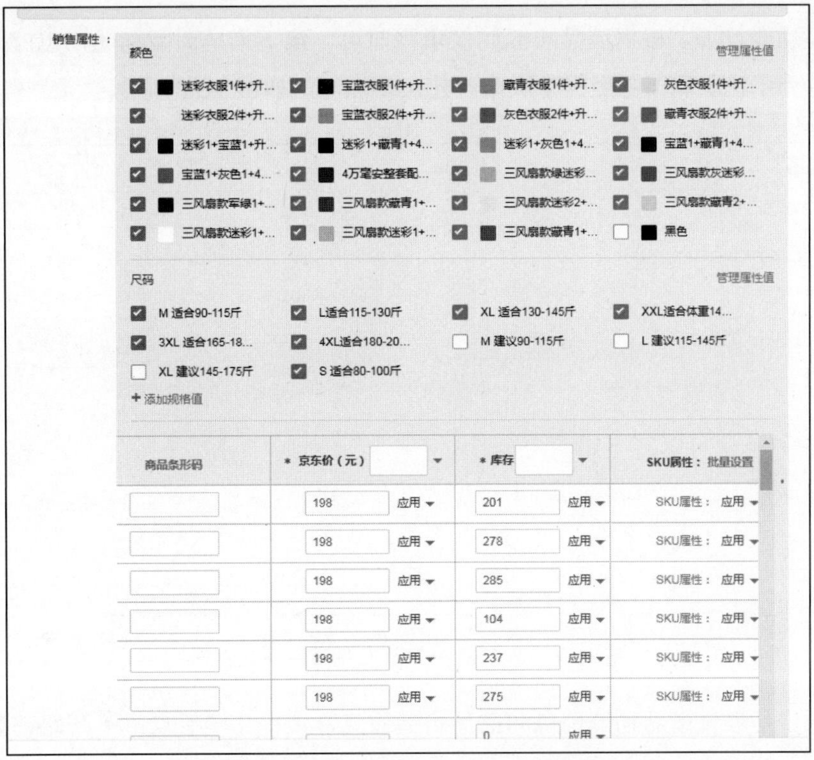

图 3-15　京东京麦普通发品设置规格描述页面

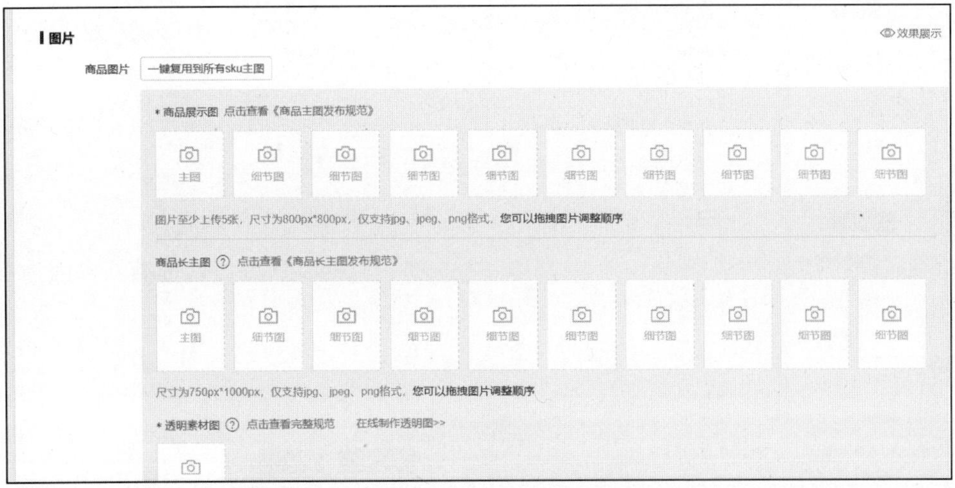

图 3-16　京东京麦普通发品图片页面

然后是功能设置，根据商品实际属性填写即可。接下来是商品描述，也就是商品详情页设置，分为手机版和电脑版两个版本，建议都填写，如图 3-17 所示。

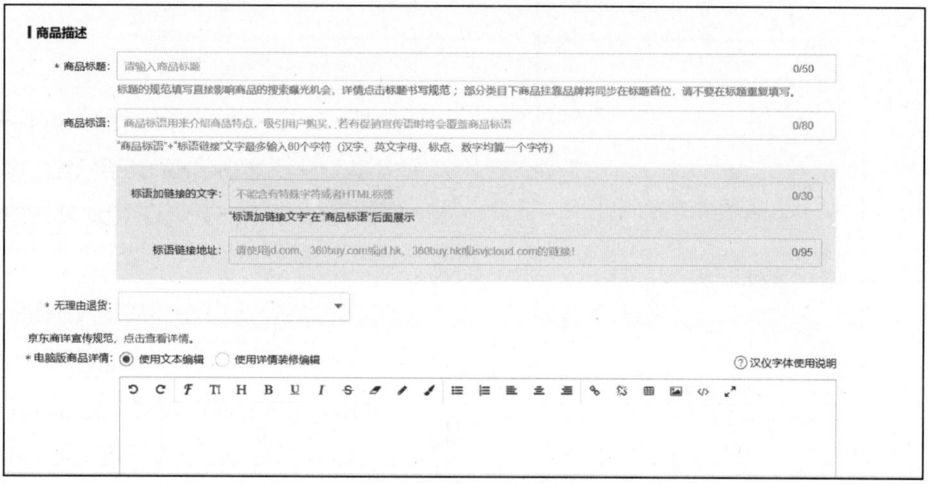

图 3-17　京东京麦普通发品商品描述页面

最后一步是设置商品物流信息和商品售后信息，填写完毕后点击“开始销售”按钮即可完成新商品添加，如图 3-18 所示。

图 3-18　京东京麦普通发品售后物流及其他填写页面

3.2.3 拼多多商品上架后台

登录拼多多平台，进入商家后台，找到“商品管理”板块，点击“发布新商品”按钮，就可以开始发布新商品，如图 3-19 所示。

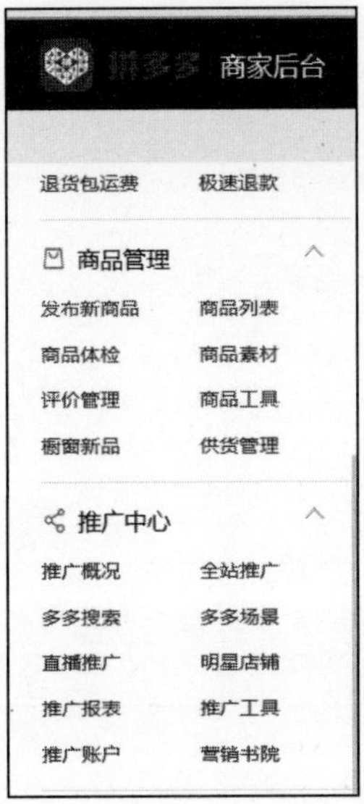

图 3-19 拼多多商家后台“商品管理”板块

接下来会看到有三个搜索框，分别是一级分类、二级分类和三级分类。点击搜索框，会出现一个下拉列表，在这个下拉列表里选择自己的商品类目（上传商品的类目）。然后再点击下方的“确认发布该类商品”按钮，如图 3-20 所示。

下面是商品详细信息板块的填写。在“商品标题”框里填写该商品的标题，这里的商品标题限制是 60 个字符，相当于 30 个汉字，如图 3-21 所示。

商品基本信息板块有一个“商品视频”操作区，点击“上传视频”按钮，添加视频即可，如图 3-22 所示。商品视频是有要求的，时长在 30 秒以内，大小在 50MB 以内，尺寸比例是 1∶1，支持 mp4、rmvb、3gp、avi、mov、wmv、flv、mkv 格式，不能上传违规内容，包含但不限于涉黄、涉暴、站外引流等内容。

图 3-20　拼多多商家后台发布新商品页面

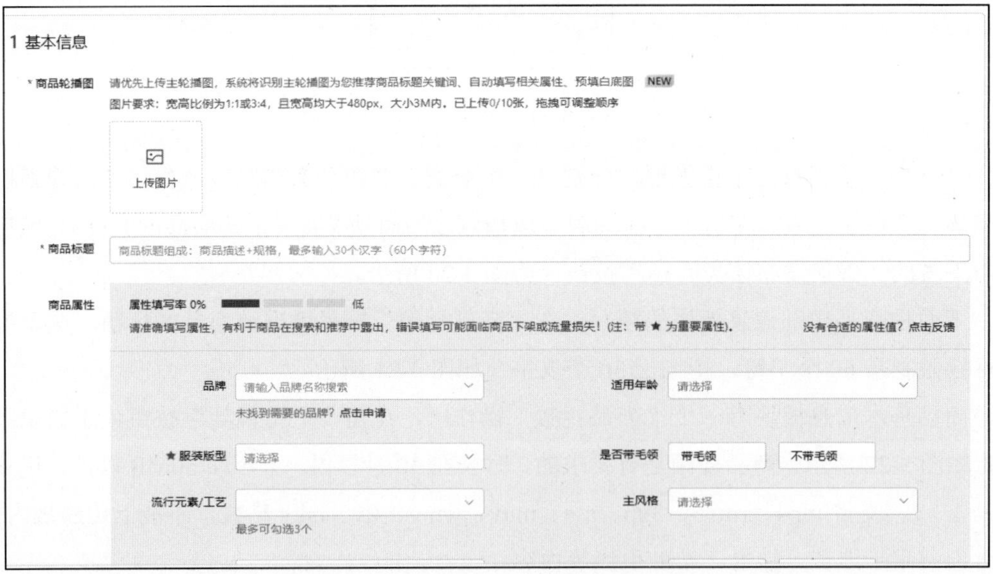

图 3-21　拼多多商家后台标题制作页面

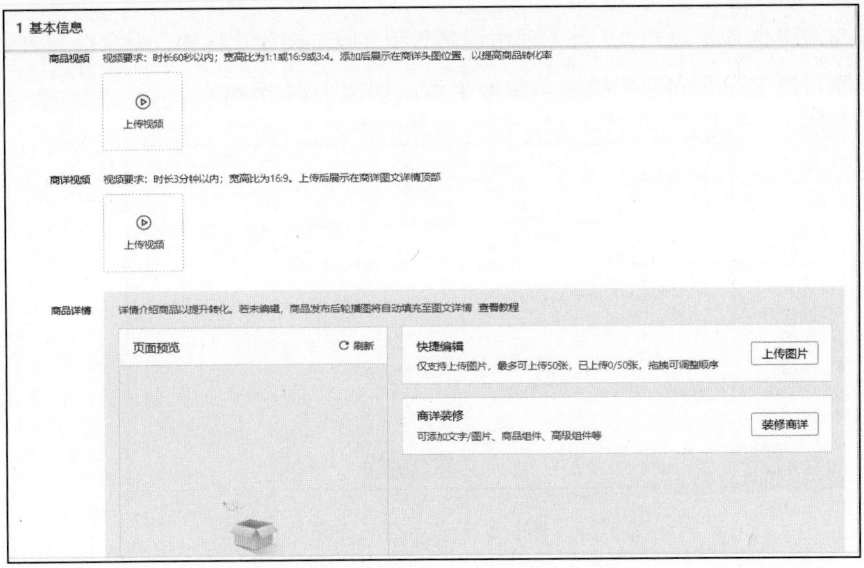

图 3-22 拼多多商家后台商品基本信息面

商品规格的填写需要考虑到商品的类目情况。图 3-23 所示为规格与库存页面，显示的是服装类商品规格。

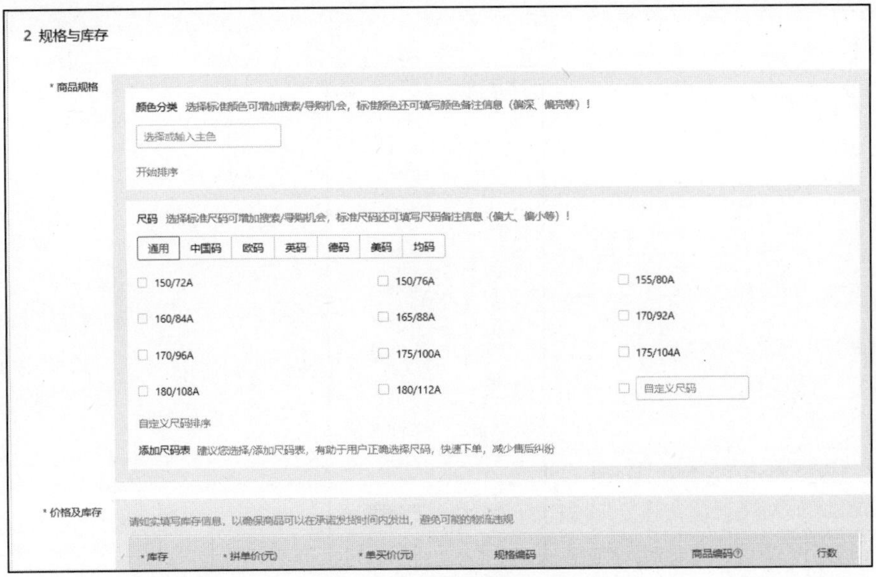

图 3-23 拼多多商家后台商品规格与库存页面

服务与承诺选项里包括“7 天无理由退货”和“假一赔十”选项，平台会根据商品分类、特性等因素，决定是否向客户展示该服务承诺，如图 3-24 所示。

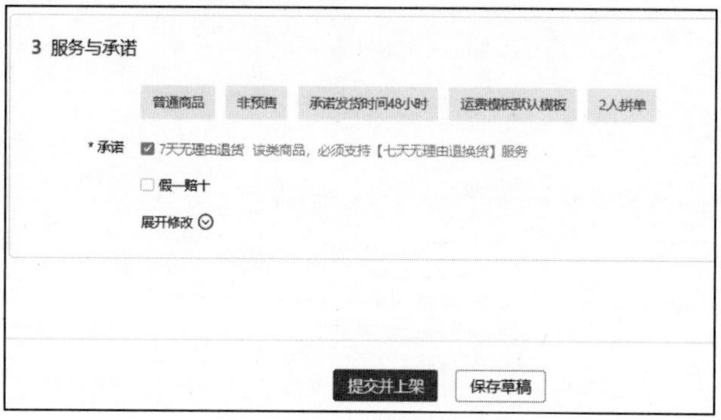

图 3-24　拼多多商家后台服务与承诺页面

3.2.4 抖店商品上架后台

登录抖店平台，进入商家后台。找到“商品管理”下面的“商品创建”按钮，并点击发布新商品，如图 3-25 所示。

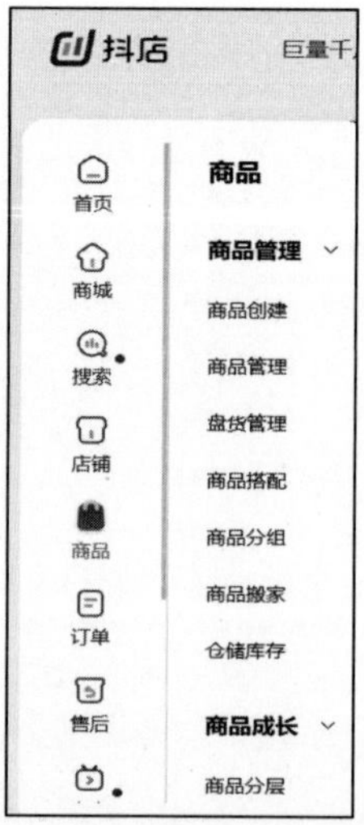

图 3-25　抖店商品管理页面

在商品创建页面，选择商品类目，可以通过搜索关键词的形式进行类目选择，如图 3-26 所示。

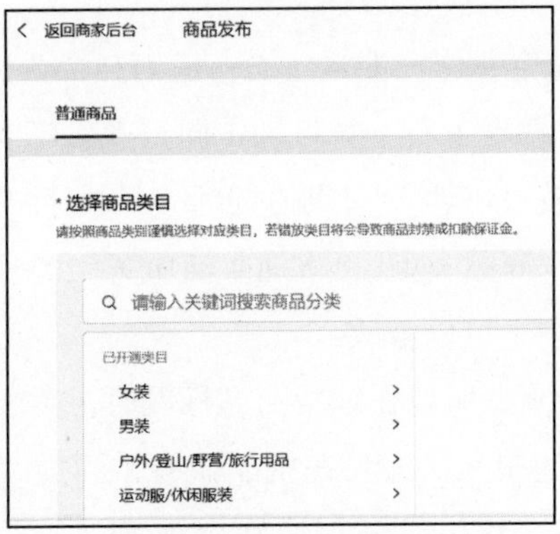

图 3-26 抖店商家选择商品类目页面

选择好商品类目后，开始基础信息的创建，如图 3-27 所示。如果发现当前类目需要修改，可进行重新选择。重新选择后，之前填写的内容会清空。

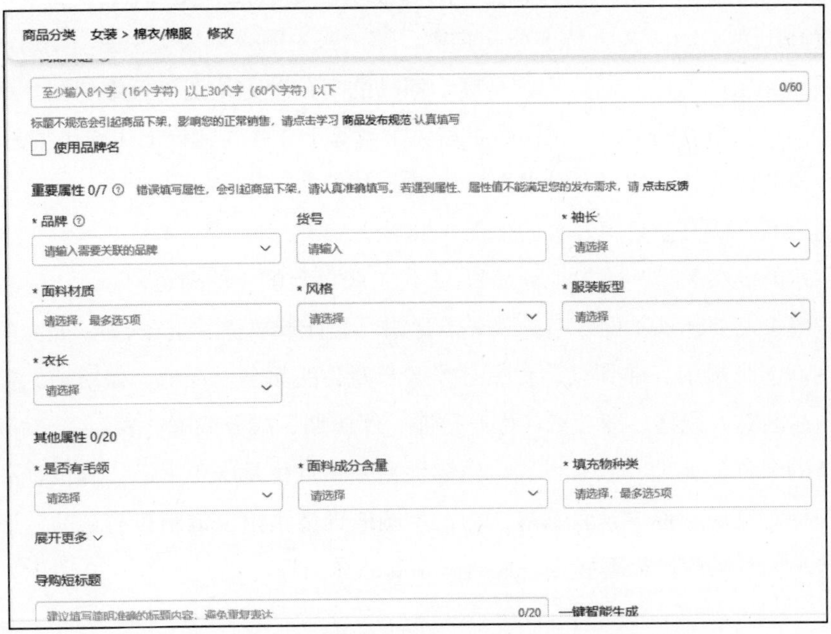

图 3-27 抖店商家商品基础信息填写页面

商品类型包括普通商品、闪购商品、虚拟商品。

普通商品：系统默认选择“普通商品”类型，常规商品都需要在此商品类型下进行创建。

闪购商品：仅在创建“珠宝首饰—翡翠玉石—玉石孤品”类目的商品时，可以选择“闪购商品”类型。“珠宝首饰—翡翠玉石”类目为定向招商，不支持申请开通。

虚拟商品：仅在创建“教育培训”“本地生活服务”类目的商品，且店铺已经开通支付宝时，可以选择“虚拟商品”商品类型。“本地生活服务”类目为定向招商，不支持申请开通。商品提交审核后商品类型不可以修改。

商品标题最多允许 30 个字。所以在编辑商品标题时，需要将商品的品牌信息、商品名称、商品规格简洁清晰地表述出来。如果在食品饮料、酒类、生鲜、母婴等一级类目下发布商品，需按照“产地+商品名称+种类/品种+净含量/规格”的格式发布。推荐语为选填，原则是在不使用“国家级”“最”“第一”等用语的前提下，尽量吸引客户，比如可以使用“产地直发”“新鲜多水”“休闲复古”等能够生动描述商品特征、使用场景的词汇，引发客户的需求共鸣，从而达到吸引眼球的目的。

商品主图大小需在 600px×600px 以上，单张不超过 1MB，支持 png、jpg、jpeg 三种格式，建议宽高比为 1∶1。需上传 5 张实物图。第一张主图必须为实物图，不得出现全屏水印以及与平台无关的水印；其他主图是展示商品的多角度方位图以及细节图，不得出现所有主图展示同一个角度的情况。主图数量需大于或等于 3 张（建议上传 5 张主图），且不可包含完全一样的图片，具体以商品发布页面提示为准。

抖店商家商品图文信息填写页面如图 3-28 所示。

如果创建的商品类型为“虚拟商品”，上传 1 张以上的主图即可。

商品详情页需要体现不同规格的差异点说明（如计量单位、果径等），商品的标识信息或外包装图需清晰展示。非预包装食品必须展示商品的品名、产地、保质期。预包装食品必须展示商品名称、规格、净含量、生产日期、保质期、成分或配料表、生产许可证编码，以及生产者的名称、地址、联系方式。生鲜食品如果宣称是绿色食品、有机食品、无公害食品、地理标志食品、原产地食品等，需在主图或详情页附上清晰可辨认的认证证书或认证标志，转基因食品应当显著标识。抖店商家商品详情填写页面如图 3-29 所示。

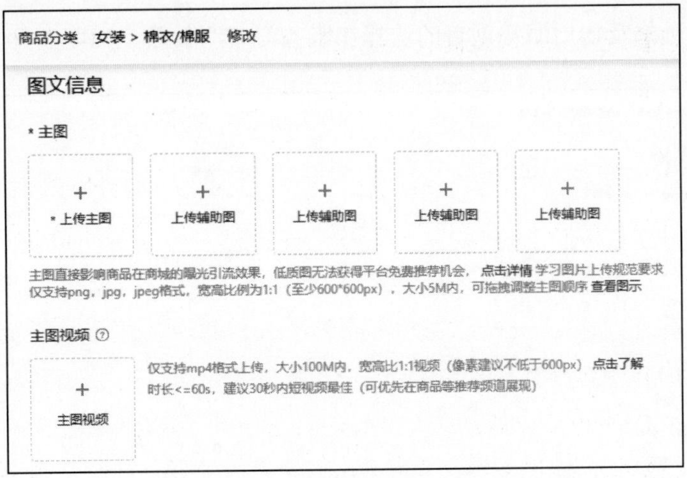

图 3-28　抖店商家商品图文信息填写页面

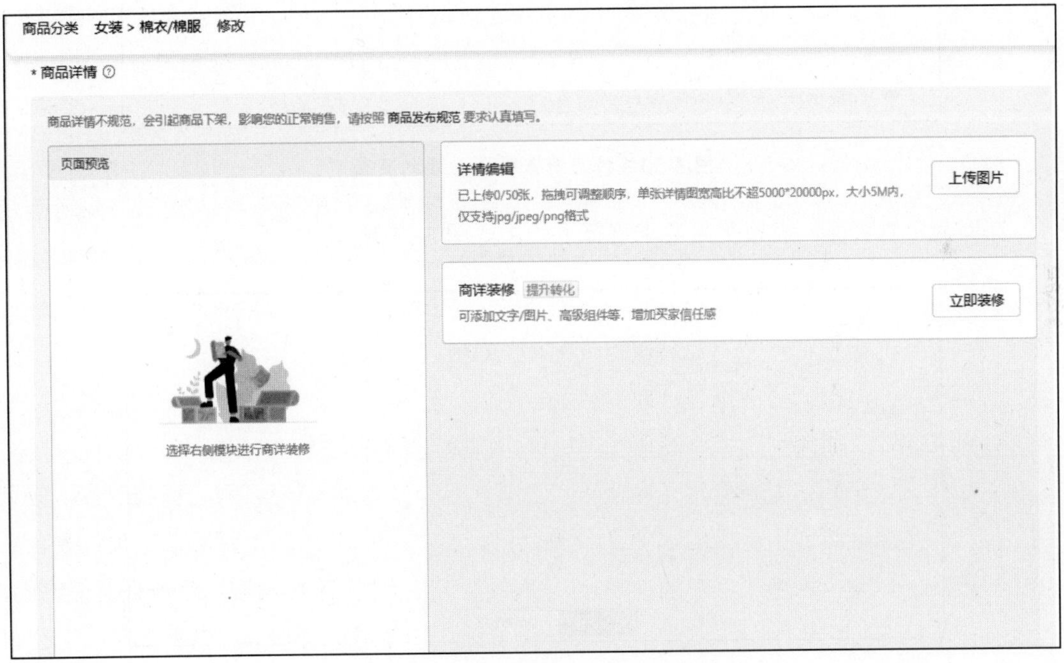

图 3-29　抖店商家商品详情填写页面

售卖价：最高支持创建 100 万元的商品。原价：原价必须高于售卖价，最高支持创建 100 万元的商品。商品规格：可支持最多 600 个规格组合。

运费模板的选择及售后服务项目的选择在服务与履约页面，如图 3-30 所示。

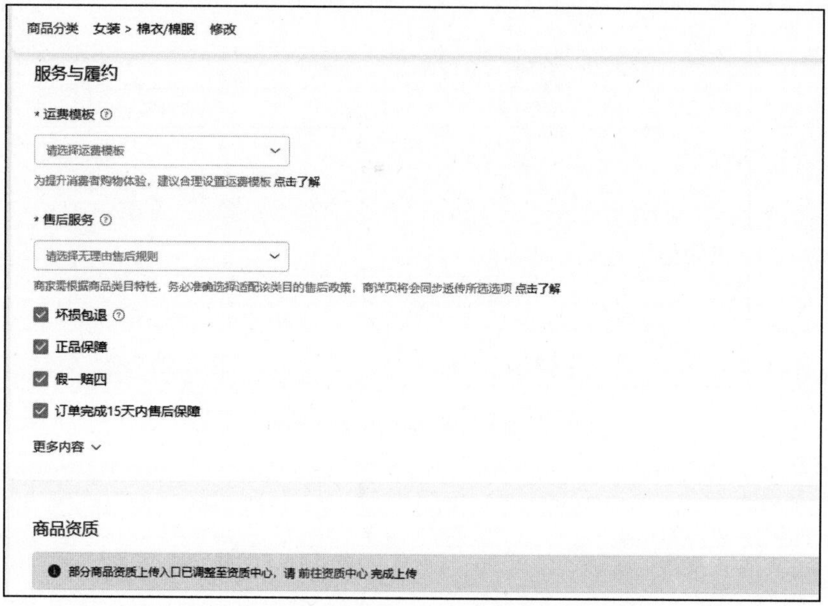

图 3-30　抖店商家服务与履约页面

在商品资质页面，需按类目要求进行上传，如图 3-31 所示。

图 3-31　抖店商家商品资质页面

在商品发布过程中，可随时点击“保存”按钮对商品信息进行存储，商品信息填写完整后可点击“预览”按钮，预览商品详情页。商品信息确认无误后可点击“保存”按钮存储内容，此时商品不进入审核流程。也可点击“提交审核”按钮，商品将直接进入审核队列。

3.3　商品主图、短视频的制作

客户浏览购物网站时，通常会搜索关键词查看商品或者参考购物网站推荐的商品来选择自己心仪的商品，这两种购物方式都需要客户根据商品主图来选择商品。客户在搜索关键词后，网页中会出现一系列相关商品的主图，主图质量的高低会直接影响流量的大小。如果商品主图符合客户的期望，那么就会有效增加店铺和商品的流量，反之，则会流失大量的流量。除此之外，优秀的商品主图还能节约推广费用，因为客户会自动被商品主图所吸引，所以商家无须大张旗鼓地宣传店铺和商品，就能够获得令人羡慕的流量。

3.3.1 商品主图设计原则

原则 1：主图背景要鲜明，才能起到“万绿丛中一点红”的作用，在搜索结果列表里，如果你的商品主图要和附近的商品“竞争”点击率，怎么才能让客户第一眼就注意到你的主图呢？背景需明显区别于其他的主图，这样客户就容易被吸引过来。当然，商品背景也要符合商品本身，不应为了突出而哗众取宠。

原则 2：商品卖点要吸引人，需与客户的需求相结合。打动客户要靠商品卖点，客户购买商品最关注的是什么？是价值、质量还是其他？把客户的需求和商品的优势结合起来，直击痛点，就是一个卖点，如果有独一无二的卖点就更好了。当然价格也可以是一种优势，还可以添加一些促销信息，或者做一些优惠活动。

原则 3：整体设计风格要有创意。主图的文案和设计创意非常重要，如果在一堆同质化严重的“满减”文案中，有新颖的创意、简单易懂的文案也会引起客户的注意。主图除了突出卖点，还要跟人群特点、商品特色进行匹配，这就需要注意商品的细节，需要知道店铺人群的标签，知道本店和这个行业的客户都喜欢什么样的商品，喜欢什么样的价格。做好了主图后，怎么才能判断出主图的效果呢？用直通车测图是最快的方法，可以按 7～15 天为一个周期，同时做好几张主图进行测试，看看哪个点击率更高一些。还可以通过微信朋友圈或者微信群投票测试，通过收集反馈数据判断图片效果。

3.3.2 商品主图设计要素

在设计商品主图时，首先应该了解平台对该商品类目主图的制作要求，通过对规则的解读，避免主图的违规。如果经营的类目没有主图规范，商家就必须了解什么样的主图才能有更好的搜索排序。

在商品搜索页主图上添加文字的目的，一般是突出卖点、材质、折扣、促销信息等。但若添加信息过多，就会影响商品主图的展现，影响客户对商品基本属性的辨认、对比与筛选，影响商品主图的美观性，很难提升商品的视觉价值，甚至会影响客户的购物体验。

在保证商品主图中商品轮廓清晰的同时，尽可能在有限的空间中放大商品主体，通常商品主体占据主图面积的比例是 40%～60%，在商品主图上添加文字时，需合理设计文字的大小与颜色，但文字的大小与颜色不可影响客户对商品的理解与判断。

商品图片的清晰度也很重要，模糊的图片不仅影响客户的视觉体验，还会影响商品的价值体现。在选择商品主图素材时，应选取一张曝光正常的商品图片，因为在计算机上显示图片时，会产生色差问题，如果用了一张曝光有问题的图片，就容易引起售后纠纷。

合理地展现商品的角度也同样重要。对于商品主图，合理的展现角度不仅能够增强商品的立体感，同时还能让客户清晰地看到商品的全貌。一个好的商品角度，可以让商品更加灵动。

3.3.3 商品主图设计思路

1. 精准定位受众

做图片的时候，首先要考虑的是商品的受众，要了解他们的兴趣爱好、消费能力、消费水平，因此，要做针对消费人群的图片，一张图片不能覆盖所有的消费人群，否则很容易变成“四不像”，最后谁都看不上。

2. 了解客户的真实需求

定位好人群风格之后，需了解客户的真实需求。客户的需求往往隐藏在关键词中，而很多商家在做主图的时候，却无意中忽略了客户的需求，只顾表达自己想要表达的内容，忽略了客户在搜索关键词时真正想要看到的东西，导致最终的主图点击率不会太高。

3. 突出差异化

差异化就是要和同行的主图做得不一样，我们可以从商品背景、商品摆放、拍摄角度、构图方式、文案字体颜色上做出独有的效果。想要点击率出众，首先要让客户被图片吸引，如果主图都无法吸引客户，那么谈点击率是不现实的。

1）背景颜色差异化

在大多数主图都是深色背景的情况下，采用浅色的背景就抓住了客户的目光。但是切记要做到美观，与店铺风格不冲突，不能为了差异化而随意用颜色，如图 3-32 所示。

图 3-32　背景颜色差异化

2）角度视觉差异化

三款都是打底裤，第一张照片是从高向低拍摄的，第二张照片由正面拍摄及侧后方拍摄，第三张照片是从侧前方拍摄的，如图 3-33 所示。可见，拍摄角度不同，视觉效果有很大差异。

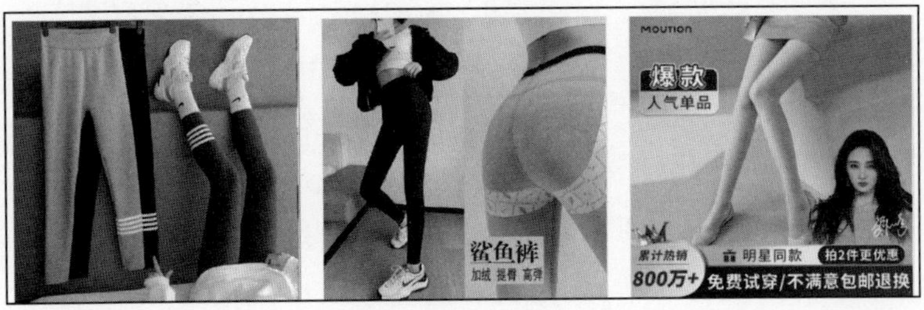

图 3-33　角度视觉差异化

3）细节大小差异

如图 3-34 所示，两款行李箱的特点都体现在多功能上，但是左边侧重于开箱方便，右边体现在能装、有挂钩，还有密码锁和刹车万向轮。

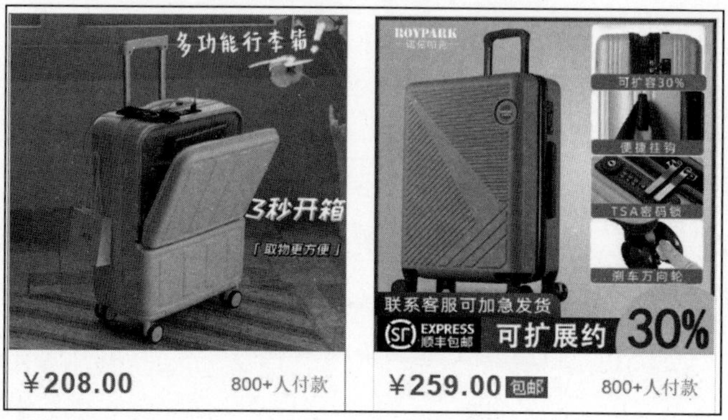

图 3-34　细节差异

4）场景差异

下面两款都是休闲男装，左侧是在海边游玩的场景，右侧则是正常的商品展示，如图 3-35 所示。

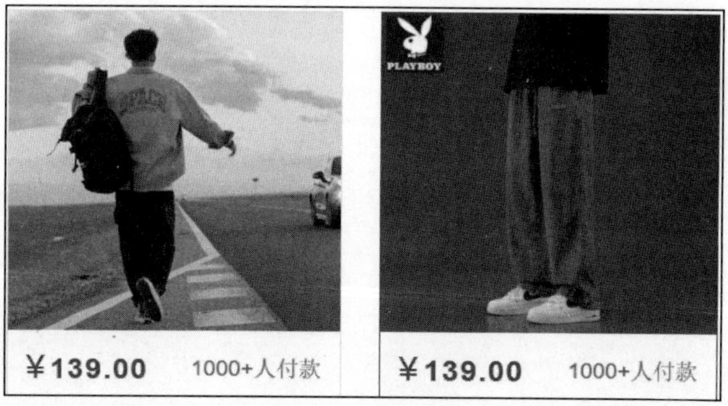

图 3-35　场景差异

差异化远不止这几个例子，商家需要结合商品所在的类目以及商品情况来做出适合的差异化主图。

4. 文案具有诱惑力，突出卖点

文案是对商品卖点的直接表达，文案要简单明了，用最少的字表达出商品最重要的信息。一针见血，找到客户最关心地方，是打折优惠、商品功能，还是快递优势等，找到这些卖点之后挑选最重要的放到主图上，吸引客户的目光，促成点击。

1）价格优惠卖点

主图中促销力度的直接展现，往往能够直达客户心里。在价格策略允许的情况下，要好好设计促销活动力度、折扣和优惠券信息等，如图 3-36 所示。

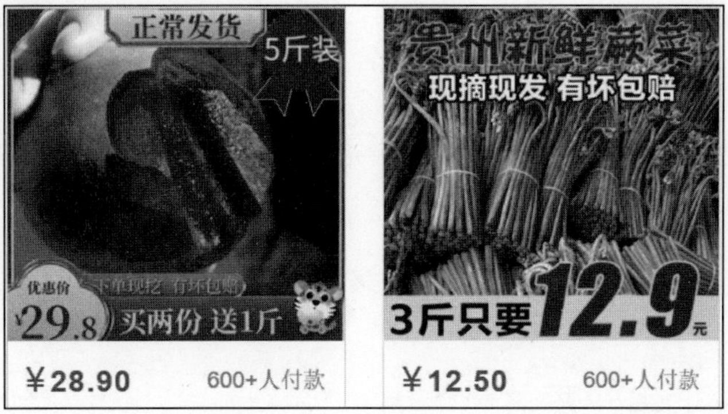

图 3-36　价格优惠卖点

2）赠品卖点

在主图上展现赠品，可以刺激客户优先选择。这就需要我们认真地分析购买人群，选择合适的赠品营销策略，如图 3-37 所示。

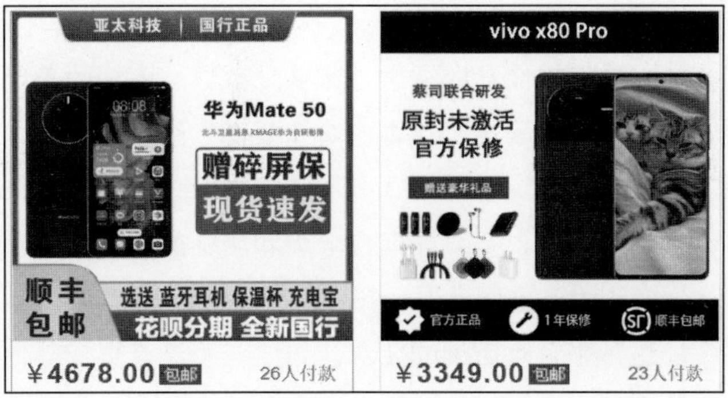

图 3-37　赠品卖点

3）功能卖点

商品的功能卖点，对特定人群的选择会起到决定性的作用，如图 3-38 所示。

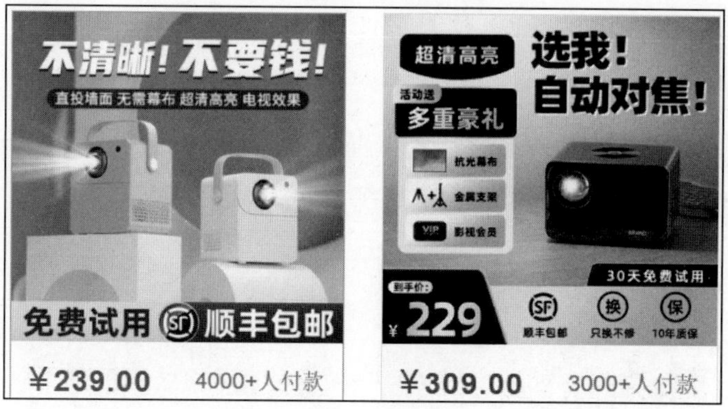

图 3-38 功能卖点

还有其他的卖点，商家可以结合商品本身去挖掘。

3.3.4 商品主图呈现要求

第一张主图十分重要，需要准确无误地将商品的核心卖点展现出来，商品卖点可以参考“问大家”板块来进行编写，同时也要符合商品的实际功能。

第二张主图的功能主要是展现商品的多样性，比如一件衣服可以搭配不同的裤子和鞋子，展现出不同的效果，或者一个物品可以有多种用途等，这些都能够吸引更多的客户点击并购买。

第三张主图需要多方位展现商品的细节，让客户可以从不同的角度来了解商品的细节部位，这样做既能够打消客户的疑虑，让客户对商品的了解更加深入，还能够大大减少客户退货的情形。

第四张主图可以当作营销图，主要展现出宝贝和店铺的活动内容，比如满减、打折、包邮等，这也能够从价格和服务方面吸引一部分客户。

第五张是白底图，这是平台对店铺的要求，想要在手淘首页或其他渠道获得展现机会的商品，必须要有这张图。白底图不仅能够减少色差，也能够让客户真实地看到商品，如果这张图不符合要求，那么想要在手淘首页展示商品是不可能的。

商品的5张主图如图3-39所示。

图 3-39　商品的 5 张主图

3.3.5 商品短视频制作要求

1. 基础规范

（1）短视频内容不能违反影视行业相关法律法规。

（2）短视频中不得出现平台规范条例中的禁止信息。

（3）短视频中不得出现违反广告法的信息。

（4）短视频内容要符合社会主义核心价值观。

2. 短视频内容制作基本要求

（1）尺寸比：短视频内容的最佳尺寸分为竖屏和横屏两种模式。竖屏模式常见于淘宝、抖音、快手、京东等平台，常见的视频比例是竖屏 9∶16；横屏模式常见于抖音、快手、视频号等平台，常见的视频比例为 16∶9。为提升客户体验，建议使用 9∶16 的视频模式。

（2）时长：12 秒—10 分钟，建议使用 30 秒—1 分钟的视频，这样节奏明快，有助于成交。

（3）文件大小：支持 300MB 以内的视频上传。

（4）支持格式：.mp4。

（5）视频清晰度：720p 高清及以上。

（6）无水印（包括拍摄工具及剪辑工具 Logo 等）、无二维码、无片头片尾、无商家 Logo（品牌信息不要出现在片头中，可在视频结尾出现 2 秒以内，在正片中不能以角标、水印等形式出现）、无“牛皮癣”、无外部网站及店铺 Logo。

（7）视频必须与商品相关，突出卖点，谢绝纯娱乐（如手势舞、搞笑段子类视频），不建议使用电子相册式的图片翻页视频。

（8）视频整体节奏明快，画面明亮清新，无虚假内容和夸大效果。

3. 内容要求

如果想让视频在平台获得更多流量，请遵循以下视频内容要求。

（1）视频标题符合广告法要求，不能有明显的“标题党”嫌疑，不能有色情引导类内容，要能概括视频主题与看点，文案生动有感染力，不堆砌。

（2）画面高清、美观，主体居中，封面内容与视频内容强相关，不允许放纯色图、白底商品图、商品平铺图、商品广告图、修图过度图。

（3）片头 5 秒拒绝无效信息，第一帧不允许是黑帧，不允许有明显的黑边，字幕位置合理。

（4）节奏要快，不拖沓，内容看点要精练，场景切换要快，不要无意义的留白和空镜头，拒绝图片拼接式的视频。

（5）视频若有解说，请口语化，有真实感，有感染力，能快速抓住观众。拒绝播音腔。

（6）视频内容有趣，清新，有看点。

（7）视频音乐风格和视频画面风格一致。

（8）模特出镜类需第一视角拍摄。

（9）测评类需真人测试，不允许只说不证明、只拍了看看而不体验。

3.3.6 商品短视频制作技巧

1. 短视频拍摄的构图

短视频的画面怎么拍才好看？当然需要遵循构图原则。

构图可以看作一种造型艺术，是从自然存在的混乱事物中找出秩序的过程。好的构图不仅能让画面布局看起来更加协调，还能巧妙突出画面重点。下面分享四个常用的构图法则。

1）三分法构图

最基础的构图法则是三分法构图，无论是横屏拍摄还是竖屏拍摄，将主体放在画面的 2/3 处，都容易保持视觉平衡，如图 3-40 所示。

图 3-40　三分法

现在很多手机的拍照模式都自带九宫格，将主体放在九宫格的 4 个交叉点处，就满足三分法原则，如图 3-41 所示。

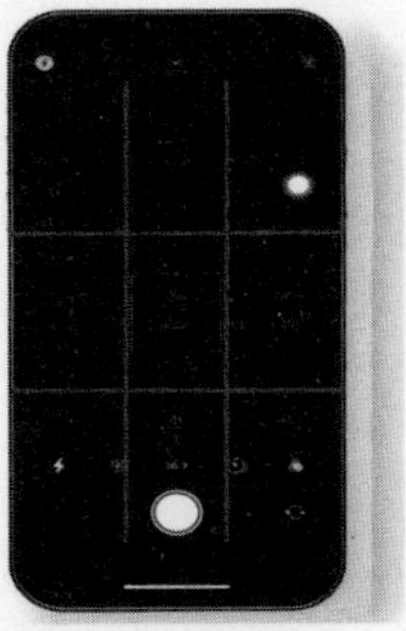

图 3-41　手机自带九宫格

2）垂直构图

垂直构图给人一种符号化的印象，整齐的竖线能引起舒适感，在拉伸高度的同时也拓宽了深度，使画面整体更有纵深感，如图 3-42 所示。

图 3-42　垂直构图

3）框架构图

框架构图适用于利用门槛、窗户、车窗、后视镜等进行拍摄的情况，也很适合拍摄故宫、火车这一类场景。

框架构图不仅能使框架内外形成明暗反差，还有一种“管中窥豹”的感觉，更加聚焦视线，有代入感。同时可以丰富画面内部元素，形成层次感，如图 3-43 所示。

图 3-43　框架构图

4）引导线构图

引导线构图也可以让画面更有纵深感，引导视觉焦点到画面深处。像沙漠中的沙丘或绵延的公路，都可以引导人的目光，如图 3-44 所示。

图 3-44　引导线构图

5）中心构图

中心构图是指主体处在画面的中心位置，这类画面更加严谨、平衡，很有仪式感，适合拍摄人物，也适合一些庄严的场景，如图 3-45 所示。

图 3-45　中心构图

拍摄短视频时，不仅可以用一种构图方法，还可以结合画面主体和环境进行组合构图。

2. 短视频拍摄手法

常见的短视频拍摄手法有推、拉、摇、移、跟。

（1）推：即推镜头，指被摄体不动，摄像机向前运动拍摄，取景范围由大变小，突出主体人物，突出重点形象。

（2）拉：拉镜头，摄像机做向后的拉摄运动，取景范围由小变大，把观众的注意力由局部引向整体，使人获得较为全面的印象。

（3）摇：摄像机位置不动，机身依托于三脚架上的底盘做上下、左右、旋转等运动，更好地表现空间，表现人和物在空间中的关系，可以把环境中的事物连起来表现。

（3）移：又称移动拍摄，指把摄像机安放在运载工具上，沿水平面在移动中拍摄对象。移拍与摇拍结合可以形成摇移拍摄方式。

（4）跟：是摄像机跟随运动中的物体拍摄，有摇跟和移跟，也可以连摇带移地跟，作用是更好地表现运动的事物。

4. 短视频拍摄运镜景别

景别是指由于摄像机与被摄体的距离不同，被摄体在电影画面中所呈现出的范围大小的区别。景别一般可分为五种：特写（人体肩部以上），近景（人体胸部以上），中景（人体膝部以上），全景（人体的全部和周围背景），远景（被摄体所处环境）。在视频中，不同的景别可以使故事情节的叙述、人物感情的表达、人物关系的处理更具有表现力，从而增强视频的感染力，如图 3-46 所示。

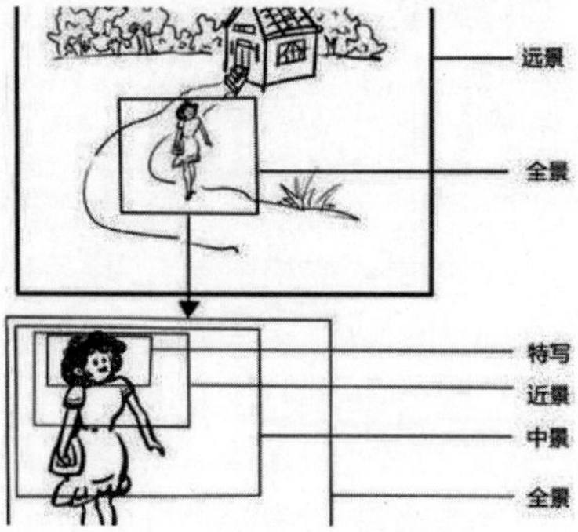

图 3-46　拍摄之景别

3.4　商品标题编写技巧

商品标题编写的基本要求是：商品标题有独特性、唯一性；商品标题包含流量大的热门核心关键词；商品标题包含蓝海词（搜索热度高、同行商品数少）；商品标题包含商品特色词和卖点。

3.4.1 标题组成部分

不同电商平台对标题的要求会有所不同，但其最基本原则是通用的，标题里必须要有商品主关键词，给商品带来搜索流量。

规范标题格式：品牌+类目词+属性词+长尾词+修饰词。

品牌词：标明品牌的词。

类目词：包括精准类目词（三级类目）、模糊类目词（二级类目）、大类目词（一级类目）。

属性词：比如颜色、尺寸、材质、风格等相关词。

长尾词：比如“女士长款钱包”“女士蕾丝裙”。

修饰词：比如“节日”“热销”“新品”“爆款”等。

这是编写标题的规范，有的商家可能会把修饰词和属性词放在标题最前面，这也是可以的，但我们写标题，需要考虑清楚自己的标题中必须具备哪些词，避免词语堆砌。

3.4.2 标题编写步骤

3.4.2.1 第一步：准备关键词

1. 列出商品关键词

列出自己商品的属性词、特色词、卖点词。属性词是指说明商品的材质、颜色、尺寸等商品固有特性的词，例如羽绒服，它的属性词可以是黑色、白色、鹅绒、鸭绒、带拉链等。特色词描述的是跟同行商品对比，商品特有的、市面上比较少见的一些特点，例如不规则、双面可穿、拼色。有品牌的话，可以加上品牌名。卖点词既可以描述属性方面，也可以描述功能方面，比如保暖、加长、修身、加厚、亮面等。

2. 利用生意参谋分析数据

使用淘宝后台“生意参谋—市场行情”中的搜索排行、搜索分析等功能，可以查看商品放在哪个类目下流量比较大，还可以把相关的搜索词、搜索人气、支付转化率、在线商品数、商城点击占比等数据都下载下来分析，如图 3-47 所示。

3. 下拉框词统计分析

打开手机淘宝 App，多输入几个核心词、类目词，分别统计出相应的下拉框词。下拉框词是近期比较热门的词，是后期运营推广商品时的重点词，如图 3-48 所示。

另外可输入长一点的特色关键词，找出更多的长尾关键词，方便后期更好地建立关键词表。以白色羽绒服为例，相应的下拉框词如图 3-49 所示。

橘色羽绒服女	5,875	1.44%	1,078	35.26%	0.6
红色羽绒服女	5,861	2.92%	349,250	54.54%	1.14
高级羽绒服女	5,761	2.14%	71,228	60.86%	0
羽绒服女长款	5,736	4.40%	572,695	61.80%	1.15
羽绒服超长款女脚踝	5,729	2.49%	10,446	60.71%	1.19
波司登羽绒服女长款	5,598	0.80%	23,551	83.57%	1.24
工装羽绒服 女	5,568	2.15%	329,917	67.10%	1.39
羽绒服女韩版	5,534	1.98%	1,369,018	56.38%	1.26
欧货羽绒服女	5,494	1.61%	76,656	42.44%	0.84
2020新款羽绒服女	5,431	2.41%	650,563	54.21%	1.26
安踏羽绒服女	5,344	0.15%	50,456	79.36%	1.36
羽绒服中长款 女	5,322	2.08%	494,705	59.06%	1.17
北面羽绒服女	5,255	13.67%	12,839	7.83%	0.99
羽绒服马甲女	5,223	8.53%	351,337	53.26%	0.99
羽绒服2020年新款女 短款	5,209	4.02%	452,716	64.52%	1.18
超轻羽绒服女中长款	5,207	2.00%	96,314	54.01%	0.81
黑色羽绒服女 中长款	5,204	3.15%	429,751	49.76%	1.04
羽绒服2020年新款女 韩版中	5,149	2.58%	307,934	54.06%	1.15
白色羽绒服女 短款	**5,143**	**3.27%**	**352,606**	**40.43%**	**1.1**
羽绒服长款 女	5,141	1.50%	572,900	61.74%	1.15
羽绒服女短款时尚气质	5,093	4.94%	455,709	65.89%	1.3
羽绒服2020新款女	5,070	10.25%	641,003	58.85%	1.26
雅鹿羽绒服女中长款	5,060	9.48%	15,561	41.12%	1.33
李宁羽绒服女	5,047	1.00%	25,468	45.80%	0.4
羽绒服女白鸭绒中长款	5,044	5.71%	98,035	46.59%	1.05
羽绒服韩版女 宽松	5,009	3.92%	989,127	53.35%	0.86

图 3-47　羽绒服女搜索词数据记录

图 3-48　输入“羽绒服”时的下拉框词

图 3-49　输入“白色羽绒服”时的下拉框词

4. 同行同款爆款标题汇总分析

在淘宝上输入相关的关键词，找出跟自己商品类似或者同款的、销量高的竞品，把标题复制汇总，并标出其核心主推词、特色词、蓝海词等，如图 3-50 所示。

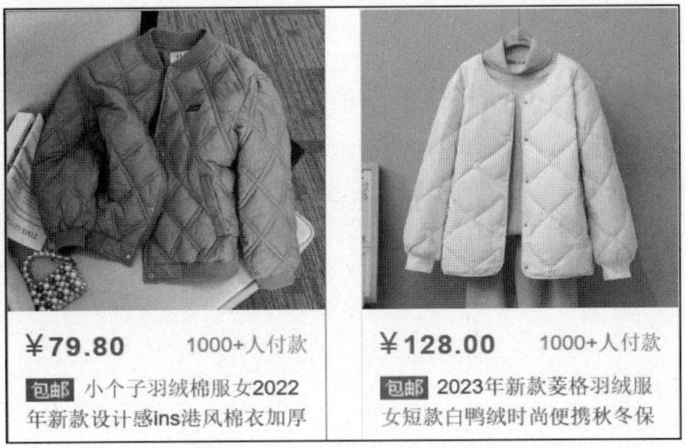

图 3-50　同行同款爆款标题参考

5. 利用直通车选词

通过直通车新建计划，把流量解析中的热词和推荐词的搜索热度、点击率、转化率等数据导出汇总，并选出部分流量大、点击率高、转化率高的词，如图 3-51 所示。

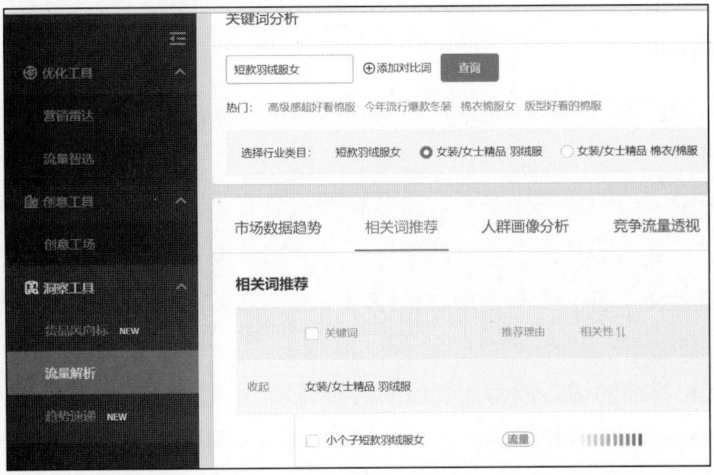

图 3-51　直通车流量解析

3.4.2.2 第二步：组词

把第一步中搜罗的关键词，利用一定的方法和技巧组成 30 个字的商品标题，并使其有一定的连贯性和独特性。组词方法和技巧如下。

1. 确定主关键词

主关键词也就是一般所说的大类目下面的二级类目名或三级类目名，比如羽绒服、羽绒服女、低帮鞋男、板鞋男等。主关键词控制在 3 个或者 3 个以内，避免出现太多主关键词，导致关键词权重分散。一般新店铺新商品集中力量主打一个主关键词即可。

确定主关键词的方法：使用子类目名字；分析同行爆款标题，使用竞品主关键词；使用高访客量、高转化率的词。

2. 确定优选词和次选词

（1）优先选择蓝海词。蓝海词是指搜索热度高、流量大，但是商品数少的词。这些蓝海词对新店铺新商品来说比较容易推广，付出的推广成本也更小。

（2）优先选择人群定位更符合商品的关键词。要调查关键词对应的人群地域分布及年龄、性别等数据，需要借助生意参谋市场行情专业版。

（3）神词优先，长尾关键词优先。"神词"是指蓝海词中的一些更小众、同行使用更少的词。长尾关键词是指包含热词并增加修饰词的字数较多的词。

3. 其他组词技巧

（1）分析关键词背后同行爆款商品与自己商品的匹配度，选择同行的爆款商品的部分关键词加以利用。

（2）关键词中字的前后顺序不同，排名权重就会有一定的区别。需要商家用不同排序的词在淘宝搜索，总结前几十个爆款的规则，再确定关键词的紧密排序。例如"亮面羽绒服女"和"羽绒服女亮面"这两个词紧密排序不同，它们的搜索流量和搜索排名就有较大区别。

（3）不需紧密排序的词后面再加其他的关键词。

（4）选择适合商品的下拉框词，并对下拉框词进行扩展组合，发展为长尾关键词。

（5）充分利用倒金字塔模式，先确定 2～3 个主关键词，再添加蓝海词、人群定位精准的词、神词，再在部分词前后增加一些修饰词，拓展为长尾关键词。

3.4.2.3　第三步：检查优化调整

检查第二步中组合出来的 30 个字以内的商品标题，并且对照第一步中搜集的数据和同行爆款商品情况，再删减、增加关键词，调整部分关键词的前后顺序，最终确定一个正式标题。

常见的标题组合方式有以下几种。

（1）品牌词+属性词+类目/商品词+卖点词+长尾词+达人词。

（2）品牌词+类目词+核心词+属性词：适用于基础商品信息组合，利用品牌效应，获取精准流量。

例：A 品牌 2023 夏新款个性西装连衣裙甜酷女

（3）营销词+核心词+卖点词+修饰词：适用于营销活动组合，利用平台营销造势，提高商品曝光率。

例：A 品牌双 11 法式 v 领西装显瘦小黑裙甜酷女

（4）热搜词+核心词+精准词+修饰词：适用于流量拓展组合，利用平台热词、修饰词，提高商品曝光率。

例：A 品牌大码碎花连衣裙温柔甜美小个子独立设计女

3.4.3　标题编写注意事项

编写标题的注意事项如下。

（1）不能在标题中写入“最”之类极限词。

（2）不能出现和商品不符、侵犯他人知识产权，或违反广告法和其他国家法律的关键词。

（3）不能夸大宣传，不能使用“史无前例”等夸大的词。

（4）不要完全照搬同行标题，淘宝后台是数据化运作的，它不会分配同样的流量给两个一样的标题。

（5）标题限定 30 个汉字或 60 个字符（部分类目允许 60 个汉字），字数不能超出但也尽量不要“浪费”，标题内容要和当前商品属性类目一致，不能出现非正常的符号。

3.5 商品详情页策划

3.5.1 详情页的作用

如果把线上店铺比作实体商铺的话，详情页就相当于店铺的导购员，热情服务的最终目的是把东西卖出去，线上线下有着异曲同工之妙。详情页的作用大致分为：提高转化率、激发客户的消费欲望、建立客户对店铺的信任感、打消客户疑虑、促使客户下单。

3.5.2 详情页的尺寸

主流电商平台详情页尺寸要求如下。

（1）淘宝：宽 750px，高度不限。

（2）天猫：宽 790px，高度不限。

（3）阿里巴巴：宽 750px，高度不限。

（4）京东：宽 990px，高度不限。

（5）1 号店：宽 750px，高度不限。

（6）唯品会：宽 990px，高度不限。

（7）蘑菇街：宽 720px，高度不限。

建议：总长度和总高度最好不超过 20 000px。如果一家公司在天猫和淘宝都有店铺，应该先做天猫的，然后把 790px 的图片同比例缩小到 750px，最小像素不能小于 14px，手机端最小像素 20px。

3.5.3 详情页的基础构成

详情页中往往包含很多内容，如色彩、细节、搭配、销量、优惠、保养、物流等信息。因此一个完整的详情页往往有以下几个部分：商品海报、商品参数、细节展示、商品优势、配件物流。通过图文结合的形式将商品全方位地展现出来，可以提高客户的购买欲望。

1. 商品海报

海报能决定客户对商品的第一印象，所以要尽可能地将商品的特点表现出来，吸引客户，如图 3-52 所示。

图 3-52　商品海报案例

服装海报要体现款式新颖、穿着效果好、材料优质的特征。保健品海报要体现出健康、天然、有营养的特征。电子商品海报要体现出科技感与高端、大气的特征。母婴用品海报要体现出安全、卫生、舒适的特征。这样可以迎合客户潜在的需求。

2. 商品参数

为了引导客户了解商品，详情页中需要有商品参数表。女装类可以写明穿着方式、尺码尺寸、适用年龄、颜色等，如图 3-53 所示。生活用品类可以写明品牌名称、货号、结构、颜色、材质、使用方式等。数码产品类可以写明上市时间、售后服务、体积、重量等。

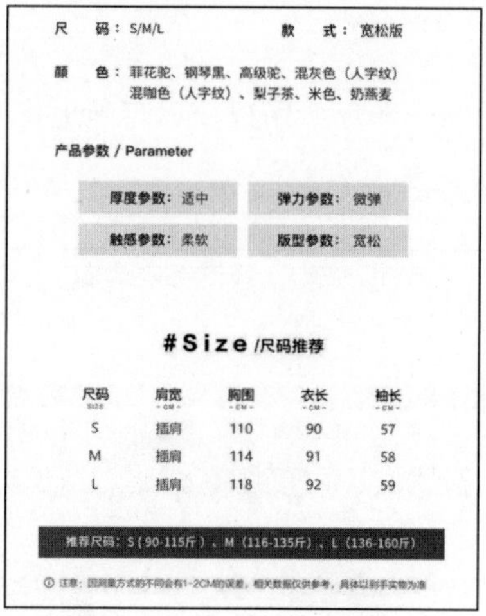

图 3-53　商品参数案例

3. 细节展示

细节展示就是对商品的详细描述，将商品参数中重点方面更进一步地进行讲解。细节展示往往以主推款为主，通过放置一些商品的细节，如对服装展示着装效果、对器具展示操作方式、对食品展示食用方式等，文案不必太多，图片细节要清晰、有质感，以生动、简洁的形式与客户拉近距离，如图 3-54 所示。

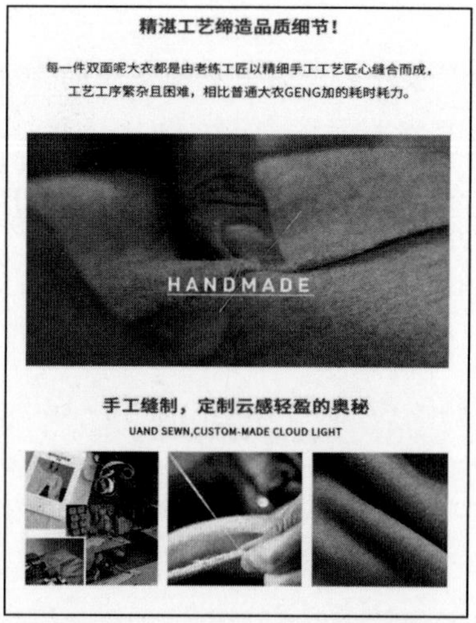

图 3-54　商品细节展示案例

4. 商品优势

商品优势能引导客户接纳商品并点击购买，它是客户货比三家的重要信息，所以卖家需要将商品的优势展示出来，即表现出商品特征，别家商品不具备的一些性能。

在表现商品优势时，可以采用多种表现形式。第一种为对比形式，不同商品有不同的对比形式，可使用自家商品与别家商品的质量对比，或使用前与使用后的对比等方式，如图 3-55 所示。

第二种为放大形式，采用自述的形式将商品的口碑、排名、销量等以图文的形式进行讲解，有针对性地对商品进行整体点评，以提高商品的销量，如图 3-56 所示。

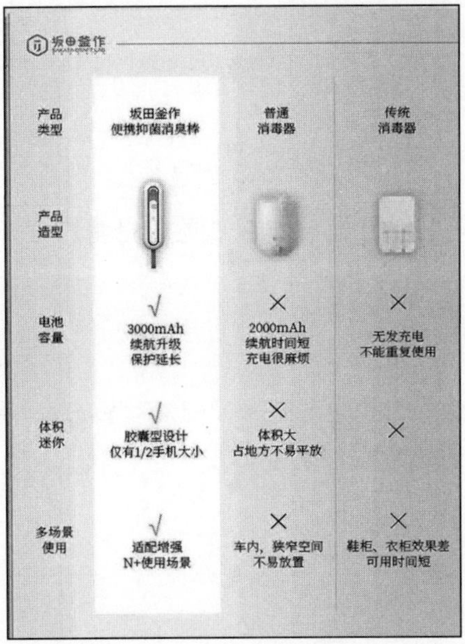

图 3-55　商品优势对比法

图 3-56　商品优势放大法

5. 配件物流

配件物流信息一般出现在详情页的尾端，介绍商品的包装、配件信息，以及打包、物流等事项。因此，详情页的描述过程基本上是引发兴趣—激发客户潜在需求—赢得客户信任—替客户做决定。因为客户不能够在第一时间真实地体验商品，所以详情页要从客户的角度出发，打消客户的顾虑，关注商品的核心点并展开介绍。

3.6 商品管理

商品管理属于电商中最基础、最核心的工作之一。商品是电商平台的核心资源，贯穿整个电商流程。商品的采购、入库、上架、前台展示、物流配送，以及客户的下单、收货等，整个流程都离不开商品。商品在后台创建，在前台（客户端）展示。后台创建商品时，首先需要选择该商品所属类目（便于在前端展示、搜索、筛选等）。后台商品系统一般分为类目管理、属性库、品牌管理、商品管理（发布商品、编辑商品、商品上下架、审核、价格库存设置、运费模板设置）等。

3.6.1 商品链接管理

商品链接管理分为商品查询、商品发布、批量上架、批量删除、批量设置邮费、批量设置发货时间等。

1. 商品查询

在商品管理页面可以通过以下角度找到对应的商品：商品标题，商品 ID，商家编码，商品的价格区间，商品类目，店铺分类，宝贝类型，商品的销量，审核状态，是否设置发货时间，如图 3-57 所示。

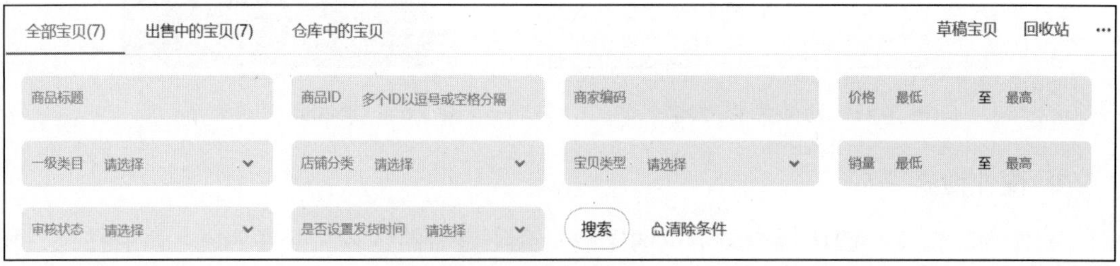

图 3-57 店铺后台商品查询页面

2. 商品发布

商品在创建或者发布之前，应先选择挂靠类目，调用类目中的属性，生成对应的属性模板，通过关键属性和销售属性（规格属性）去关联 SPU（标准化产品单元）和 SKU（库存量单位）。京东从 SKU 维度进行管理，淘宝和天猫从 SPU 维度进行管理。在京东切换商品规格时标题和商品详情会改变，在淘宝和天猫切换商品规格时标题及商品详情不变。

为了保证新发布的商品信息的正确性，降低发布违规商品的风险，需要平台运营人员进行审核，以保证平台发布商品的质量，审核通过后商品方可正常上下架，如图 3-58 所示。

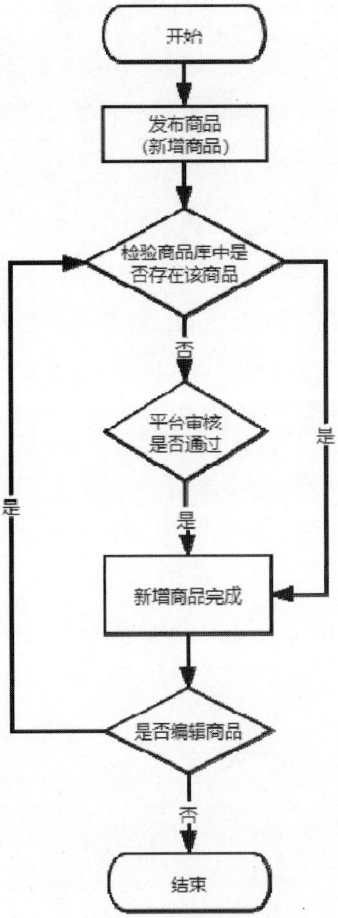

图 3-58 常见的审核流程

发布（新增）商品时，商品信息一般由商品基本信息、商品属性、商品图文描述、支付信息、物流信息、售后服务等部分组成。

3. 批量上架

在商品管理页面，选择想要上架的商品，即可批量上架商品，如图 3-59 所示。

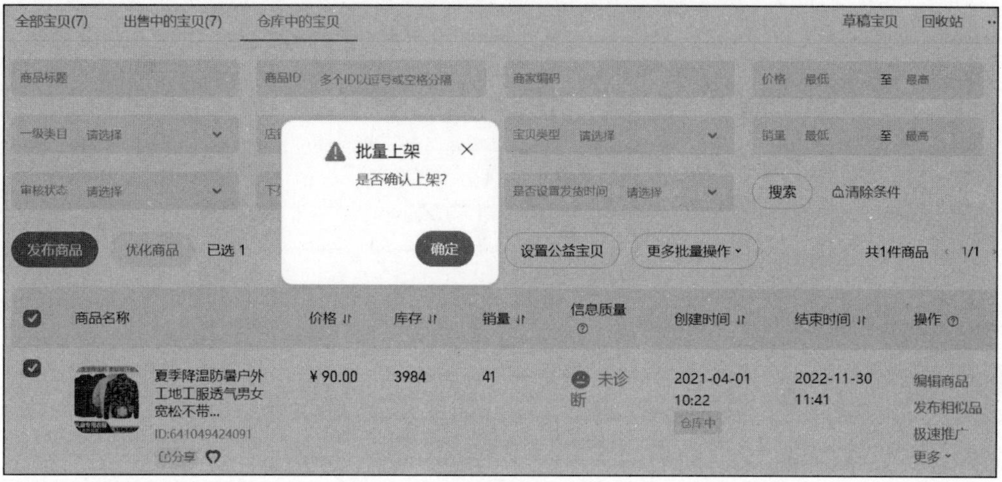

图 3-59 商品批量上架页面

4. 批量删除

在商品管理页面，选择在售商品中想要删除的商品，即可批量删除商品，如图 3-60 所示。

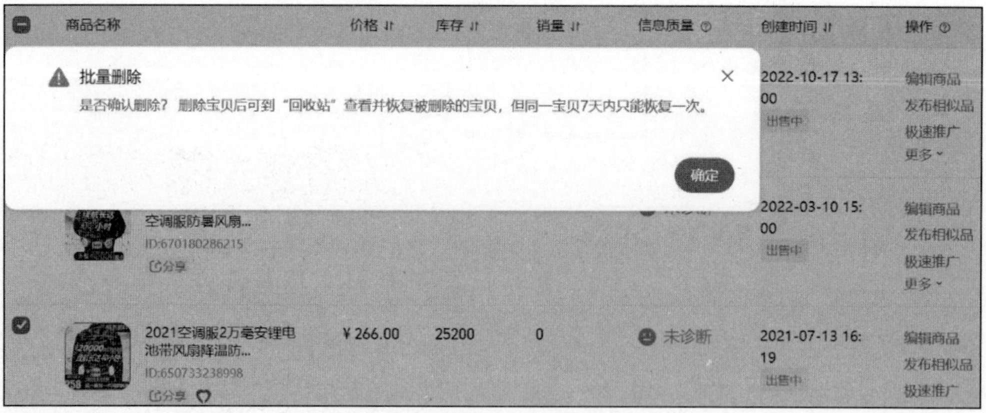

图 3-60 商品批量删除页面

5. 批量设置邮费

在商品管理页面，选择需要调整邮费的商品，点击“批量设置运费”按钮，进入物流工具页面，选择需要的物流模板，如图 3-61 所示。

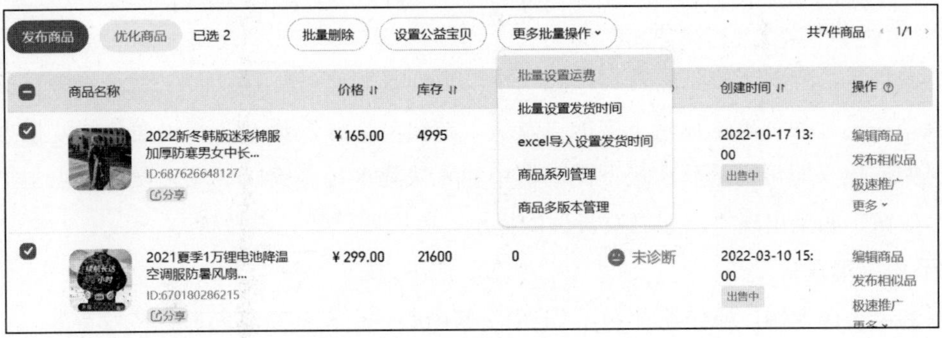

图 3-61　商品批量设置邮费页面

6. 批量设置发货时间

在商品管理页面，选择需要调整发货时间的商品，点击“批量设置发货时间”按钮，设置发货时间，如图 3-62 所示。

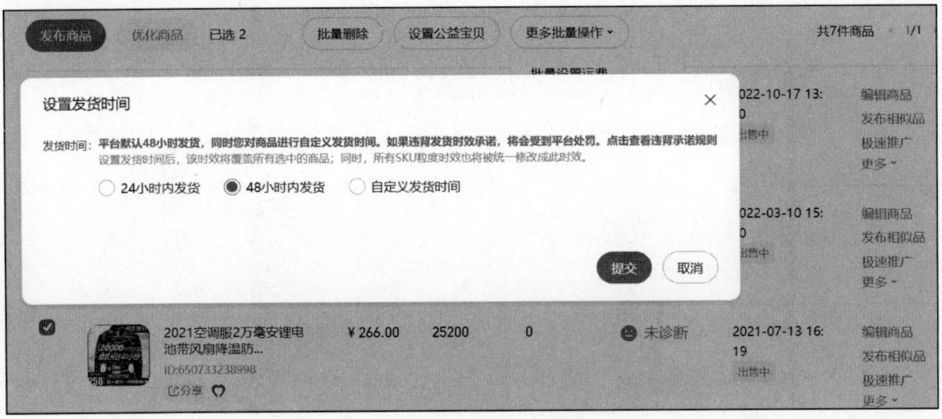

图 3-62　商品批量设置发货时间页面

3.6.2 商品发货规划

1. 如何快速发货

1）手机端发货

选中订单，打开千牛工具首页，往下滑动页面找到交易管理页面，点击“待发货”按钮，找到待发货的订单，点击下方的“发货”按钮，选择发货方法和快递公司，根据自身的情况如实填写即可。最后在最下面的框中输入快递单号，确认信息无误后，点击“立即发货”按钮，如果出现“卖家已发货”的提示，就说明已经完成发货。

2）电脑端发货

以淘宝平台为例，操作路径为：“千牛卖家中心—交易—物流管理—待发货”。

点击待发货商品，进入发货页面，先确认订单信息，再确认发货/退货信息，最后选择发货方式。选择发货方式和快递公司，根据自身的情况如实填写即可。最后在最下面的框中输入快递单号，确认信息无误后，点击“立即发货”按钮，如果出现“卖家已发货”的提示，就说明已经完成发货。

2. 未发货订单管理

1）客户下单后出现地址错误

第一步：通过旺旺沟通，获取客户正确的地址信息。

第二步：查看订单管理中订单的状态，如未发货则直接修改地址，如已发货则联系物流公司修改物流目的地。

第三步：修改后向客户回复确认。

2）未发货商品客户不要了

第一步：商家联系客户，了解客户的真实想法。

第二步：经沟通，商家解决客户问题后可催促客户下单付款，商家未解决客户问题时，客户自行关闭订单或商家自己关闭订单。

3. 代销卖家如何发货

第一步：商家通过旺旺与客户沟通，确定订单信息及地址信息。

第二步：商家联系分销商，发送客户订单信息及地址信息。

第三步：商家获取分销商发货单号信息。

第四步：商家登录后台，核对订单，填写快递信息。

第五步：商家通过旺旺回复客户发货信息。

4. 打印发货

可以登录淘宝卖家中心，点击“物流服务”按钮，选择需要开通的快递公司并且提交申请。登录打印快递单的软件，选择要打印的订单进行打印，打印的电子面单单号会自动回传至淘宝商家后台订单列表，其状态也会变成“发货”。

收件人姓名、地址一致的订单，系统会自动合并在一起，以节省快递费用。

5. 运费模板

打开商品发布页面，再进入物流信息页面，快速选择已建好的运费模板，如图 3-63 所示。

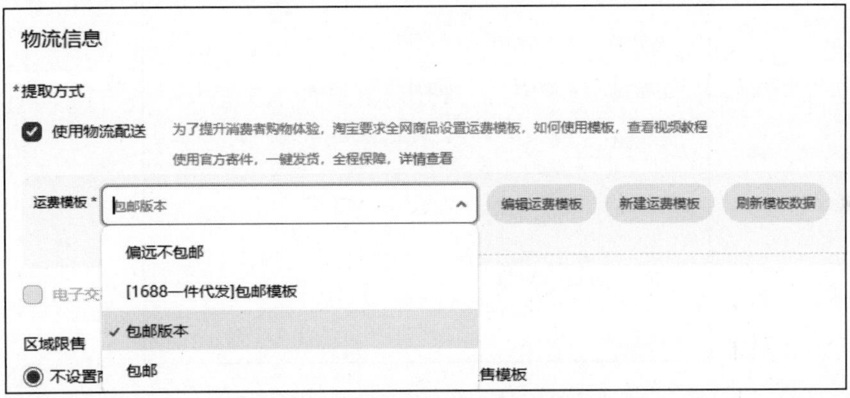

图 3-63 淘宝卖家中心物流信息页面

温馨提醒：

如果需要卖家承担运费，一定要在运费模板中设置好“卖家承担运费”。

如果运费模板是按照商品重量或体积进行计算的，一定要在运费模板属性中如实输入重量或体积属性，如不输入重量或体积属性，淘宝系统马上就会报错。

（1）发布商品的时候，选择“新增运费模板”，如图 3-64 所示。

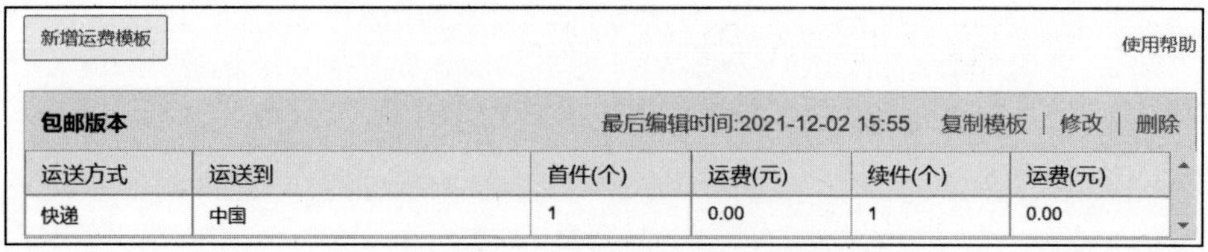

图 3-64　物流工具之新增运费模板

（2）如图 3-65 所示，在新增运费模板页面输入模板名称，用于和其他模板相区别。“发货地”即自己的实际发货地址。在“是否包邮”中选择“自定义运费”，可以选择部分地区由客户承担运费，“包邮”是商家自行承担运费。“计价方式”一般按重量计价，如果体积超大可以按体积计价，“运送方式”选择“快递”即可。

图 3-65　新增运费模板设置页面

（3）选择“为指定地区城市设置运费”就可以选择区域和城市了，如图 3-66 所示。

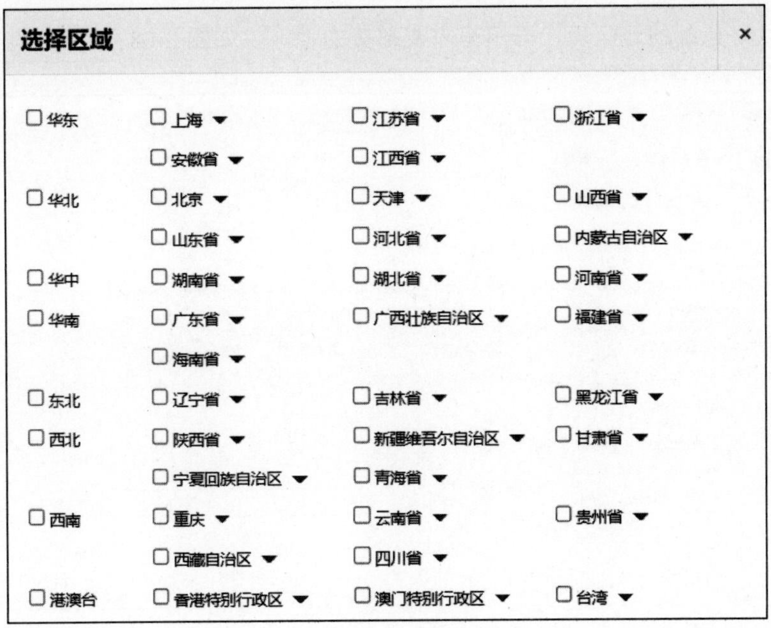

图 3-66　选择区域页面

（4）选择包邮的地区，“首费”“续费”都要填“0”，如图 3-67 所示。

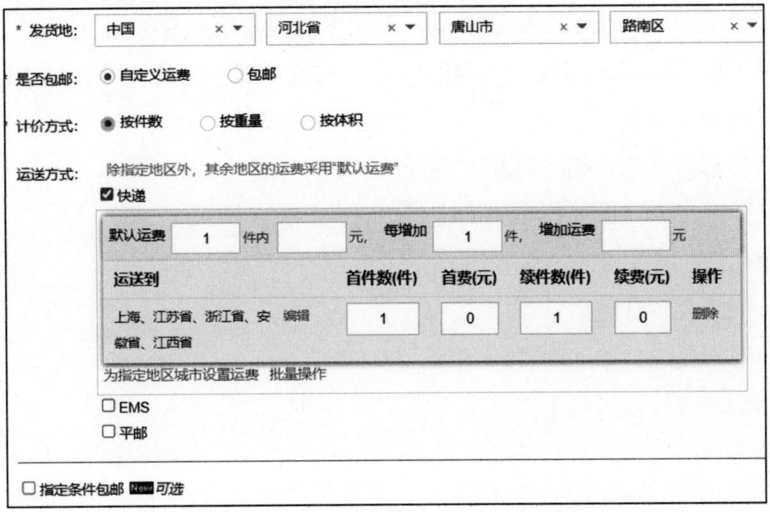

图 3-67　指定地区包邮运费设置页面

（5）确认好包邮的地区后，再填写需要邮费的地区，如图 3-68 所示。

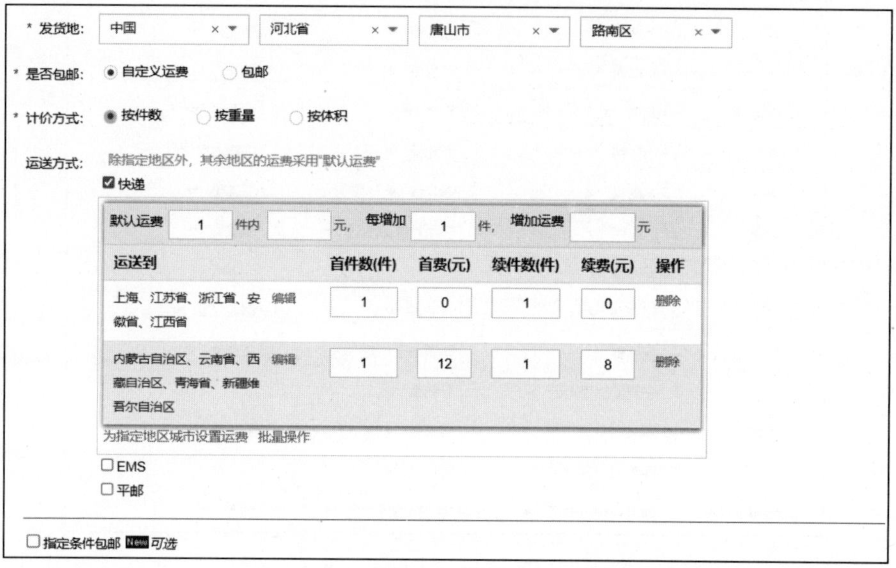

图 3-68　指定地区不包邮运费设置页面

设置运费时，“首费”“续费”要选择填写相应的运费，若增加重量就要设置每增加 1kg 重量需增加多少运费，如果不设置这个值，无论多重都收取同样的运费。

如若商品不需要快递，请找到“卖家中心—物流管理—发货—等待发货的订单”在已付款的订单里面找到“发货”，选择“无需物流”去发货。

下面这六种都会显示“无需物流”的选项：

（1）买家使用外卡（国外信用卡）支付。

（2）卖家通过物流平台创建的交易（通过“我有货物要运输”）。

（3）平时的代收货订单。

（4）天猫国际集运订单。

（5）全球购和海外直邮订单。

（6）需要拆分的订单。

本章要点

1. 了解商品发布的原则及发布的流程。
2. 了解主流电商平台的后台功能，了解商品上架的操作流程。
3. 掌握商品主图制作的要素和注意要点，了解短视频制作的注意要点。
4. 掌握商品标题的编写技巧及注意要点。
5. 掌握商品详情页策划和设计的模块作用。
6. 掌握商品管理中的链接管理、发货规划、物流模块的设置。

本章习题

一、选择题

1. （单选）选择商品的时候，不需要考虑的因素包括（　　）。

A. 客户需求　　B. 商品盈利空间　　C. 商品质量　　D. 商品包装

2. （单选）小明刚开始做电商，下列哪些行为会对选品工作有帮助？（　　）

A. 小明发现自己的流量不大，就直接“抄袭”别人的商品来卖。

B. 小明为了显示自己的商品好，随便进行了一些操作就上架了。

C. 小明选择了库存不多而且商品没有包装的抽油烟机卖。

D. 小明为了更好地做好营销，在宣传商品的时候特别了解了这个商品的销售情况。

3. （单选）下面哪款商品属于冷门商品？（　　）

A. 喜马拉雅食盐　　B. 刘德华同款西装

C. 诺基亚 1100 手机　　D. 宠物尿片

4. （单选）选择商品的时候，可以关注的商品卖点包括（　　）。

A. 衣服的颜色　　B. 衣服的款式　　C. 衣服的工艺　　D. 以上都是

5. （单选）客户以商品销量作为购买参考是出于什么心理？（　　）

A. 攀比心理　　B. 上瘾心理　　C. 从众心理　　D. 好胜心理

二、判断题

1. 设计商品主图时，商品卖点要吸引人，需要与客户的需求相结合。

2. 商家在设计主图的时候，将主图的大小设置为 800px×800px，以保证客户看得更清楚。

3. 在设计商品主图时，首先应该了解该平台对主图的制作要求，通过对规则的良好解读，避免主图违规。

4. 详情页中商品的细节展示应对商品进行详细描述，即将参数等详细地进行讲解。

5. 淘宝平台发布商品的时候需要先选类目，拼多多平台不需要。

三、填空题

1. 一个完整的详情页构成往往有以下几个部分：______、______、细节展示、商品优势、配件物流。

2. 在做图片的时候，首先要考虑的是商品的对应人群，要了解他们的______、______、消费水平。

四、简答题

1. 商家选择商品的时候依据的主要法则有哪些？

2. 商品链接管理主要涉及的内容包括哪些？

第 4 章

视觉运营

视觉运营是网店运营中不可缺少的环节，不仅可以传递网店信息，提升店铺的美观度和整体形象，传递品牌信息，还可以提升店铺的流量、转化率和销售额等。本章内容主要介绍网店视觉运营的基本概念、重要作用、首页设计、详情页设计、主图和广告图设计、自定义页面设计等知识，帮助大家更好地了解与认识视觉运营。

4.1 网店视觉装修的重要作用

视觉营销作为一种营销技术，是最直观的视觉体验表现方法，起源于二十世纪七八十年代的美国，通过直观的视觉广告进行商品的营销，从而发展到“视觉营销”。

营销的元素主要包括色彩、文字和图像等，视觉化信息包括商品图片、促销信息、店铺装修、商品分类等。网店视觉运营主要包括店铺首页、详情页、主图、广告图和自定义页面等的设计和优化工作，通过增强客户的视觉感受，解决客户的引导、转化、留存等问题，从而促进网店销售。

目前店铺装修主要分为电脑端和手机端（也叫无线端）两种装修类型，可以根据屏幕尺寸选择设计样式。电脑端样式如图 4-1 所示。

图 4-1　网店装修电脑端样式

为了保证装修定位和风格统一，手机端店铺装修可以等比例缩小电脑端图片模式，两者传递同样的信息，也可以根据个性化需求自定义设计，如图 4-2 所示。

图 4-2　网店装修手机端样式

网店视觉装修以视觉信息传达为主，通过对店铺运营模式的定位，设计出符合运营思路的页面，从而产生以下多个方面的营销效果。

1. 传递网店信息

网店视觉信息主要传递店铺的定位、商品的风格、商品的价格和促销活动力度等。

品牌型店铺主要突出品牌优势和竞争力，让人感觉商品精致、质量高。营销型店铺突出价格优势，营造热卖氛围，让人感觉价格实惠，促销力度大。

2. 提升店铺形象

与客户喜欢逛装修精致、舒适的实体店一样，网店装修可以提升店铺的形象，提高客户的浏览量和客户停留时长，让客户浏览网页时不易疲劳，提升购买欲望，网店的销售额也会随之提升。

3. 传递品牌信息

品牌是企业信誉、品质、技术和服务等多方面因素的综合体现，可以帮助企业提升竞争优势和市场占有率。

品牌视觉是商品形象、企业形象和文化形象的承载体，是创作品牌形象、提高无形资产的重要手段。

4. 提高店铺流量

销售额=流量×转化率×客单价。客单价是平均每笔成交的金额，转化率是实际购买人数与进店访客人数之比。

网店的流量主要包括自主访问、站内免费流量、站内付费流量和站外流量等。

5. 提高店铺转化率

商品的外观和质量等信息需要通过视觉营销的手段，通过商品详情页面和短视频、买家秀、评价文字等呈现给客户，精心设计的商品详情页和促销页面，能够让客户看完之后产生购买欲望，最终产生购买行为，提升转化率。

6. 提高店铺销售额

通过商品主图和详情页、促销图、推广图等提高流量、转化率和客单价，店铺最终的销售额也会随之提高。

4.2 网店首页装修设计

店铺首页的主要作用包括展示店铺形象、方便商品搜索和推荐商品及优惠活动。在首页客户习惯的位置，可以让客户找到需要的商品。通过推荐商品和优惠活动信息，吸引和激发客户的潜在购买需求。

4.2.1 店铺首页设计原则

1. 从客户需求出发

首页设计需要考虑客户是谁，喜欢什么，根据客户需求进行设计。根据平台客户数据，可以清晰了解人群画像，比如客户的年龄、性别、地域、职业、兴趣偏好等，从抽象数据中分析客户的需求，进行首页设计。

2. 与流量分配相关

首页设计需要考虑流量分配，可以设置活动专题、分类、上新等元素，以聚合页为主。

设计时可以参考平台的页面点击数据，在淘宝生意参谋里有相关数据，可以按照首页商品点击、收藏、购买等客户行为，规划和调整首页设计。

3. 与 SKU 相关

店铺 SKU 越多，越需要考虑多维度分流来促进店铺销售。比如商家有上百款商品，在首页展现有限的情况下，可以集中展示热销商品、新品和清仓款商品等。

4. 与店铺发展阶段相关

店铺创建时间越长，老客户的比例越大，在流量充足的情况下，可以考虑突出显示老客户喜欢购买的商品。而在品牌导入阶段，品牌宣导区需要靠前。

4.2.2 店铺首页电脑端

以淘宝网为例，店铺首页主要由页头（含店招）、页中和页尾三部分组成，可以按照“总分总”原则设计。

总：顶部的页头，要集中展示品牌和店铺的品质。

分：中间的页中，可根据商品品类进行流量引导。

总：底部的页尾，可根据活动专题进行流量集中，或者用单张自定义图结尾。

页头店招是客户进入店铺的第一印象，商品分类要重点突出，起到明确信息、传递信息的作用，需要按照客户的浏览习惯展现，在布局上要分配合理，发挥首页的功能，为店铺引流。

网店的招牌上可以展示店铺的 Logo、营销活动、主推商品、优惠券、收藏店铺按钮等。导航栏的布局可以根据店铺商品的风格、属性来设计，方便客户找到自己感兴趣的商品，为客户快速收藏店铺商品提供快捷通道和轻松体验，如图 4-3 所示。

图 4-3 网店装修电脑端店招导航栏

轮播海报主要展示店铺活动信息，主要选择爆款、主推款、销量高的商品图。在没有官方活动时，可以放一些店铺内的日常营销信息、活动优惠信息等。促销文案从客户角度出发，让其产生共鸣，增加浏览量。

轮播海报下面的展示区可以放优惠券等内容，吸引客户的注意力。可利用节假日、活动、折扣等，提升店铺销售额，如图 4-4 所示。

图 4-4　网店装修电脑端轮播图

在中间自定义页面部分，可以设计会员活动、商品分类等内容，在商品销售分类上可以分别设置热销 TOP 榜、单品爆款、新品专区等，如图 4-5、图 4-6 所示。

图 4-5　网店装修电脑端中间会员活动

图 4-6　网店装修电脑端中间商品分类

在底部设计自定义页面时，可以设计品牌文化、品牌 Slogan（口号、标语）、店铺发展历程、团队展示、店铺收藏按钮、返回顶部按钮等内容，如图 4-7 所示。

图 4-7 网店装修电脑端底部自定义设计

4.2.3 店铺首页手机端

手机端页面布局与电脑端相似，装修设计时要考虑手机屏幕大小，自定义千人千面推荐，在设计文字的时候，要根据客户习惯进行调整放大。

手机端海报可以根据手机屏幕尺寸设计成竖版样式，重点突出活动、促销信息，如图 4-8 所示。

图 4-8 网店装修手机端顶部海报图设计

手机端中间活动区可以设置优惠券、会员专享活动等内容，以增加销售转化率，同时增加会员数量，提升复购率和客户忠诚度，如图 4-9 所示。

与电脑端的多个商品并列展示不同，手机端由于屏幕狭窄，为了突出热销商品或新品，可以设置单个商品的大图，如图 4-10 所示。

图 4-9　网店装修手机端中间活动区设计　图 4-10　网店装修手机端中间单品图设计

如果商品 SKU 比较多，也可以根据系统模板，设置多个商品并列展示的商品分类图，如图 4-11 所示。

手机端底部页面设计既可以同步电脑端设计样式，也可以按照系统千人千面推荐模板，自动推荐客户可能喜欢的商品，如图 4-12 所示。

图 4-11　网店装修手机端中间多个商品图设计　图 4-12　网店装修手机端底部猜你喜欢设计

4.2.4 店铺首页装修后台

淘宝、天猫、京东、拼多多等电商平台首页装修相似，以淘宝网后台首页装修为例，在千牛卖家后台店铺中，店铺装修包括手机店铺装修和 PC（电脑）店铺装修及装修管理，如图 4-13 所示。

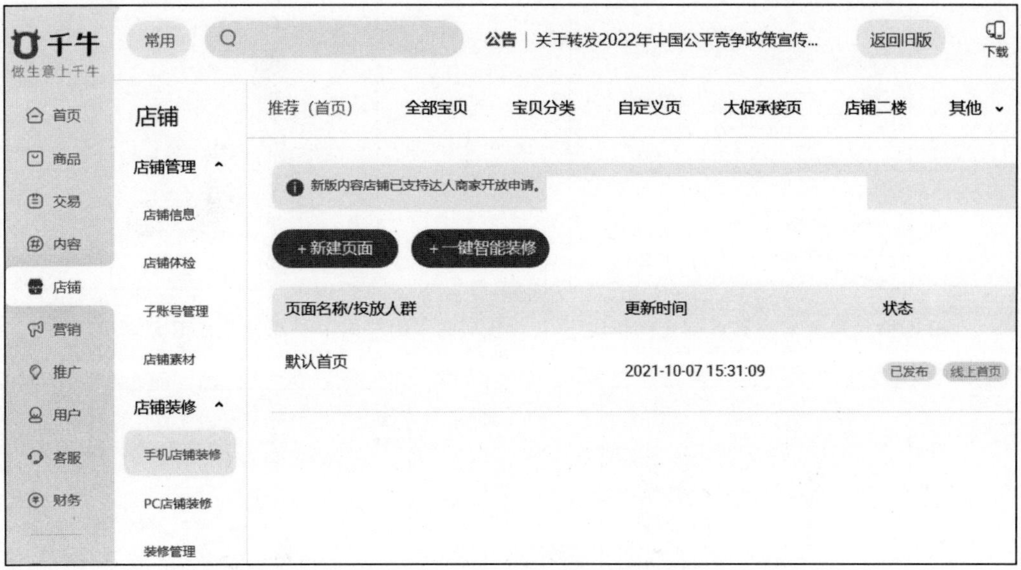

图 4-13　淘宝网店铺首页装修后台

商家可以在默认首页进行装修，在手机店铺装修页面可以根据平台提供的官方模块对店铺进行编辑，主要包括图文类、视频类、LiveCard 类、宝贝类和营销互动类等模块，如图 4-14 所示。

其中图文类主要包括轮播图海报、单图海报、猜你喜欢、店铺热搜、文字标题、多热区切图、淘宝群聊入口模块、人群海报、免息专属等模块，如图 4-15 所示。

视频类主要为单视频模块。宝贝类可以设置排行榜、智能宝贝推荐、系列主题宝贝、鹿班智能货架、免息商品智能货架、大促预售商品货架等模块，如图 4-16 所示。

营销互动类可以设置店铺优惠券、裂变优惠券、购物金、芭芭农场、店铺会员模块、人群优惠券等模块，如图 4-17 所示。

图 4-14　淘宝网手机店铺装修模块

图 4-15　淘宝网手机店铺装修图文类模块

图 4-16　淘宝网手机店铺装修宝贝类模块

图 4-17　淘宝网手机店铺装修营销互动类模块

在页面装修中，根据首页店铺装修需求，可将左侧的官方模块，添加进右侧首页的店铺装修页面中，并对模块进行名称、图片和链接的编辑，如图 4-18 所示。

图 4-18 淘宝网手机店铺装修编辑模块内容

除了标准的首页模块排版设计外，不同行业可根据自身需求进行自定义设计，官方也提供了一些同行业的参考样式，美观的手机店铺首页有助于增加客户停留时长，提升下单转化率。

电脑端首页页面装修可以在“PC 店铺装修”中进行设置，在装修页面中对首页进行编辑，如图 4-19 所示。

PC 店铺首页设计模块较多，可以按照官方模块进行添加设计，包括店铺招牌、悬浮导航、轮播图、自定义区域等，也可以设计专业版页面，如图 4-20 所示。

图 4-19　淘宝网 PC 店铺装修模块

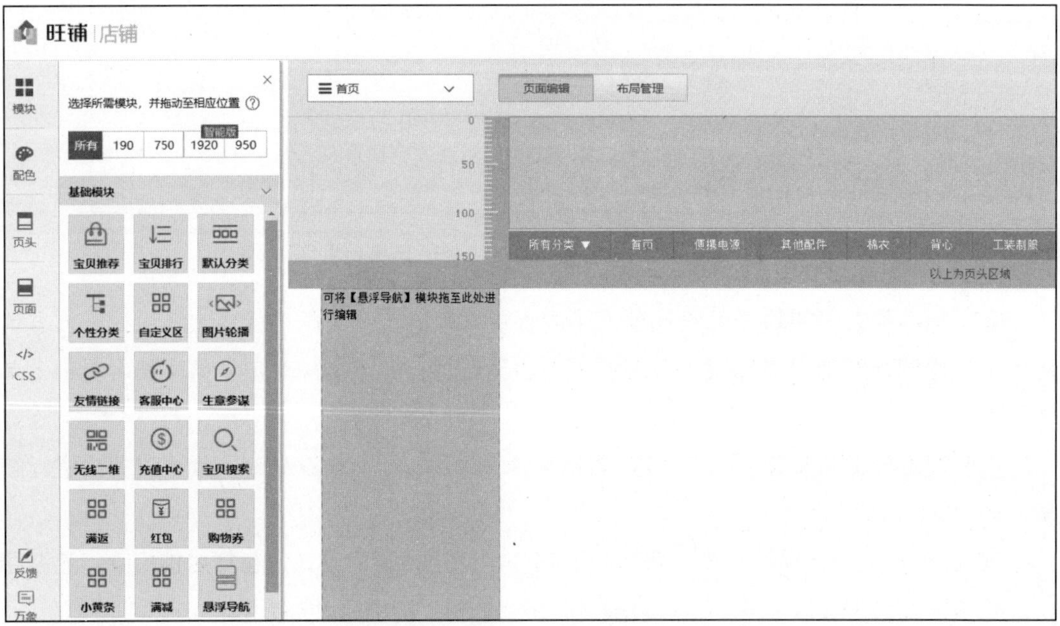

图 4-20　淘宝网 PC 店铺首页设计

PC 店铺首页主要包括页头、中间自定义内容和页尾三大核心部分。自定义内容可以用来展示有店铺特色的宝贝和活动等。

目前国内电商以手机端流量为主，占比超过 90%，部分类目超过 98%，因此要以手机店铺装修为主，PC 店铺装修为辅。

4.2.5 店铺首页数据分析

关于首页设计完之后的效果，以淘宝网为例，可以进行“首页&自定义承接页”数据分析，主要包括“流量相关”和“引导转化”两项指标，如图 4-21 所示。

图 4-21　淘宝网店铺首页数据分析

首页流量分析重点分析该页面总体访客数，页面模块中的点击次数、点击人数，主要考察单个商品或活动对客户的吸引力。分析客户看了首页以后是点击链接去了另一页，还是直接关闭了首页。客户跳失率越低，停留时长越长，表示首页页面设计对客户有越强的吸引力。

在引导转化方面，重点分析客户引导下单金额、下单客户数、下单转化率、支付金额、支付客户数和支付转化率，根据数据的变化，调整首页页面设计和商品及活动布局。

具体页面分析，可以在“装修诊断”中进行查看，包括首页点击分布、数据趋势、引导详情和分布明细等。平台会根据数据情况，进行相应的诊断说明，辅助运营优化调整。

4.3 商品详情页设计

商品详情页是客户点击商品之后的落地页面，里面包含了商品信息、商家信息、活动信息、发货信息、服务信息等多个模块。图 4-22 所示为淘宝网商品详情页。

图 4-22 淘宝网商品详情页

卖货是网店的最终目的，而优质的视觉体验能够带动客户的下单欲望，提升转化率。了解客户的需求点，通过视觉信息传递给客户真实的感触，才能发挥设计的价值。

4.3.1 商品详情页的主要作用

商品详情页可以吸引客户浏览和停留，通过对商家实力和服务、包装等的展示，打消客户顾虑，促进成交，通过关联推荐和搭配组合等，提升客户访问深度。

1. 通过商品亮点，吸引客户浏览

通过详情页焦点图等，展示商品独特亮点，吸引客户浏览查看。

2. 通过商品卖点，吸引客户停留

当客户被商品的卖点，如色彩、包装、细节等吸引时，就会在详情页停留。

3. 通过商品特点，激发客户购买

通过详情页对商品的特点进行完整介绍，促使客户最终购买。

4. 通过公司实力，打消客户顾虑

在详情页中展示公司品牌、所获荣誉、资质证明、商品热销数据等，用实力打消客户顾虑，促进成交。

5. 通过活动促销，促成客户成交

通过详情页满减、优惠券、会员福利、组合促销等活动，促进客户购买。

6. 通过关联推荐，提升客户访问深度

在详情页顶部或底部可以添加与该商品相关的商品，促进客户点击、收藏或加购，能够增加客户停留时长和访问深度。

4.3.2 商品详情页的分类

商品详情页根据类目的不同，分为多种类型，如表 4-1 所示。

表 4-1　商品详情页分类

分　类	关键词
商品展示类	色彩、细节、优点、卖点、包装、搭配、效果等
实力展示类	品牌、荣誉、资质、销量、生产、仓储等
吸引购买类	打折、情感打动、客户评价、热销氛围等
交易说明类	购买、付款、收货、验货、退换货、保修等
促销说明类	热销商品、搭配商品、优惠方式等

1. 商品展示类

以雪花秀官方旗舰店护肤套装为例，商品详情页需要介绍商品细节，包括色彩、包装、中文标签等内容，如图 4-23 所示。

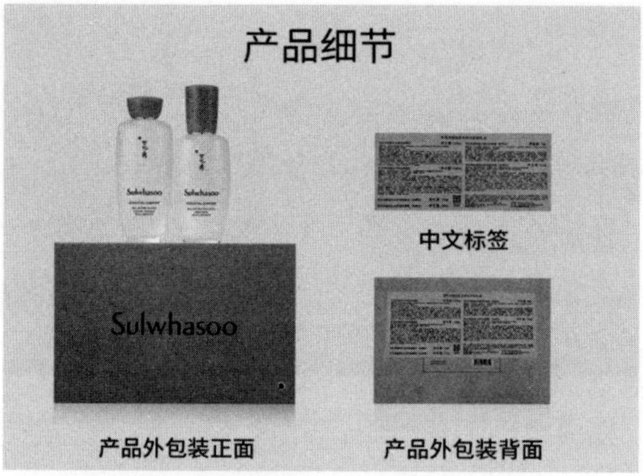

图 4-23　商品详情页商品展示类设计

2. 实力展示类

在详情页中，可以选取品牌的荣誉证书、资质证明、销量热榜排行数据、生产工艺、仓储场景等，佐证店铺实力，如图 4-24 所示。

图 4-24　商品详情页实力展示类设计

3. 吸引购买类

商品详情页内可以选取客户评价，用情感吸引和打动客户，如图 4-25 所示。

图 4-25　商品详情页吸引购买类设计

4. 交易说明类

在详情页底部可以设计购买方式、付款方式、收货快递、验货方式、退换货流程和保修条款等内容，方便客户理解，如图 4-26 所示。

图 4-26　商品详情页交易说明类设计

5. 促销说明类

主要包括热销商品、搭配商品、优惠方式等，如图 4-27 所示。

图 4-27 商品详情页促销说明类设计

4.3.3 商品详情页设计五部曲

商品详情页设计主要遵循 IDCMA 原则，即：Interest-引发兴趣，Demand-激发需求，Confidence-建立信任，Misgiving-打消顾虑，Action-促成成交。

1. Interest-引发兴趣

1）商品焦点图

客户在前 3 屏的注意力通常只有 3 秒，首屏大图是视觉的关键点，主要作用是引发客户兴趣。可以添加商品名称、广告语、适合客户、核心卖点和价格等关键信息。以三只松鼠旗舰店商品详情页为例，广告语为“情人节”“食力助攻 心意好礼”“爆款零食 5 折起”，如图 4-28 所示。

图 4-28 商品详情页商品焦点图

2）店铺促销活动

展示店铺核心促销活动、会员活动等，例如跨店满减优惠、全店加购满减、充值送会员等，如图 4-29 所示。

图 4-29 商品详情页店铺促销活动

2. Demand-激发需求

1）客户需求

阐述目标客户及其需求和痛点，引起共鸣。以罗蒙羽绒服为例，主要强调商品多种穿法，衣服可以满足户外多种需求，换季节不用担忧，如图 4-30 所示。

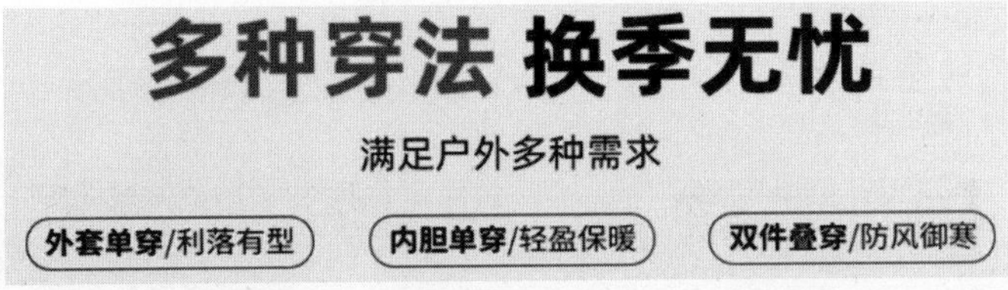

图 4-30 商品详情页商品满足多种需求

2）场景图

通过打造客户使用场景，激发客户潜在需求，引起购买欲望。以王小二旗舰店的苹果为例，其通过商品原产地的果树场景，塑造香甜爽口的感觉，如图 4-31 所示。

图 4-31　商品详情页商品场景图

3. Confidence-建立信任

1）商品信息图

主要阐述商品特点，以江小白旗舰店为例，通过介绍青春小酒 40 度的舒适口感和清香四溢等商品特点，吸引客户购买，如图 4-32 所示。

2）多角度商品实拍图

主要通过商品图介绍商品的功能、设计、风格定位等，以苏泊尔官方旗舰店为例，商品详情页主要介绍蓝钻球釜内胆、风冷塔防溢墙技术等电饭煲细节，如图 4-33 所示。

图 4-32　商品详情页商品信息图

图 4-33　商品详情页商品多角度图

3）细节图

主要介绍商品细节，以 vivo 手机官方旗舰店手机商品为例，通过详情页展示蔡司光学摄像头、传感器、双电芯等商品细节，如图 4-34 所示。

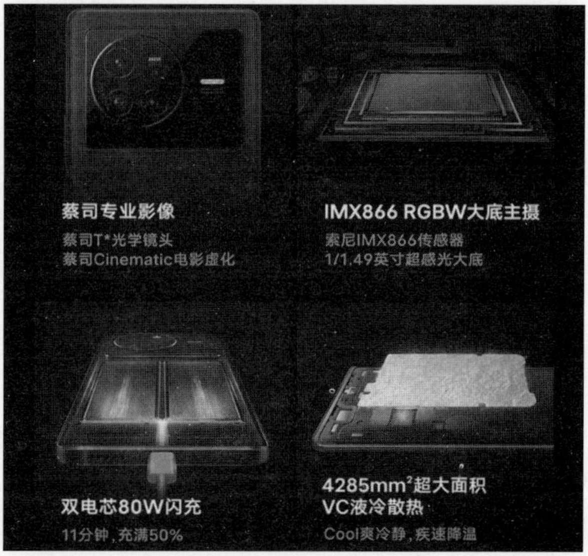

图 4-34　商品详情页商品细节图

4）商品的利益点

阐述商品的利益点，以乐力保健食品旗舰店益生菌商品为例，在详情页介绍买 2 送 1 等，如图 4-35 所示。

图 4-35　商品详情页商品的利益点

5）商品可以解决的痛点

通过对商品的情感价值、社会价值等的展示，介绍购买完商品之后可以解决的痛点，以惠普打印旗舰店为例，其主要解决孩子打印作业多，单页成本高，需要经常换墨盒，家长加班时孩子的作业打印问题无法及时解决等问题，如图 4-36 所示。

图 4-36　商品详情页商品可以解决的痛点

6）同类型商品对比

主要阐述商品优势，与同类型商品做对比，突出自己商品的独特之处，如某通下水道工具，在详情页中用不锈钢材质与塑料材质商品做对比，如图 4-37 所示。

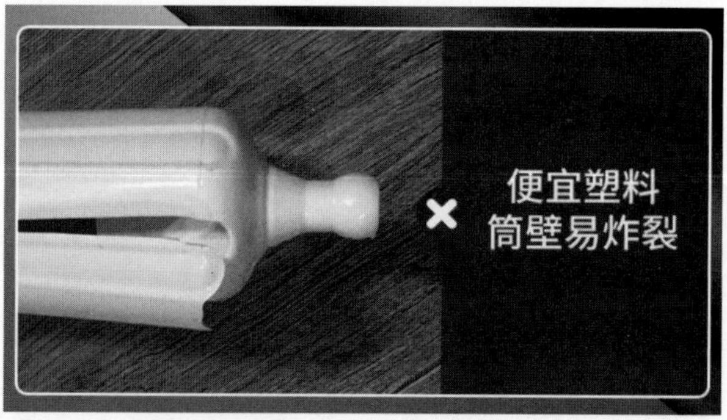

图 4-37　商品详情页商品对比图

4. Misgiving-打消顾虑

1）热销证明和客户评价展示

通过官方活动数据、研究报告数据等资料，佐证商品热销情况。图 4-38 所示为老板电器旗舰店的商品热销证明。

图 4-38　商品详情页商品热销证明

2）公司实力展示

主要展示商家工厂、团队文化、服务优势等商家实力相关内容，以金龙鱼官方旗舰店的花生油为例，其在详情页中添加了企业介绍，作为公司实力展示，如图 4-39 所示。

图 4-39　商品详情页商品实力证明

3）公司合作案例，参展、获奖展示

主要在商品详情页底部展示公司合作案例，以及参加过的展览、所获奖项证书等，以高姿旗舰店防晒喷雾商品为例，其在详情页中添加了国装特字双证证明，如图 4-40 所示。

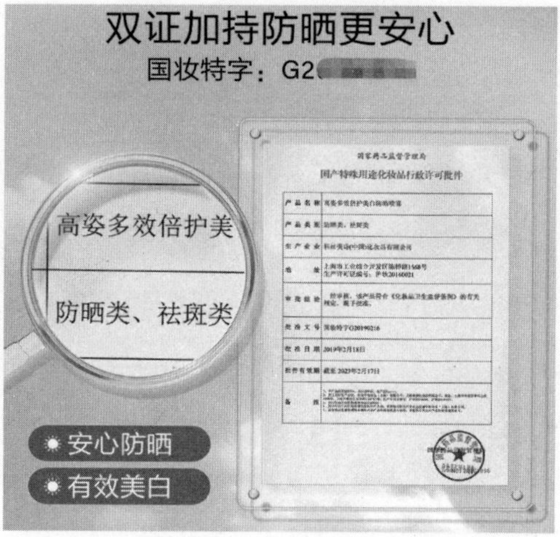

图 4-40 商品详情页商品获奖证书

5. Action-促成成交

1）发出购买号召

通过价格优惠力度，告诉客户要马上下单，过了这段时间，价格将恢复原价。图 4-41 所示是松下旗舰店电吹风的购买号召。

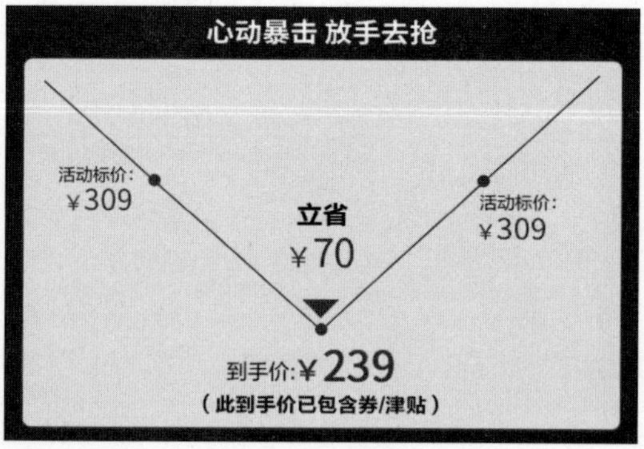

图 4-41 商品详情页商品购买号召

2）突出联系方式

主要介绍售后电话等联系方式，以海尔官方旗舰店洗衣机为例，其在详情页中添加了全国统一客服热线，方便解决客户售后问题，如图 4-42 所示。

图 4-42 商品详情页商品联系方式

3）写明购物须知

主要是常见问题解答，例如快递、邮费、退换货方法等，以凯度旗舰店的蒸烤箱为例，其在详情页底部添了常见问题解答，解答客户售前疑问，如图 4-43 所示。

图 4-43 商品详情页商品购物须知

4）做好关联营销

关联营销可依据商品特点决定放在详情页顶部还是底部，以荣业旗舰店广式腊肠为例，其在详情页顶部添加了关联营销商品，方便客户购买相似商品，如图 4-44 所示。

图 4-44 商品详情页商品关联营销

4.3.4 商品详情页装修后台

商品详情页有专门的商品装修上传后台，以淘宝网为例，在千牛卖家中心“商品—商品管理—发布宝贝”中，可以选择发布商品和填写宝贝详情页面，如图 4-45 所示。

图 4-45 商品详情页发布宝贝

在发布宝贝过程中，需要上传商品主图，然后确认商品类目，根据系统提示，逐步完成商品详情页信息上传，如图 4-46 所示。

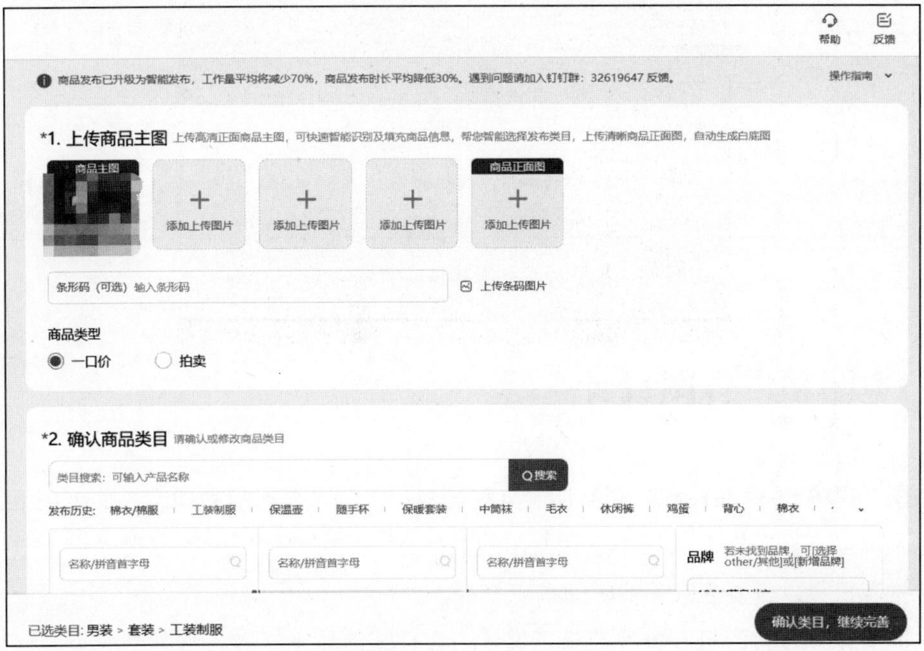

图 4-46　上传商品主图

完成图片上传和类目选择后，即可进入商品编辑页完善商品信息。按照页面要求填写商品属性、标题、库存等信息，填写完要求的商品信息后，就完成了商品详情页装修。

4.3.5 商品详情页数据分析

以淘宝网为例，在分析商品详情页数据时，可以分析流量数据和引导转化数据，与首页数据分析相似，具体操作可以在“生意参谋—流量—页面分析—商品详情页”中进行，如图 4-47 所示。

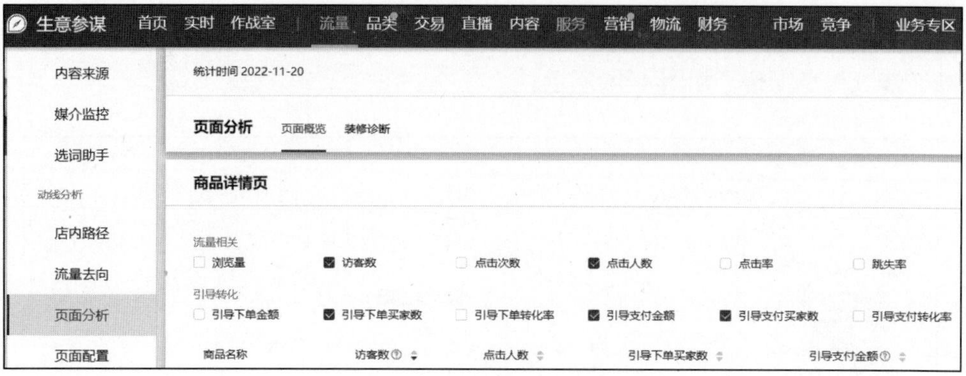

图 4-47　商品详情页页面分析

4.4　主图和广告图设计

主图（视频）、商品标题、商品详情页都是客户了解、认识商品和产生购买决策的关键点，也是商品从万千搜索结果中脱颖而出的关键点，主图直接影响商品曝光引流效果及平台免费推荐机会，需要商家花费时间重点打磨。

主图可以在搜索流量和推荐流量下展示。在搜索流量下，客户搜索某一关键词后，展现的都是该关键词下的商品，需要商家考虑在同类商品中，如何更突出自家商品卖点和优势，侧重点在商品的功能和优惠力度。

在推荐流量下，商品是随机和不同商品一同展现的，面对的竞品主要是随机展现的其他商品，自家商品的主图需要在这些商品主图中吸引客户，获取点击，侧重点在商品功能。

以面膜为例，在标题合理、有基础销量的情况下，客户的点击至关重要，高点击率对商品后期展现有很大帮助。在电脑端横排显示时，可以进行同品类商品主图对比，如图 4-48 所示。

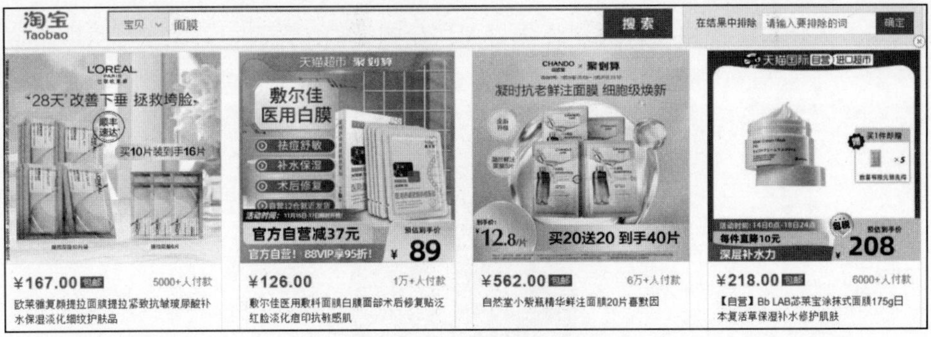

图 4-48　电脑端主图展示

手机端搜索结果主要为纵列展示，或者为双列列表形式，主图对于客户选择点击有重要影响，如图 4-49 所示。

而在“猜你喜欢”推荐模式下，商品主图随机出现在列表中，如图 4-50 所示。

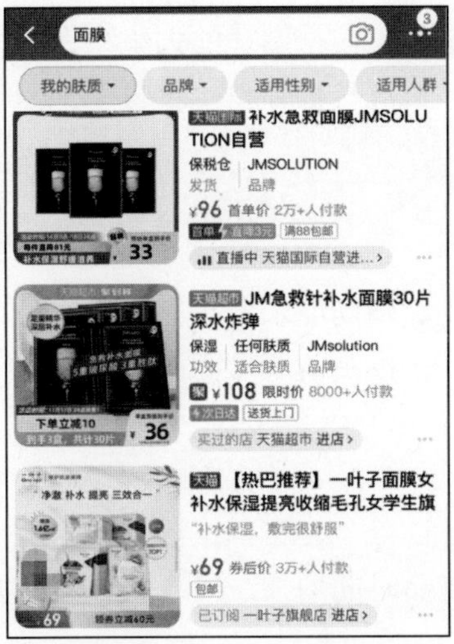

图 4-49　手机端主图展示

图 4-50　猜你喜欢主图展示

4.4.1 主图五大元素打造

主图的五大元素包括商品、文案、场景、优惠信息和人物等。商品是主图的核心，文案要简短精练，概括核心卖点，场景可以包括使用场景、生产场景或背景，优惠信息能促进客户购买，人物可以选择模特或品牌代言人，如图 4-51 所示。

图 4-51　商品主图五大元素

1. 商品

商品是主图的核心，在设计主图时需要注意商品占据图片的大小，占据得太小容易导致商品不够突出。不同的商品展现形式有差异，可以依据使用场景设计，充分展示商品核心卖点。

2. 文案

有时候商品图不能突出展示卖点，就需要文案辅助展示。在设计文案时，需要从客户需求出发，表明商品重点满足卖家的核心需求，文案内容要简洁明了，切忌文字过多让客户抓不住重点。

3. 场景

添加使用场景，可以帮助客户联想使用该商品时的场景，代入感更强，能提高客户的商品认知、接受程度和点击购买欲望。

4. 优惠信息

优惠信息主要包括价格和赠品信息。价格方面可以标注直接优惠价，或者领取优惠券后的到手价。赠品需要与商品相关，是客户实际所需的物品。

5. 人物

需要模特或品牌代言人展示的商品，可以在主图中添加人物设计，吸引客户关注并点击。

4.4.2 主图布局原则

五张主图上传时可以按照以下原则。

第一张主图，可以选择点击率较高的图片，全店统一风格，商品可添加促销标签，保证有较高的点击率。

第二张主图，可以选择商品细节图，方便客户了解商品整体特性或商品材质，帮助客户做出购买决策。

第三张主图，可以选择商品对比图，展示商品的具体颜色或款式。

第四张主图，可以选择场景图，展示使用场景，突出商品质量。或者选用资质证明，展示商品的权威性。

第五张主图，可以选择商品白底图，展示商品或包装的实拍图，方便客户识别和平台系统推荐。

4.4.3 主图后台上传

以淘宝网为例，商品主图主要在发布宝贝时进行上传，也可以对已上传商品编辑优化主图。上传主图时，可以选择在图片空间中提前传好的商品文件夹，按照名称逐个添加，如图 4-52 所示。

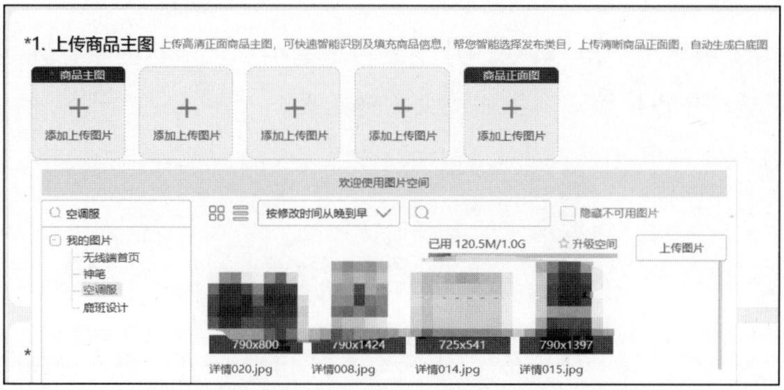

图 4-52　商品主图后台上传

4.4.4 广告图设计三原则

除了主图之外，商家在参加活动的时候通常会设计一些促销图片，例如淘宝直通车、引力魔方或大促活动所用的图，可展示在平台首页等资源位，如图 4-53 所示。

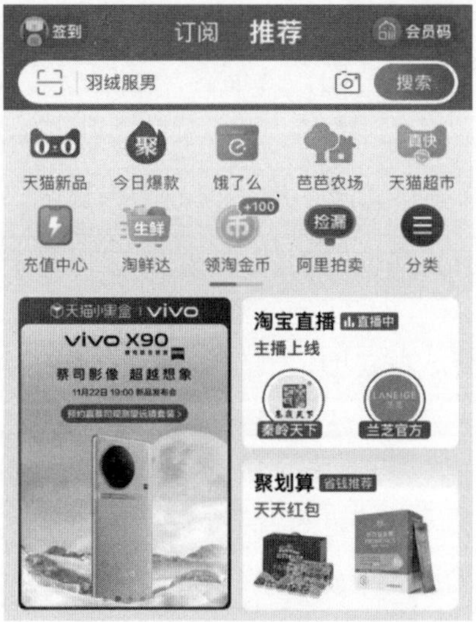

图 4-53　广告图资源位

在设计广告图的时候，可以按照以下三个原则进行设计。

1. 主题突出

广告图需要有明确的主题，表明图片主要传递的信息，所有的设计元素围绕中心主题展开。主题信息放在焦点位置，突出和放大关键元素。

2. 目标明确

明确目标所面向人群，根据不同的人群设计商品、字体和颜色的组合。

3. 形式美观

形式美观主要包括字体、颜色搭配和构图等方面。字体要注意大小粗细，颜色要注意色温和冷暖对比，构图要讲究画面和各元素之间的平衡。

4.5　自定义页面设计

网店自定义页面是商家可以自主设计的页面，包括主题活动页、宝贝分类聚合页（热销聚合、新品聚合、特惠聚合等）、会员活动页和品牌故事等，以淘宝网为例，可以在“店铺—店铺装修—手机店铺—自定义页”中创建新页面，如图 4-54 所示。

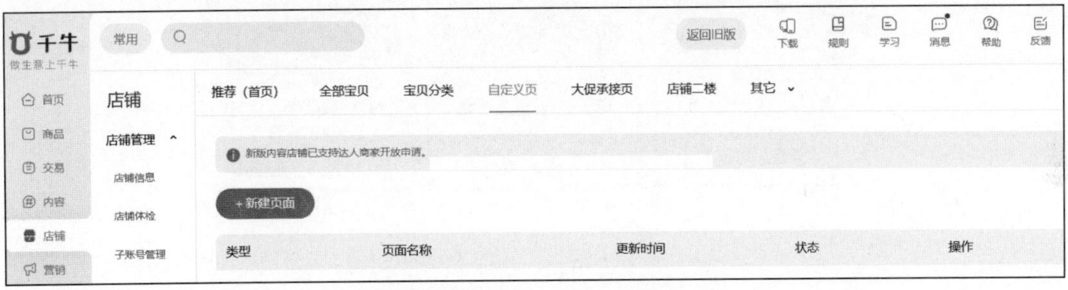

图 4-54　网店自定义页面

网店自定义页面可以通过店铺首页、详情页、客户聊天页面等多个渠道展现，客户点击之后可以直接进入页面，以百草味旗舰店为例，其在店铺首页中设计了新品速递等系列自定义页面，如图 4-55 所示。

图 4-55　网店自定义页面案例

在布局网店自定义页面时候，与首页相似，主要分为三大部分：页头、中间内容区域和页尾，对于内容区域可以自定义设置。

在设计自定义页面时，需要注意整体色彩搭配，包括主色调、文字搭配、色彩比例等，统一色调，营造网店购物氛围，如图 4-56 所示。

图 4-56　网店自定义页面色彩搭配

陈列商品注意重点突出，分类明确，店铺分类 Banner 图设计风格保持一致，宝贝主图陈列或设计样式统一，突出重点，如图 4-57 所示。

图 4-57　网店自定义页面陈列样式

本章要点

1. 了解店铺首页、主图和广告图的设计原则。
2. 了解电脑端和手机端首页、详情页的联系和区别。
3. 掌握商品详情页设计五部曲。
4. 掌握首页、详情页后台装修和数据分析，学会上传主图。

本章习题

一、选择题

1.（单选）以下哪项不属于店铺视觉运营设计工作的部分？（　　）

A. 首页　B. 客服　C. 主图　D. 详情页

2.（单选）以下哪项不属于商家销售计算公式中的要素？（　　）

A. 访客数　B. 转化率　C. 点击率　D. 客单价

3.（单选）以下哪项不属于品详情页设计 IDCMA 原则？（　　）

A. Interest　B. Consumption

C. Misgiving　D. Action

4.（多选）在淘宝旺铺页面装修官方模板中，可以装修哪些模块？（　　）

A. 图文类　B. 视频类

C. 直播类　D. 宝贝类

5.（多选）在淘宝生意参谋商品详情页中，可以查看分析哪些数据？（　　）

A. 访客数　B. 点击率

C. 平均停留时长　D. 跳失率

二、填空题

1. 目前店铺装修主要分为电脑端和________两种装修类型，应根据屏幕尺寸选择设计样式。

2. 商品详情页根据类目的不同，包括多种类型，比如商品展示类、实力展示类、吸引购买类、交易说明类、__________。

3. 广告图设计三原则主要包括：主题突出、目标明确、________。

三、简答题

1. 网店视觉装修有哪些营销效果？

2. 店铺首页设计需要考虑哪些原则？

第5章

内容运营

内容在电子商务中主要是营销和运营的工具和手段。内容运营通过创造、编辑、组织网站内容（包括图片、文字、视频等内容形式），将商品或品牌的价值传递给客户，与客户建立联系，让客户产生信任，从而促进客户认可和购买。

5.1 内容运营的概念和作用

5.1.1 内容运营的概念

内容指物体里面所包容的东西，作为哲学名词，指事物内在因素的总和，与“形式”相对，在互联网术语中指的是网页上的文字、图片、短视频和直播等。

内容按照展现形式分类主要包括图文内容、图集内容、音频内容、视频内容、直播内容等。图文内容主要包括图片和文字，图集内容以纯图片为主，辅以文字介绍，视频内容根据时间长短，包括短视频、中视频和长视频内容，直播内容主要为带货直播。

内容运营是指商家运营通过图文、图集、音频、视频或直播等内容形式，将店铺信息、品牌信息或商品信息，通过平台内外传播渠道，展现、传递给客户，通过优质的内容，激发客户参与、分享、传播，从而达到吸引客户和促成转化等目的。

作为内容生产和内容消费的中间环节，内容运营主要承担内容采集、内容审核、内容编辑、内容呈现、内容推荐等工作，如图 5-1 所示。

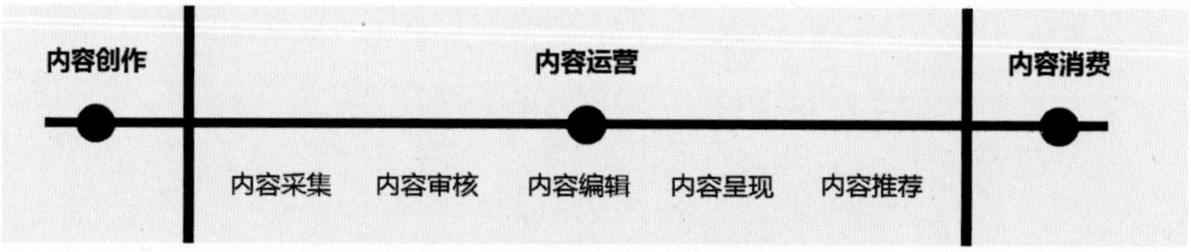

图 5-1　内容运营工作流程

内容运营需要完成内容的采集与创造、内容的审核与呈现、内容的编辑与制作、内容的传播与推荐、内容的数据效果评估等多项工作。

5.1.2 内容运营的特征

内容运营需要传播渠道，不同电商平台的内容运营渠道有所差异。优质的内容创意能够影响内容最终数据效果，而内容的效果又包括直接销售转化和间接“种草”影响消费决策等。

1. 传播渠道是内容运营的桥梁

内容运营需要根据不同电商平台的渠道进行内容创作和内容分发。

比如手机淘宝的内容渠道包括首页订阅、淘宝直播、逛逛、猜你喜欢、微详情、淘宝群消息、首页短视频等，如图 5-2 所示。京东有京东直播、发现好货和京东短视频等。拼多多有多多视频和直播。抖音有首页推荐视频、图文和抖音直播带货。

图 5-2　手机淘宝内容渠道

2. 运营创意是内容运营效果的保证

内容运营需要创作者提供内容创意。电商内容运营的主要目的是获取流量和销售转化。优质的内容创意能够提高客户的点赞、收藏、关注、加购和转化等多项数据指标，从而使得内容获取平台的公域流量推荐，影响最终的内容数据效果。

3. 内容效果分为直接效果和间接效果

内容的直接效果是可以帮助店铺直接增加流量和销售转化，同时也会帮助店铺获取新客户的关注、收藏，以及间接消费。

5.1.3 内容运营的分类

内容运营可从平台内外和创作者两个角度进行分类。

1. 站内内容与站外内容

站内内容主要是指运营平台内的内容，站外内容主要是指运营平台外的内容。以淘宝网为例，淘宝商家为了获取更多流量，可以运营微博、微信公众号、抖音、快手、今日头条等多个渠道的内容。

2. UGC、OGC、PGC 和 AIGC

UGC、OGC 和 PGC 是常见的内容生产模式，三者之间既有交集，又有区别，如图 5-3 所示。

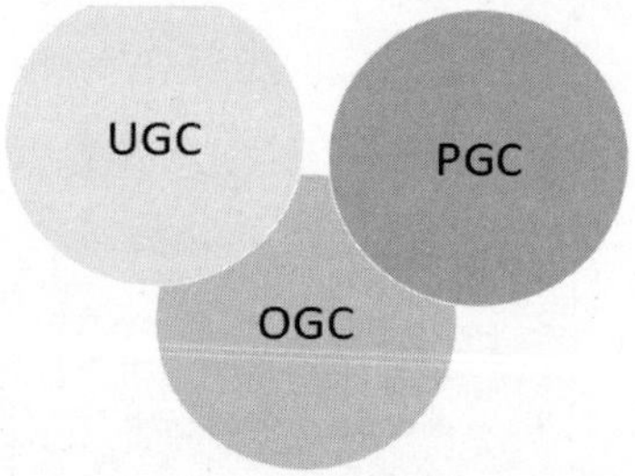

图 5-3　UGC、OGC 和 PGC

UGC 是指 User Generated Content，即用户创作内容，主要是用户自发或运营激励用户生产创作内容。比如网店图文、视频评论、直播弹幕或买家秀等内容。运营可以鼓励用户参与网店内容创作。

OGC 是指 Occupationally Generated Content，即职业创作内容，主要是指行业内人员创作内容。比如网店会招聘图文、短视频、直播主播等职业运营人员加入团队中。本书重点围绕 OGC 内容展开。

PGC 是指 Professionally Generated Content，即专业人员创作内容，在电商领域中主要是指 4A 广告公司、MCN 等机构创作的内容。网店可以与专业的团队进行合作，共同创作“618”“双 11”等重大活动内容。

AIGC 是指 AI Generated Content，主要是一种新型的利用 AI 技术自动生成内容的生产方式。2022 年，依托百度 AIGC 技术的数字人主播度晓晓正式“上岗”。

5.1.4 内容运营的作用

电商内容主要围绕拉新、留存、促活、转化和裂变五项工作展开。通过图文、短视频和直播三种重要内容形式，连接客户和商品，向客户传达商品的使用功能和价值，输出店铺品牌文化，从而带来客户增长、留存和销售转化。

1. 内容拉新，获取新客户

优质的内容能够实现与客户的交流。通过电商平台公域渠道，促进新客户点击和阅读图文内容，观看短视频和直播，提升新客户访客流量。

2. 内容留存，吸引粉丝关注收藏

优质的电商内容，能让客户产生兴趣和关注、收藏、订阅，让客户成为店铺粉丝，促进客户留存，如图 5-4 所示。同时，围绕着品牌宣传展开，也能够增加客户对于品牌和商品的熟悉度。

图 5-4　客户通过订阅变为网店粉丝

3. 内容促活，提升客户活跃度

通过内容和活动的不断输出，促进客户、粉丝的活跃，内容运营可以策划活动，用激励机制、有奖投票、抽奖、话题互动等多种玩法促活。

4. 内容转化，增加店铺销售额

在拉新、留存和转化等多个环节中，运营的主要目的是提升店铺销售额和转化率，满足客户的内容消费需求，促成从内容生产到内容消费的良性循环。

5. 内容裂变，引起转发和分享

通过内容活动的策划，可以引发客户分享、转发活动内容，把内容传达给站内和站外更多的客户，形成裂变效应，如图 5-5 所示。

图 5-5 客户可以分享活动内容

5.2 常见的电商内容运营形式

对淘宝、京东、抖音等电商平台常见的内容来说，主要的内容形式包括图文、短视频和直播。

5.2.1 图文内容形式

图文内容主要包括长文章图文内容（文字中穿插图片），图片+文字内容（多张图片加一段文字描述），九宫格图文内容，也可以设计单张图片，在淘宝群、抖音群等发布。

1. 长文章图文内容

考虑到客户阅读时长和商家创作者创作长文章的难度，目前此种形式在电商中比例逐渐降低，而以简洁明快的多张图片加文字描述为主。

2. 图片+文字内容

以淘宝网有好货图文内容为例，其由多张图片组成，文字描述与图片表述主旨相符，重点介绍商品卖点，内容简单易懂，如图 5-6 所示。

淘宝逛逛的图文展示内容，在多图片展示之外，增加标题和段落文字描述，如图 5-7 所示。

图 5-6　淘宝手机端图片+文字内容

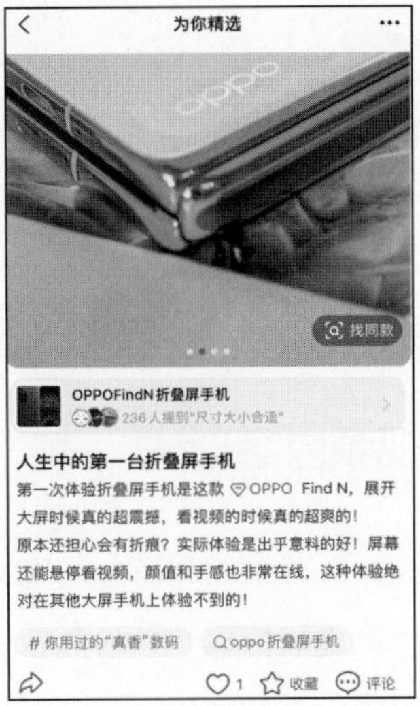

图 5-7　淘宝手机端图片+段落文字内容

京东发现好货图文内容展现与淘宝类似，也是多图片组合加文字描述，如图 5-8 所示。

3. 九宫格图文

九宫格图文是以 9 张图片加部分文字描述展现的，也可以发布 4 宫格或 6 宫格图片，手机淘宝推荐的 9 宫格如图 5-9 所示。

4. 单张图片内容

单张图片需要商家设计，可以设计商品清单、会员福利、活动说明或者服务保障等内容，如图 5-10 所示。

图 5-8 京东手机端图片+文字内容　图 5-9 淘宝手机端九宫格内容　图 5-10 单张图片内容

5.2.2 短视频内容形式

短视频分为内容营销类和商品展现类两种类型。以淘宝网为例，商品展现类短视频适用于商品主图、店铺详情页和首页微详情等。在手机淘宝首页可以看到动态展示的商品展现类短视频，如图 5-11 所示。

商品展现类内容方向包括商品测试、开箱测评、情景剧场、搭配攻略、知识资讯、品牌创意、潮品故事、生产过程、产地溯源和线下探店等。

内容营销类适用于手机淘宝首页、订阅和逛逛等，如图 5-12 所示。

图 5-11　手机淘宝商品展现类短视频

图 5-12　手机淘宝内容营销类短视频

内容营销类内容方向包括知识资讯、开箱测评、商品试用、情景剧场、搭配攻略、品牌创意、潮品故事和产地溯源等。

在电商平台发布短视频，可以添加商品链接，客户在播放视频时可以直接点击商品链接，进入商品详情页选择购买，如图 5-13 所示。

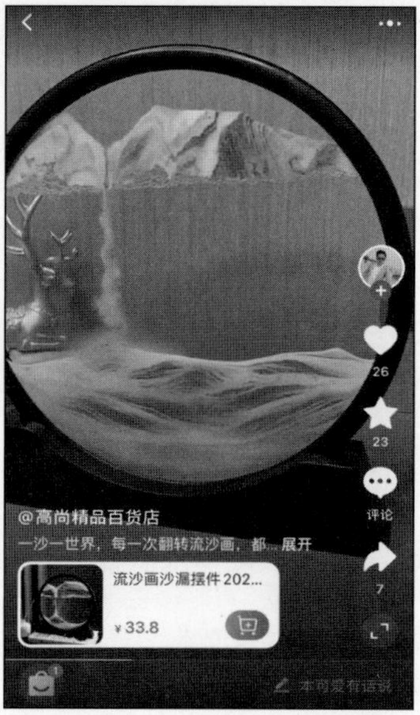

图 5-13　手机淘宝短视频商品链接

5.2.3 直播内容形式

直播电商于 2016 年出现，直播购物具有选品专业、展示直观、可实时互动等优势，缩短了购物路径，节约了客户沟通成本，提升了转化率，使产业链各方受益。

不同的电商直播平台展现形式有区别也有相似之处。直播页面一般包括主播账号、头像、昵称，以及宝贝购物袋、分享按钮、点赞按钮和弹幕评论区等，活动区域主要显示红包、优惠券和秒杀活动等。图 5-14 所示为手机端淘宝直播。

京东直播与淘宝直播内容展现有所差异，分享标志在顶部，在观看人次显示区旁边可显示主播所在城市，商品展示区域更大，增加了粉丝徽章功能，如图 5-15 所示。

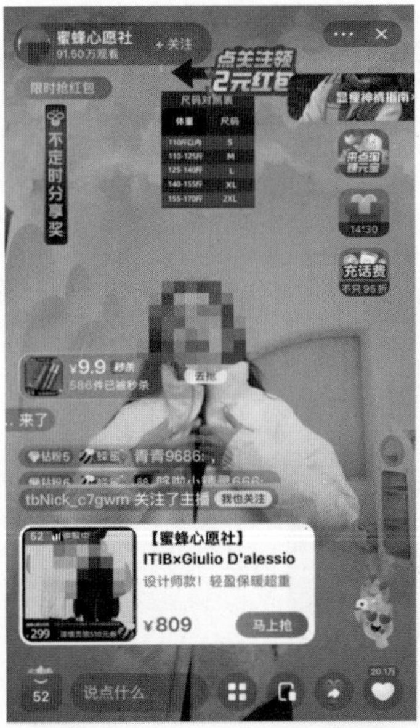

图 5-14　手机端淘宝直播

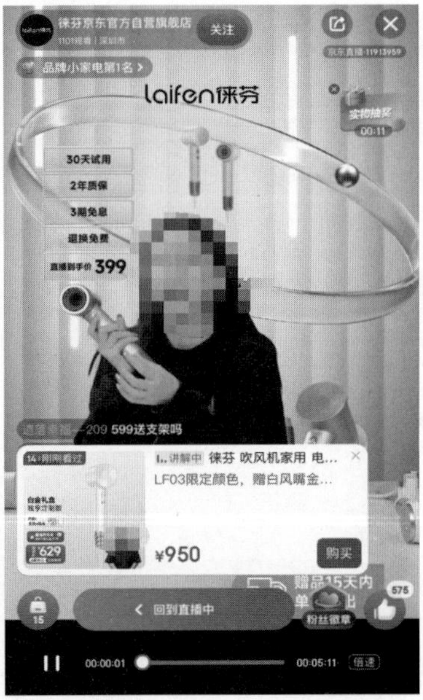

图 5-15　手机端京东直播

抖音、快手直播为了凸显观众数量，在顶部右侧增加了实时在线人数显示，按照点赞和送礼数排序，如图 5-16 所示。

图 5-16 抖音、快手直播

在主播讲解过程中，客户主要通过宝贝购物袋完成浏览、点击、加购或直接购买任务，可以通过看讲解，查看相关商品的直播片段，如图 5-17 所示。

图 5-17 手机淘宝直播宝贝购物袋

在直播中，主播与客户保持互动，点赞数、弹幕评论数和分享数以及客户停留时间等数据都会影响直播间在平台公域的曝光展现。

5.3 不同形式的内容创作流程

内容运营是从内容创作到内容消费和传播的持续过程。在电商图文、短视频和直播三大主流内容创作中，首先要分析自己目标客户的兴趣偏好和购买偏好。其次，内容要有正确的定位和调性，形成风格和标签，比如搞笑风格、文艺风格、深度评论等。然后考虑内容如何组织和呈现，以专题形式、列表形式、分类导航形式还是其他形式。

5.3.1 图文内容创作流程

在图文创作中，主要流程包括确定内容选题、确定内容标题、搭建内容框架、填充图文内容和检查修正内容等环节。

1. 确定内容选题

创作者在确定选题时需要围绕商品特征，选题要和运营的主题定位相符合。

选题内容可以来自日常生活、行业知识、同行业达人选择的内容、平台系统推荐的搜索关键词、平台整合的栏目等。平时可以整合题目加入 Word 或 Excel 选题库，不断扩充选题库内容。

运营可以将同类内容进行划分，结合客户的阅读兴趣偏好，策划相对固定的栏目，比如爆款商品、新品、时尚趋势等，方便持续创作输出内容。

同时，运营也可以结合最新发生的热点新闻进行选题策划。热点新闻需要与店铺行业和商品相关联，避免偏离方向。

2. 确定内容标题

好的标题是内容成功的关键。内容标题具有三大作用：

提炼精华信息，提示正文主旨。

抓住客户注意力，激发阅读兴趣。

激发客户购买欲望，促成客户购买。

以手机淘宝逛逛内容标题为例，“9 款热门眼霜红黑榜 教你怎么选”“4 招拯救发腮宽脸！在家练出上镜小 V 脸”等标题，能够激发客户阅读兴趣，促进点击观看、收藏、加购或购买。

标题的打造有多种形式，常见的电商内容标题如下。

1）“支招式”标题

主要是指为客户提供建议和选择，解决日常生活中遇到的问题。

例如：

四招让你的双手白皙

新手妈妈必知的育儿的五个问题

2）“许诺式”标题

主要是指许诺能给客户带来物质利益、身体健康和精神享受的标题。带来物质利益的关键词如降价、免费、赠品、优惠券等。满足精神利益的关键词如方便、实用、大气、高贵、舒适等。

例如：

时髦百搭 T 恤，让穿着更显无拘无束

这些羽绒服，让你在冬季秒变时尚达人

3）“数字式”标题

标题内包含一个重要数字，体现了精准化特征。数字必须是精准的，符合实际的，才能令人信服。使用不准确的数字必然大大降低广告效果，失去人们的信任。

例如：

广州这十家粥店的粥，暖身又滋补！

5 款品牌手机，小众但人气爆棚！

4）“恐惧式”标题

这种标题会使客户对自己的生理、心理和生活习惯产生恐惧、担心、忧虑，从而渴望解决。在使用“恐惧式”标题时应符合法律和社会道德风俗习惯，否则可能产生相反效果。

例如：

这些坏习惯不要再坚持了，否则会让你变难看！

面膜用不好，小心被毁容！

5）“新闻式”标题

这种标题能够提供有关商品或服务的新信息，包括新商品的推出、旧商品的改造或新用途，以及商品的各种特点和商品的销售量、市场占有率等。常用于展示新商品的推出、旧商品的改进，以及商品制造、销售或售后服务的特点等。

例如：

首销秒空，金属双摄旗舰手机再开卖

6）“反问式”标题

这是一种用提问的方式来引起受众注意的标题，撰写前需要找到商品能够引人注意的、大众普遍关注或担忧的特征，从而提出问题。

反问式标题常包含“难道……”“谁不愿……”“您能……吗？”“您想……吗？”“谁能……”等句式。

例如：

重庆美食全国排行榜第一，你吃过吗？

显瘦的穿搭你选对了吗？

7）“设问式”标题

设问就是无疑而问，自问自答，以引导读者注意和思考问题。设问式标题可关注商品特点、细节，捕捉最引人关注的焦点问题。标题不宜过长，应该简洁易懂。

例如：

还不知道要怎么穿吗？不如就来件马甲过春

8）“建议式”标题

主要是指建议、指导客户接受某种商品或服务的标题。通过建议、指导等使客户了解某商品或服务的特点、功能，从而促使客户购买或接受服务。

例如：

这些平价墨镜，能带出大牌明星范！

几十块的衣服，也能穿得很自信

9）“否定式”标题

在标题中运用否定词和否定句式，可以加强语气。否定式标题会打破我们的固有认知和惯性思维，从反面来写文章，能获得极高的点击率。

例如：

这些剩菜一定不能吃！

孩子越长越“歪”了？家长千万不要放任！

10）“诱惑式”标题

把使用某种商品后，给人带来的欢乐、美感、刺激等写进标题中，可以“诱惑”客户，但在应用中，必须符合实际，不能过分夸张误导人。

例如：

28～40 岁得穿牛仔外套，既洋气又减龄

一直被你忽视的老国货，价格“白菜”效果又好

3. 搭建内容框架

图文内容框架主要包括段落分布、图片文字结合和分级标题设计。

1）段落分布

内容分段设计，主要为了使内容简单清晰，更具有逻辑性。

2）图片+文字

图片和文字结合，应错落有致，方便客户阅读理解。常见的电商清单内容，主要是图片+清单文案，文案最多 140 字，内容要丰富有特色。淘宝网的图文内容发布如图 5-18 所示。

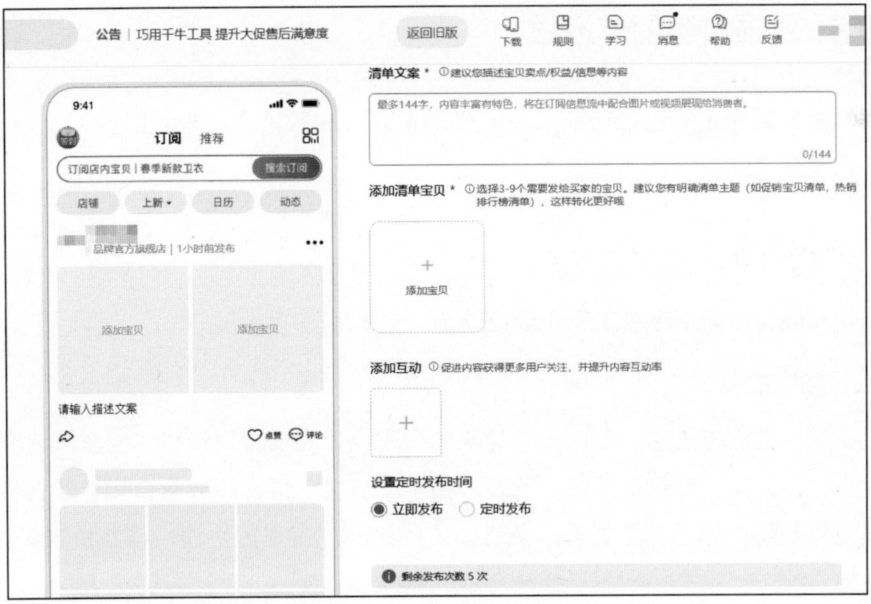

图 5-18　淘宝网图文内容发布

3）分级标题设计

如果图文内容较多，特别是长文章，可以选择小标题的形式，分节展示内容，方便读者阅读。

4. 填充图文内容

注重内容的深度，重点筛选商品的卖点，图文应与商品相符合，用简短的文案凸显商品的重要卖点。

满足客户的阅读需求，结构上布局合理，图片搭配合理。

注意内容的连贯性，整段文字要通顺连贯。

5. 检查修正内容

编写完图文内容之后，需要检查内容、格式是否正确，检查文字、图片中是否有错别字，图片是否模糊不清。有版权问题的图片不能使用，以避免被投诉侵权。最后检查整体内容是否符合平台规范。无问题之后，发布图文内容。

5.3.2 短视频内容创作流程

电商短视频创作主要包括前期准备、脚本策划、视频拍摄、视频剪辑、上传发布和运营推广等六个步骤。

5.3.2.1 前期准备

电商短视频创作前期准备工作主要围绕人、货、场三要素展开。

1. 人：团队准备

人主要是内容创作团队，可以一人身兼多个职位，完成短视频整体创作运营流程。

一般短视频团队主要包括导演、策划、编剧、演员、摄影师、剪辑和运营人员等。

导演主要是短视频的总负责人，负责团队的组建、工作的协调，以及短视频拍摄剪辑的总体统筹。

策划和编剧主要负责对短视频剧本的创作，负责选题和内容的打造。

演员主要负责短视频内容的演绎和人设的打造，吸引客户关注内容，介绍商品和店铺、品牌故事等。

摄影师负责完成短视频内容的拍摄，需要具备拍摄技术，懂得运用镜头。

剪辑师主要完成短视频后期处理工作，包括素材的筛选、整理和剪辑，将整个素材合成一个完整的短视频作品。

运营主要负责短视频的日常运营和推广，包括账号的维护和更新，以及短视频的发布、与客户互动、数据收集与分析、优化和调整内容。

在人员有限的情况下多个岗位可以合并，以提升店铺效率，降低运营成本。

2. 货：货品准备

商品类短视频内容，运营需要围绕店铺拍摄商品，商品包括新品、趋势商品、爆款商品和库存商品等。挖掘每个商品的卖点和细节，通过短视频展现给客户。

3. 场：场景准备

拍摄场景根据商品特点和剧情需要选择，一般包括室外场景、室内场景和绿幕场景。室外场景可以选择风景优美的景区、店铺，室内场景需要搭建拍摄场地，准备道具，绿幕场景需要后期技术处理。

4. 设备准备

短视频拍摄主要使用拍摄设备、三脚架、手持云台、灯光设备、收音设备和道具设备等。

拍摄设备可以分为手机、单反相机和摄像机。安卓系统和 iOS 系统手机皆可拍摄。摄像机像素比较高，劣势是价格比较昂贵，可根据店铺预算选择手机或单反相机、摄像机设备，如图 5-19 所示。

图 5-19　手机、单反相机和摄像机

三脚架的主要作用是固定手机或单反相机、摄像机，防止拍摄时抖动，保证画面清晰，如图 5-20 所示。

图 5-20　手机、单反相机和摄像机三脚架

手持云台可以在运动状态下拍摄，分为手机云台和单反云台两种。手持云台能够防止抖动，可以实现跟焦变焦，精准操作，可实时调节画面虚实与远近，如图 5-21 所示。

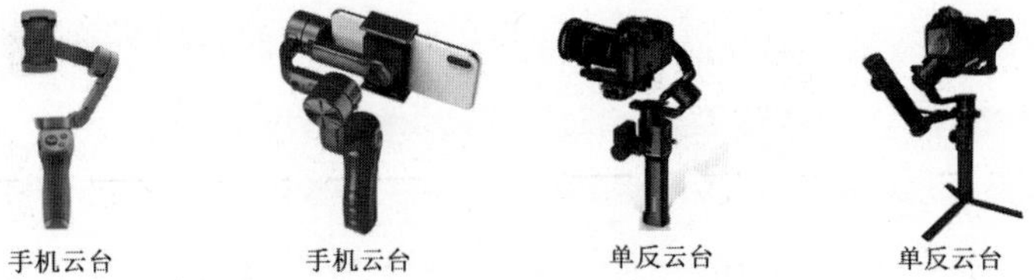

图 5-21　手机云台和单反云台

灯光设备能影响画面画质，拍摄时若需要把画面照亮，可以选择柔光箱，柔光箱光源更护眼，可高效散热，常亮不烧灯，具有暖光、冷光和白光三种色温。暖光能营造温馨光感，冷光能给人清冷的感觉，白光能模拟自然光的真实感。

在选择光线布局时，主要考虑顺光、侧光、逆光、顶光和反射光，以便有效提高画面质量，如表 5-1 所示。

表 5-1　光线布局分类

名　称	含　义
顺光	指光线的照射方向与拍摄方向一致。拍摄对象正面受光均匀，拍摄画面很少有阴影，比较明亮
侧光	指光线的照射方向和拍摄方向成 90 度角，光线从侧面照射被拍摄对象，能够表现层次和线条
逆光	指光线的照射方向与拍摄方向相反，光源位于被拍摄对象后面，在被拍摄对象的边缘勾画出一条明亮的轮廓线
顶光	指光线从被拍摄对象的顶部照射下来并与拍摄方向成 90 度角，顶光可以为画面带来饱和的色彩、均匀的光照和丰富的画面细节
反射光	指光源发出的光线，不是直接照射被拍摄对象，而是先对着具有一定反光能力的反光体进行照明，再由反光体的反射光对被拍摄对象进行照明

灯光设备主要包括手机美颜灯、柔光灯、球形灯和摄影灯，如图 5-22 所示。

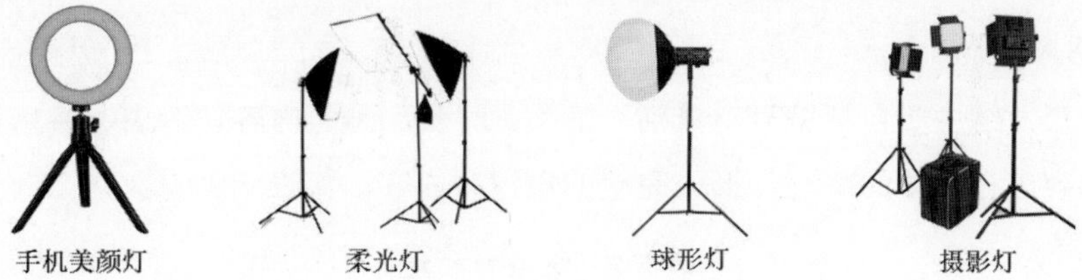

图 5-22　灯光设备

收音设备能帮助主播收集清晰的声音，降低噪声，提升声音质量，让客户听得更清晰，收音麦主要包括手机收音麦、领夹式收音麦和单反收音麦等，如图 5-23 所示。

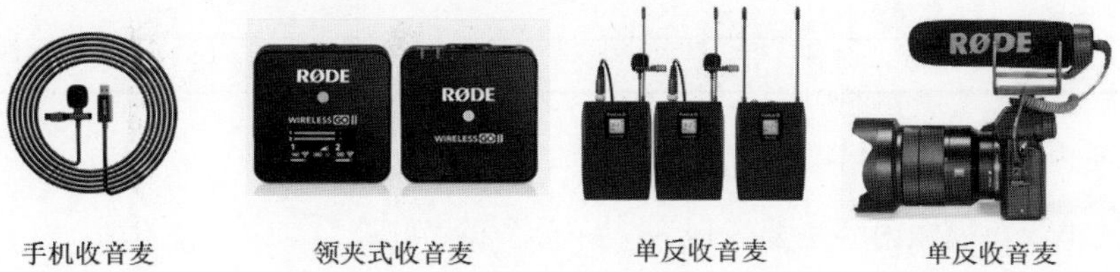

图 5-23　收音设备

5.3.2.2　脚本策划

脚本通常是指表演戏剧、拍摄电影和短视频时所依据的脚本，作为故事的发展大纲，用来确定故事的发展过程。

拍摄前策划脚本，需要考虑拍摄什么主题，拍摄的时间地点，拍摄的画面内容，拍摄的景别，拍摄镜头的运用，拍摄道具的准备，以及后期的视频剪辑。

1. 脚本作用

1）明确拍摄方向

脚本可用来明确内容主题，确定整体拍摄方向。

2）减少沟通成本

脚本作为依据，能减少团队成员在拍摄过程中的分歧和意见，节省沟通和协调成本。

3）提升工作效率

详细的短视频脚本能够让拍摄过程更有目的性和计划性，避免浪费时间和镜头，后期剪辑时也可以根据脚本进行明确的操作。

2. 脚本大纲

脚本拍摄大纲主要包括编号、景别、镜头、时长、画面内容、旁白、音乐等基本要素，根据商品内容进行具体的编写，形成完整的短视频内容，如表 5-2 所示。

表 5-2 常见脚本大纲

编 号	景 别	镜 头	时 长	画面内容	旁 白	音 乐	备 注
1	远景	固定	3s				
2	特写	推镜头	5s				
3	全景	拉镜头	3s				
4	近景	摇镜头	5s				
5	中景	移镜头	5s				
6	……	……	……				

3. 优质内容的表现

优质的电商短视频内容主要表现为“好看”和“好逛”。

“好看”主要是介绍商品的卖点、搭配，做单品评测等，能够占领客户心智。

“好逛”主要是介绍趋势品类、爆款等，能够促进客户快速决策。

4. 内容方向

电商内容创作方向，分为商品展现类和内容营销类，可根据店铺推广渠道，进行相应的内容创作，如图 5-24 所示。

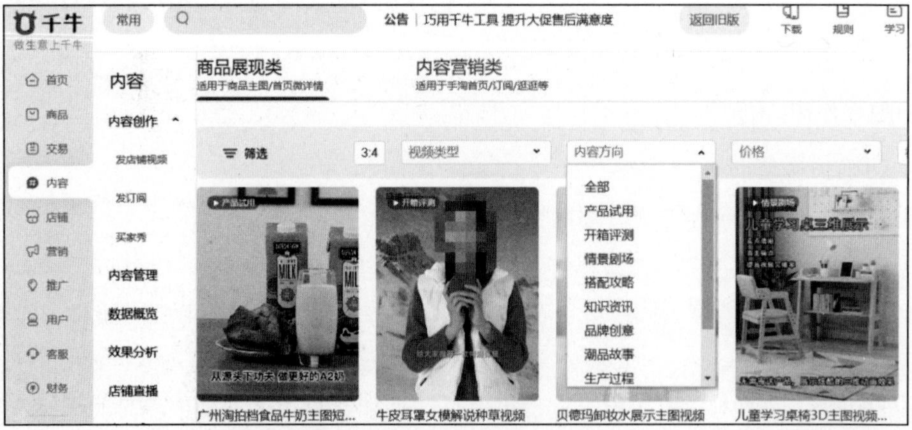

图 5-24 商品展现类和内容营销类

常见短视频类型如表 5-3 所示。

表 5-3　常见短视频类型

短视频类型	含　义
知识教程	指与商品相关的知识经验、方法教程、技能分享等，教客户如何使用商品
产地溯源	指线下原产地的实地探访，展示真实场景或地域特色
好物评测	指通过真实的测试过程，展示商品的卖点、功能，给出评测结论
线下探店	指线下实体店的实地探访，展示真实场景
情景剧场	指完整的故事性的单人或多人演绎情景，表现好玩的故事情节，植入相关的商品
搭配指南	指在视频中展示商品和商品之间的搭配
明星类	指以明星和红人为主体的内容
IP 类	指以 IP 为主体的内容，包括动漫、电影、个人 IP 等

5. 脚本创作思路

确定完内容方向后，整体脚本创作思路主要包括确定拍摄主题、规划内容框架，最后填充内容细节。

5.3.2.3　视频拍摄

完成脚本编写之后，按照大纲内容拍摄短视频，在进行短视频拍摄的时候，需要注意拍摄的景别、构图和运镜。

1. 视频景别

景别就是被拍摄主体（人、物、环境等）在画面内呈现的范围。常见的景别分类主要包括远景、全景、中景、近景和特写。

远景主要用来表现远离摄像机的环境全貌，展示人物及其周围广阔的空间环境。

全景用来表现场景的全貌与人物的全身动作，在电视剧中用于表现人物之间、人与环境之间的关系。

中景是指画框下边在膝盖部位或场景局部的画面。中景和全景相比，包容景物的范围有所缩小，环境处于次要地位，重点在于表现人物的上身动作。

近景是指人物胸部以上，或物体的局部画面。近景着重表现人物的面部表情，传达人物的内心世界，刻画人物的性格。

特写是指画面的下边框在成人肩部以上的画面，或其他被摄对象的局部画面。特写镜头中被摄对象充满画面，比近景更加接近观众。

2. 视频构图

构图主要是在一定的空间中安排人、物的关系和位置，把个别或局部的形象组成艺术的整体。

常见的构图形式包括均衡式构图、对称式构图、变化式构图、对角线构图、X 形构图、紧凑式构图、三角形构图、S 形构图、九宫格构图、小品式构图、向心式构图和垂直式构图等。

3. 视频运镜

拍摄时谈到的“镜头”是指一次开机到一次关机之间所拍摄的一段画面。视频镜头分为固定镜头和运动镜头。固定镜头主要是固定拍摄的画面。

运动摄像是一种拍摄技巧，是现代多视点、多角度、多方向、多种构图、多元化表现被拍摄主体的主要拍摄手段，其时间、空间的演变，由一系列运动画面体现出来。

运动镜头主要分为推、拉、摇、移、跟、升、降、甩等。

5.3.2.4 视频剪辑

拍摄完短视频内容之后，需要借助剪辑工具，将拍摄的视频素材剪辑成完整的短视频内容。

1. 剪辑工具

视频的剪辑工具包括手机剪辑软件和电脑剪辑软件。手机剪辑软件包括剪映、快影、快剪辑等，电脑剪辑软件包括 Premiere、会声会影、爱剪辑等。

以剪映剪辑软件为例，其界面中主要包括功能区域、创作素材区域和本地草稿区域，如图 5-25 所示。

2. 剪辑内容

以剪映为例，在剪辑时主要操作包括分割素材，以及添加文字、音频（音乐、效果音和配音等）、贴纸、画中画、特效或其他素材等。将所有素材整合成完整的视频，最终上传发布，如图 5-26 所示。

图 5-25 剪映软件

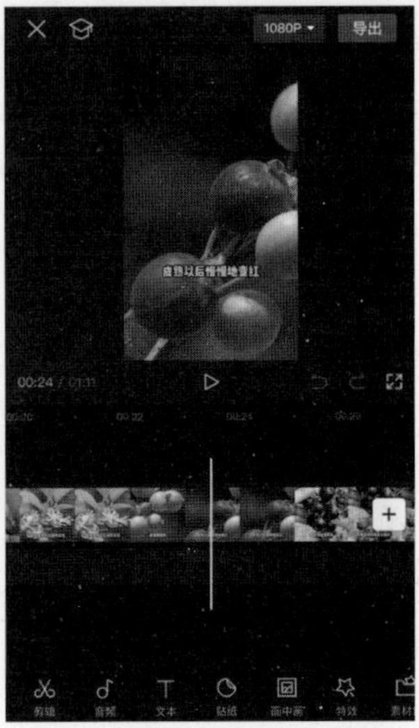

图 5-26 剪辑内容

5.3.2.5 上传发布

以抖音为例，上传短视频时主要注意视频封面、文案描述、选择话题、@朋友、作者所在位置、是否公开、是否同步发布到其他平台等，如图 5-27 所示。

图 5-27 抖音短视频上传发布

此外，还要注意发布时间，建议选择客户观看高峰期，比如 12 点、21 点等，以便获取更多的公域流量推荐。

在淘宝上传短视频可以将视频拖入视频区域，输入文案，并添加封面图，如图 5-28 所示。

图 5-28　淘宝短视频上传发布

5.3.2.6　运营推广

视频发布之后，可以选择免费推广和付费推广两种方式进行推广，提升短视频的播放量。

1. 免费推广

免费推广有两种模式，一种是平台公域推荐，公域推荐一方面受视频封面影响，主要是影响短视频点击率，另一方面也受短视频内容本身的影响，主要是短视频的播放时长、完播率、点赞率、评论率、关注率和相关商品点击转化率。

另外一种推广模式，是运营在店铺首页、详情页、淘宝群等渠道进行自主推广。

2. 付费推广

除了免费推广之外，运营还可以选择付费方式对短视频进行推广，比如抖音的 DOU+、巨量千川、淘宝万相台的超级短视频等平台，都可以进行付费推广，如图 5-29 所示。

图 5-29　淘宝万相台超级短视频付费推广

5.3.3 直播内容创作流程

直播内容创作流程主要分为直播前、直播中和直播后三个阶段。直播前主要工作是直播团队分工、直播脚本策划、直播场景准备、直播工具调试。直播中主要是主播商品预告、商品展示、与粉丝互动、直播中控台操作等。直播后主要是直播复盘，包括内容复盘和数据复盘，之后对直播内容进行经验总结和不断优化。

5.3.3.1 直播前

与短视频创作流程相似，按照直播三大要素人、货、场进行准备，直播前需要明确账号定位，配置直播团队，做好直播选品，策划直播脚本内容，搭建直播场景，准备硬件和软件工具。

1. 账号定位

直播账号主要分为商家号和达人号，在直播前准备好人设定位。人设定位主要考虑以下五个方面：

（1）我是谁？账号运营主体的职业或者提供什么样的商品和服务。

（2）面对谁？直播目标客户的年龄、性别、职业、收入、消费偏好和消费能力等。

（3）我能提供什么商品或服务？主要是商品的核心竞争力。

（4）我能解决客户什么问题？比如帮助客户找到优质商品。

（5）我给客户带来什么好处？比如物质的优惠券、红包，或者教会知识技能等。

2. 直播团队

直播团队成员主要包括主播、助播、场控、中控、运营、客服、美工等人员，根据店铺需要，主播和助播可以合并，运营可以兼做场控、中控等工作。

主播主要负责直播，讲解商品并和粉丝互动，在结束后参与团队直播复盘。

助播主要协助主播，策划内容，做直播预告，介绍商品，与粉丝互动，引导抽奖。

场控和中控主要负责商品上下架，打造直播氛围，配合主播和助播与粉丝互动，调试设备等。

运营负责直播商品选品、直播内容和脚本策划、预热推广，还可以负责社群粉丝运营、数据收集分析和内容优化。

客服主要负责在直播中解答粉丝问题，做好商品引导推荐，促进销售转化，处理售后问题。

美工主要负责主播封面图、预热图和商品图等的设计美化。

3. 直播场景

直播场景是客户进入直播间后首先看到的，专业、真实的直播场景可以吸引客户停留观看，有助于建立消费信任，激发购买欲望。直播场景搭建主要包括直播场地的选择、直播背景的设置、直播灯光的布置和直播设备的准备。

1）直播场地

根据直播类型和直播商品类型，可以选择在室内或室外直播。

室内主要是日常和专业的直播间，如图5-30所示。

室内直播间分为大型演播厅、中型直播间和小型直播间。大型演播厅的面积为50～200

平方米，适合非常正式、专业的互动演播，多嘉宾参与，使用专业摄像机拍摄。

中型直播间的面积为 20～40 平方米，适合全身出镜的直播场合（如服饰类），用手机、摄像头拍摄均可。

小型直播间的面积为 8～15 平方米，适合较为日常、随性、频繁的直播（如化妆品、小零食、小生活用品类），可以找个固定的小会议室、家里的书房等。

室外直播间适合农产品、水产海鲜和旅游等直播场景。选择户外直播，需要注意周围噪声应小一些，最好选择光线较为明亮的地区，如图 5-31 所示。

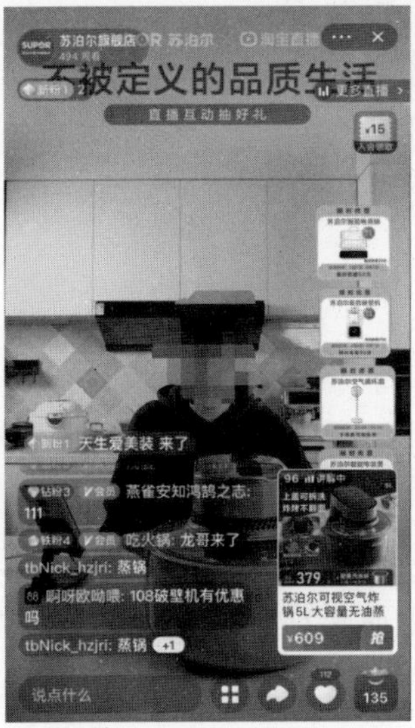

图 5-30　直播间室内场地

图 5-31　直播间室外场地

2）直播背景

直播背景主要考虑背景材质、背景颜色、背景风格，还可以选择活动背景，如图 5-32 所示。

背景材质选择要与主播的形象、直播内容相符合，要简洁、干净、大方，给客户营造专业感、亲切感、可信任感。可以选择 PVC 板、植绒布、抠像背景布、窗帘布等材质。

背景颜色中不要有大面积的深色，尤其是深蓝色和黑色，颜色不要太艳丽，不要色系过多。纯色和浅色视觉效果更好。

图 5-32　直播间背景

背景风格根据主播风格选择，比如可爱型主播，背景中可以添加布偶等道具。

如果是活动背景，可以添加活动手持牌、摆设道具和专门的活动主体墙纸（比如和“618”“双 11”大促相关的）。

3）直播灯光

直播间的灯光主要由主灯、补光灯、辅助背景灯、环境灯组成。

主光源是照亮主播和商品的主要光线，应使主播的脸部和商品受光均匀，同时起到磨皮美白的效果，使主播的脸部和商品看起来比较柔和。

辅助光主要用来增强立体感，起到突出侧面轮廓的作用。使用辅助光的时候要注意避免光线太暗和太亮的情况，光度不能强于主光，不能干扰主光。

轮廓光通常放置在主播的身后位置，勾勒出主播轮廓，可以起到突出主体的作用。

顶光是次于主光的光源，从头顶位置照射，给背景和地面增加照明，能让主播的颧骨、下巴、鼻子等部位的阴影拉长，从视觉上拉长脸部轮廓达到瘦脸的效果，这也是主播常用光之一。

背景光又称为环境光，主要作用是烘托主体或渲染气氛，可以使直播间各处的亮度尽可能协调。

搭建直播间灯光时，可以选择美颜灯、球形灯和柔光箱灯，进行专业直播补光，如图 5-33 所示。

图 5-33　直播间灯光布置

4）直播设备

直播设备主要包括推流设备、拍摄设备、支架设备、收音设备等。

（1）推流设备。直播间推流可以选择手机或者电脑推流。手机最好使用 iPhone 8 及以上手机，保证系统流畅。直播时配置充电宝和电源线，避免直播耗电导致关机中断。如是户外直播，手机套餐合适时也可以选择 5G 直播。

电脑应配置酷睿 i7 处理器、Windows 7 及以上系统。手机和电脑带宽为 4Mbps 及以上，避免直播卡顿。

（2）拍摄设备。拍摄设备可以根据店铺预算和直播行业类目，选择手机或者单反相机，高端直播间可以选择专业的摄像机，如图 5-34 所示。

图 5-34　直播间拍摄设备

（3）支架设备。手机支架可以根据直播类目，选择放置在桌面的迷你三脚架，或者落地式加长三脚架，单反相机和摄像机则选用专业的直播三脚架，保证稳固不抖动，如图 5-35 所示。

手机三脚架　手机三脚架　单反三脚架　摄像机三脚架

图 5-35　直播间支架设备

（4）收音设备。与短视频收音一样，为了降低直播时的噪声，保证直播音质效果，可以选择无线麦克风、领夹麦克风、话筒麦克风或者单反麦克风等，如图 5-36 所示。

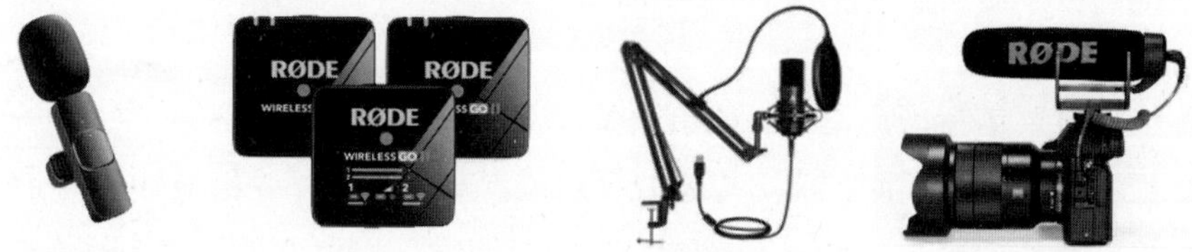

无线麦克风　领夹麦克风　话筒麦克风　单反麦克风

图 5-36　直播间收音设备

不同行业类目的直播间风格有差异，需要结合商品、主播搭建相应风格的直播间，可以参考其他优秀直播间装修案例，不断优化自己的直播间。图 5-37 所示为淘宝直播频道分类。

以淘宝直播美妆、口腔护理和服饰直播间为例，在装修直播间的时候，注意直播室内、室外场地的选取，根据场地装修直播间背景，配置灯光和道具，如图 5-38 所示。

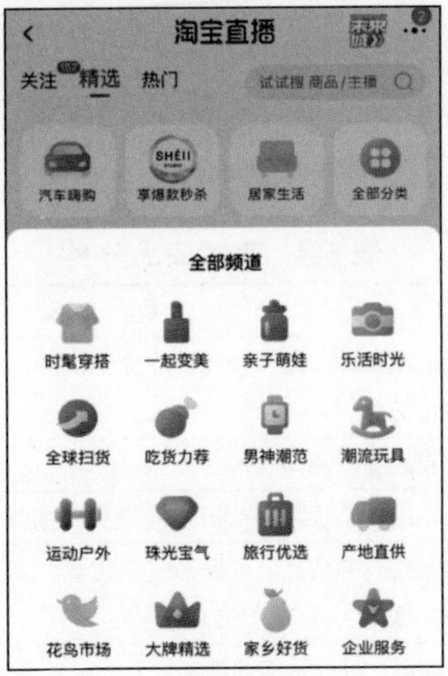

图 5-37　淘宝直播频道分类

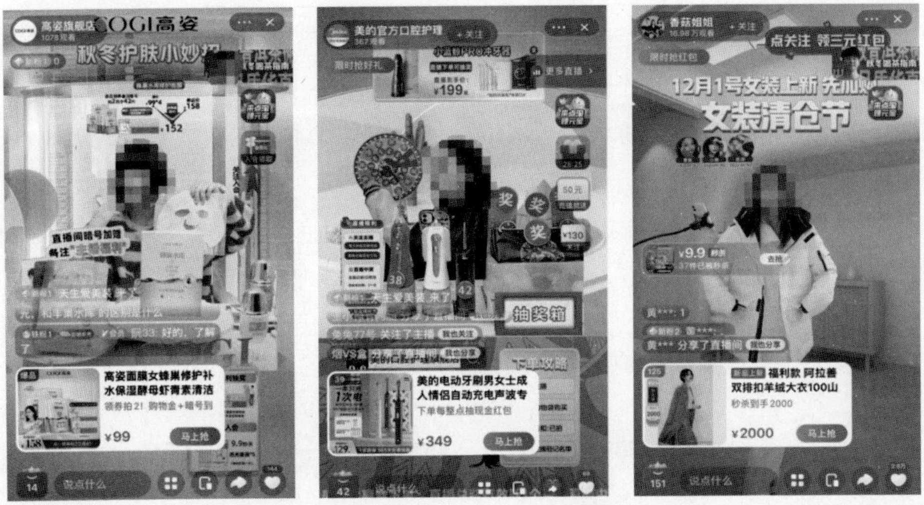

图 5-38　不同行业直播间案例

4. 直播选品

进行选品时需要关注市场行情、新品和爆款热销趋势。可以根据电商平台和第三方数据进行分析和筛选。查看同行直播排行榜，对竞品商品、销量和价格等进行监测，为直播间选品和定价提供参考。

综合市场行情、竞品数据、自己商品的特点和销售目标，把商品划分为引流款、主推款、福利款、利润款、活动款和形象款等，如表5-4所示。通过直播间测试数据，持续优化选品策略。

表5-4 直播商品分类

商品类型	含 义
引流款	是指为直播间引进流量的商品，引流款性价比较高，为目标客户群体所接受的商品，主要在开播半个小时内做热场活动
主推款	是指店内重点销售的爆款商品
福利款	是粉丝福利商品，用秒杀价或平价销售的商品，主要目的是吸引新粉丝和维护老粉丝
利润款	是指直播间利润率略高的商品，可提升整体收益。主要针对追求商品品质，追求个性化，消费能力强的目标客户群体
活动款	是指参与活动的商品，可以是店内活动，也可以是平台大促活动商品，主要目的就是为直播间提升销量和业绩
形象款	是指高品质、高调性、高客单价的极小众商品，主要是为了提升形象

在选择商品时，注意围绕账号定位，包括类目定位、客户定位、风格定位和价格定位。不同商品对应的人群有差异，选择跨度不能过大。

在制定商品价格时，需要综合考虑成本，包括商品成本、运费成本、人员成本、场地成本、平台佣金和售后成本。

可以选择尾数定价法、对比定价法。尾数定价就是对商品的定价不取整数而保留尾数，利用客户的心理因素来制定价格，给人一种十分便宜的心理感觉，如图5-39所示。

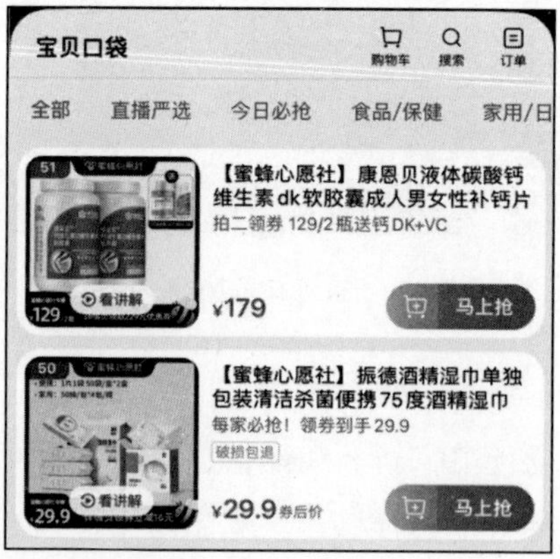

图5-39 尾数定价法

对比定价法主要对同一类型商品，在直播购物袋中保持不同价格，一个价格高，一个价格低，低价商品相对有吸引力。

5. 直播脚本

直播脚本是指在直播前制定的直播大纲，帮助把控直播的节奏，规范直播的流程，以达到既定的直播目标。

直播脚本的重要性主要表现在以下五个方面：

（1）明确直播主题，实现直播效益最大化。

（2）把控直播节奏，规范直播间整体流程。

（3）协调直播分工，使直播团队分工明确，权责分明。

（4）帮助主播控场，有逻辑、有顺序地展开直播介绍。

（5）减少突发情况，预知可能出现的情况，做好预案。

直播脚本主要分为单品直播脚本和单场直播脚本。单品直播脚本以单个商品为单位，规范单品的解说，突出商品特点。单场直播脚本以整场直播为单位，规范直播流程与内容。

直播脚本的基本要素包括直播目标、直播时间、直播人员、直播主题、直播内容、直播活动机制等。

单场直播脚本要规范整场直播流程，单场直播流程主要包括开场预热、福利告知、商品预告、话题引入、商品介绍、直播互动、引导成交、感谢粉丝、下次直播预告、直播结束。

脚本内容并非一成不变，需要根据店铺主题和活动变化而不断调整。运营可以根据日常和活动中直播遇到的问题进行优化调整。

6. 直播软件

上述准备就绪之后，开始准备直播开播。在不同直播平台要选择不同的直播软件，可以选择电脑直播和手机直播。比如电脑端的淘宝直播、抖音直播伴侣、快手直播伴侣。

以淘宝直播为例，可以通过苹果、安卓手机端 App 进行直播，也可以下载电脑端直播工具进行直播，如图 5-40 所示。

图 5-40　淘宝直播电脑端店铺直播

以淘宝直播电脑端为例，商家可以通过千牛卖家平台进入“店铺直播”板块，选择“发布直播”。淘宝直播中控台主要包括首页、直播、数据、货品和粉丝等导航目录。在首页中可以选择创建直播、查看直播间数据、直播活动和官方政策等，如图 5-41 所示。

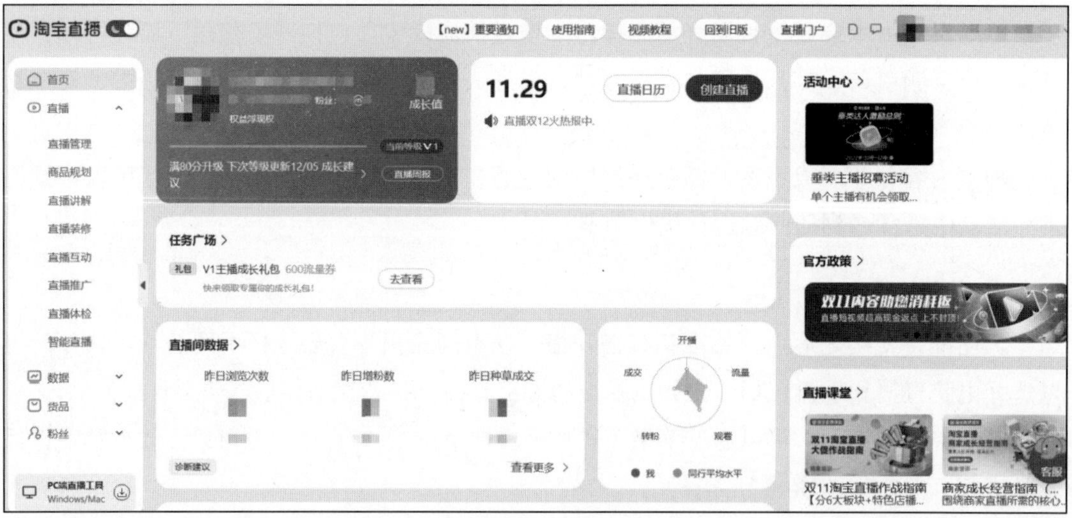

图 5-41　淘宝直播电脑端中控台首页

创建直播时可以选择竖屏或者横屏模式，上传封面图和 10 个字以内的标题，设置直播时间，选择频道栏目，并添加直播宝贝，发布之后会有直播预告，显示在淘宝直播的主播首页，客户可以提前关注。也可以在直播管理中复制直播链接或者分享码，分发到站外渠道提前预热，如图 5-42 所示。

图 5-42 淘宝直播电脑端中控台创建直播

7. 直播预热

预热直播活动主要为引起粉丝关注，为当天直播活动“蓄水”，直播预热主要分为站内预热和站外预热。可以制作海报等宣传资料，提前在各渠道宣传推广。

（1）在站内店铺首页、商品详情页，以及客服推荐、淘宝订阅、消息公告和直播期间等位置预告下一场直播时间。同时也可以选择平台付费工具，比如淘宝直播的超级直播、超级互动城、爆款加热、直播讲解推广，抖音的巨量千川和 DOU+等，如图 5-43 所示。

（2）站外可以通过软文推广，在微信公众号、微博、今日头条等渠道预告直播。

（3）通过社群通知推广，比如微信群、淘宝群和抖音粉丝群等。

（4）在朋友圈、QQ 群等渠道，发布直播预告内容。

图 5-43　淘宝直播站内推广

5.3.3.2　直播中

直播中的主要环节有商品预告、商品展示、粉丝互动等，主播还要注意直播中控台操作。

1. 商品预告

在直播中，主播开场要介绍自己，带有个人特色的介绍一般不超过 1 分钟。之后介绍本场直播的主题，如“美食节”“宠粉节”，然后可以给粉丝发送红包福利等。与粉丝互动活跃氛围之后，重点进行当日直播的商品预告。商品预告主要介绍当日的直播商品、数量和活动价格，提醒喜欢商品的粉丝提前加购，避免客户长时间等待甚至流失。

2. 商品展示

直播中的重点是对商品的现场演示，展示商品的卖点、效果、包装、使用方法等。

商品介绍重点围绕商品有哪些功能，能解决客户什么问题，与同类商品相比有哪些独到之处。直播话术需要有逻辑性和说服力，可以按照提出问题—分析问题—解决问题的方式来逐渐呈现。

介绍商品时要注意语速、语调，让客户能够清晰了解主播介绍的信息要点。

介绍商品时也要注意表情和肢体语言的表达，通过眼神、语言、动作、神情等，将主播的指令和意向传递给客户，如图 5-44 所示。

图 5-44 直播商品介绍

在商品展示中，为了刺激客户购买，可以强调商品的利益点，比如买 1 送 1、买 2 件到手价×元、下单立减×元等。

3. 粉丝互动

在直播中，与粉丝的互动主要是为了拉新涨粉，活跃直播间氛围，提升客户停留时长，促进商品转化，如图 5-45 所示。

图 5-45 直播互动

拉新涨粉可以通过排位赛、新客加速、新人成长礼、粉丝贵宾礼和口令红包等实现。

4. 直播中控台操作

在直播中，需要主播或运营操作直播中控台，主要是商品上下架和改价，与粉丝互动时发放红包、优惠券，发起抽奖活动。

录制直播讲解，直播中一键录制主播讲解的内容，可以增加公域曝光流量，方便没有看到直播的客户回看直播讲解。图 5-46 所示为淘宝直播中控台。

图 5-46　淘宝直播中控台

在直播中注意粉丝评论，中控或运营人员可以提示主播互动，对于“黑粉”可以选择禁言。

进行绿幕直播时，在直播中添加直播素材，根据主播商品介绍进行素材优化。

完成直播付费推广，比如在淘宝直播超级直播和抖音巨量千川中，根据店铺流量情况进行付费推广。

观测直播中的数据表现，包括流量数据和转化数据等，及时进行调整和优化。对于表现好的商品可以提示主播进行返场介绍。

5.3.3.3　直播后

直播后主要进行直播复盘，包括内容复盘和数据复盘，之后对直播内容进行经验总结和不断优化。

1. 内容复盘

主要是针对直播的内容进行回顾，查找问题，看是否出现了违规违法内容，以及表述错误等，避免以后再次出现。

2. 岗位复盘

主要是复盘直播团队各个岗位的工作，看每个岗位的人是否顺利完成了自己的工作。比如主播的主要任务是介绍商品基本信息、卖点和利益点，做好粉丝互动，需要有较强的直播话术。运营负责各个渠道的引流，并关注粉丝的参与度、商品点击率、商品转化率等数据。客服负责中奖名单、优惠券发放数量核对等。

3. 数据复盘

直播数据主要利用直播平台数据工具进行统计和分析，以淘宝直播为例，主要统计直播业绩大盘、本店成交分析、流量分析、货品分析、流量券分析、直播榜单和代播分析等数据，如图 5-47 所示。

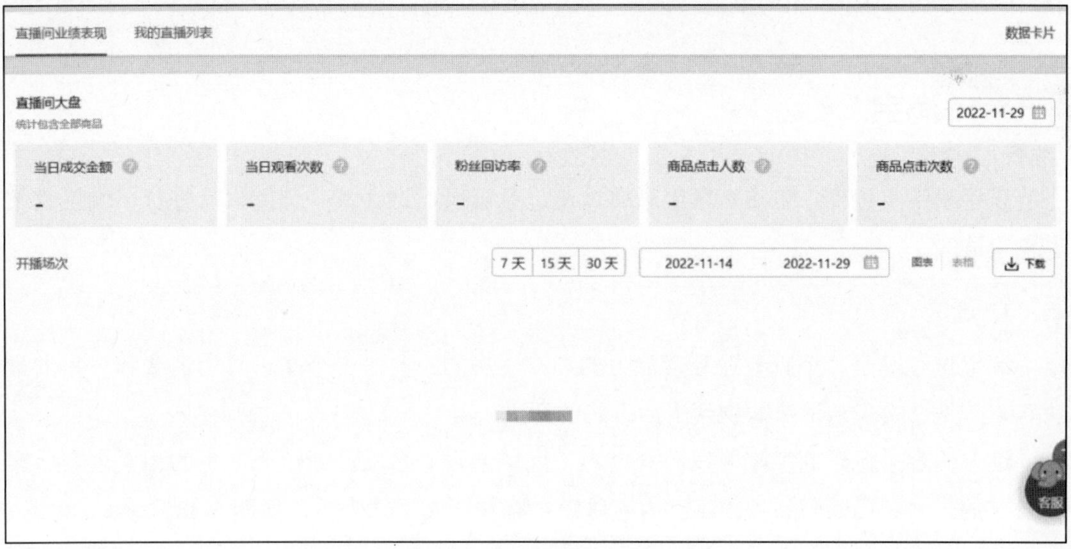

图 5-47　淘宝直播数据

直播间大盘数据主要统计开播场次、当日观看人数、直播间新增粉丝数、当日成交人数、当日成交金额、当日观看次数、粉丝回访率、商品点击人数、商品点击次数、当日确认收货金额、当日成功退款金额、当日退款人数、开播时长（分钟）、新零售成交人数、新零售成交金额。

流量分析主要分析直播间观看人数、累计粉丝数、粉丝回访率、直播间新增粉丝数等。

客户来源分析主要分析渠道来源、访问客户数等。

商品分析主要分析直播成交金额、直播成交件数、直播成交人数、商品点击人数、场均商品点击率、场均成交转化率。

针对不同平台直播中出现的数据波动，总结规律，找到其中的问题，并罗列出具体的解决方案。

5.4 主流电商平台内容运营渠道

在不同的内容平台，利用商家后台进行内容创作和运营，重点运营图文、短视频和直播三种主要内容形式。由于流量90%以上在手机端，所以要重点运营手机端内容运营渠道。

5.4.1 淘宝

以手机淘宝为例，重点运营渠道有逛逛、全屏页、微详情、订阅、有好货、淘宝直播和淘宝群等。

1. 逛逛

淘宝逛逛既是一个有专业经营能力的商家生态圈，又是一个基于真实消费和分享的最大客户阵地，实现从消费购物到生活方式的升级。

逛逛内容来源于商家账号发布的内容、商家通过平台功能或达人产生的相关内容、客户发布的带本店已购商品的内容。内容以短视频和图文形式为主，如图5-48所示。

图 5-48 手机淘宝逛逛内容运营渠道

2. 全屏页

全屏页是指在猜你喜欢、逛逛等渠道，通过全屏页面的形式呈现的内容，一般为短视频。

全屏页短视频来自商家店铺发布的短视频内容和达人发布的带有商家商品的短视频内容，如图 5-49 所示。

图 5-49 手机淘宝全屏页短视频

3. 微详情

微详情（Minidetail）是由商品卡片构成的连续的商品信息流，以手机淘宝首页猜你喜欢的商品位为入口，其基于客户兴趣与偏好为客户推荐个性化商品，并提供可边逛边买的沉浸式的商品浏览体验。

微详情短视频能让客户在顺畅地持续下滑浏览商品的同时，还可以在商品流中直接点击购买，得到“边逛边买”的体验，如图 5-50 所示。

图 5-50　手机淘宝微详情内容运营渠道

4. 订阅

订阅是淘宝商家的粉丝会员运营阵地，是店铺与粉丝沟通的桥梁，能够帮助店铺粉丝回访，商家持续发布订阅内容，可以增加店铺粉丝黏性。

订阅内容包括多品上新、客户秀、图文搭配、图文评测、清单、店铺派样等。订阅内容以图文和短视频为主，店铺直播时会显示在账号直播中，如图 5-51 所示。

5. 有好货

有好货是手淘重要的精品导购平台，面向高消费能力人群，为客户挖掘高格调、高品质、小众、有设计美感的商品。商家可以以单品为创作单元，结合有好货的品质、调性定位从有好货商品池中进行选品。

有好货的内容形式以图文和短视频为主，用精美、有调性的图片和专业、有体验感的文案对商品进行包装，从第三方视角挖掘、介绍和评测该商品，如图 5-52 所示。

图 5-51　手机淘宝订阅内容运营渠道

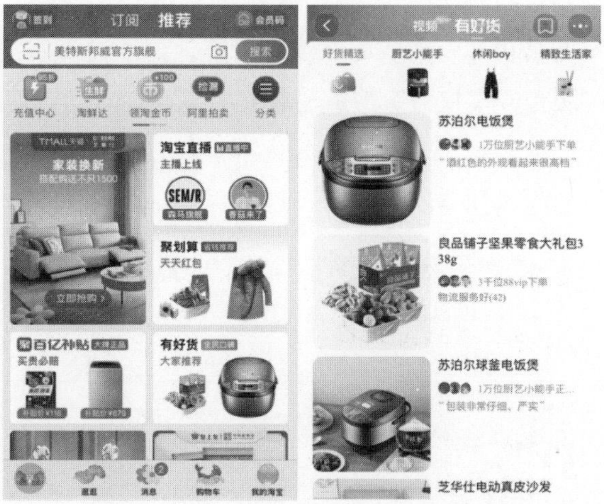

图 5-52　手机淘宝有好货内容运营渠道

6. 淘宝直播

淘宝直播定位为消费生活类直播平台，是商家进行客户运营、互动营销的利器，有效提升了客户的购物体验，是“直播+电商”模式的典型代表。

淘宝直播的核心价值在于通过向客户提供可实时互动的直播内容，帮助商家创造更有吸引力的消费场景，如图 5-53 所示。

图 5-53 手机淘宝淘宝直播内容运营渠道

7. 淘宝群

淘宝群是面向商家的会员和粉丝实时在线运营阵地，通过淘宝群，商家可高效触达客户，结合群内丰富的玩法和专享权益，形成与客户的高黏性互动，促进其进店和转化。

淘宝群内可以发布图文、短视频和直播等内容。通过首页消息内的群助手，可以进入客户已加入的淘宝群，如图 5-54 所示。

图 5-54 手机淘宝淘宝群内容运营渠道

5.4.2 京东

京东内容运营渠道重点以京东直播、发现好货和京东短视频为主。

1. 京东直播

京东直播主要在首页顶部和商家店铺页面，内容形式与淘宝直播相似，入口位置如图 5-55 所示。

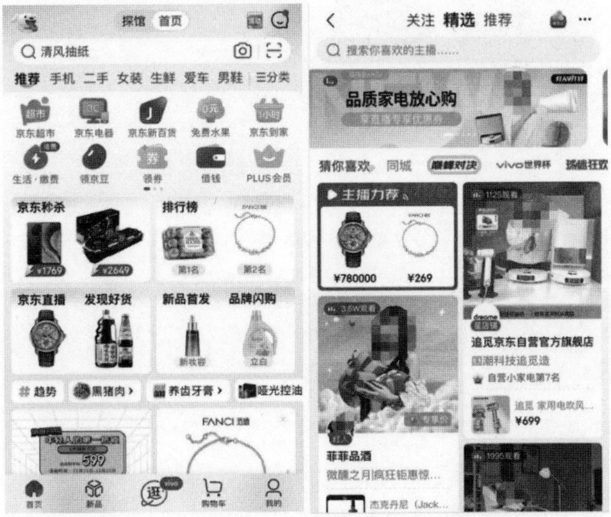

图 5-55 手机京东直播内容运营渠道

2. 发现好货

发现好货在京东直播右侧，是个性化推荐导购平台，以单品推荐为主，与淘宝有好货类似，利用千人千面的大数据推荐技术，对质优价廉的好商品进行精准人群推送。适合新奇特优、小众品牌，或者中高端商品投放，如图 5-56 所示。

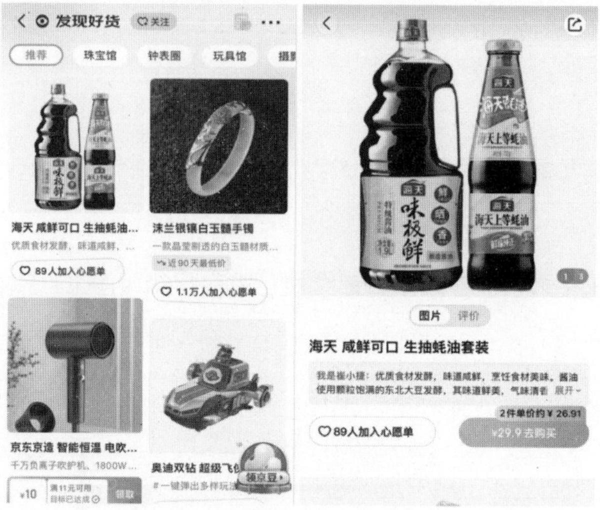

图 5-56 手机京东发现好货内容运营渠道

3. 京东短视频

京东短视频有助于提升客户浏览兴趣及停留时间，缩短客户购买决策时长。在首页展现位置与手机淘宝猜你喜欢类似，如图 5-57 所示。

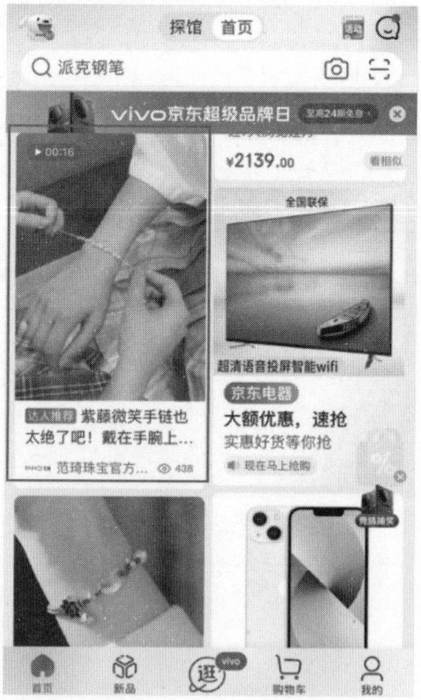

图 5-57 手机京东短视频内容运营渠道

5.4.3 拼多多

拼多多内容以多多视频、直播等形式为主，主要展现在首页底部导航和首页猜你喜欢中，一种为视频展现直播，一种为实时直播，如图 5-58 所示。

图 5-58　手机拼多多内容运营渠道

5.4.4 抖音、快手

抖音和快手电商内容运营相似，以短视频和直播为主，图文以视频形态展示。主要展现渠道在首页推荐、关注、搜索和同城消息中，如图 5-59 所示。

不同电商平台内容推荐渠道既有差异又大致相似，需要在运营平台后台进行相关内容创作，目前主流内容形式为直播、短视频和图文，需重点考虑内容转化和内容引流等相关数据。

图 5-59　抖音快手首页推荐等内容运营渠道

本章要点

1. 了解内容运营的概念、分类和主要作用。
2. 了解不同电商平台常见的内容形式。
3. 掌握图文、短视频和直播内容创作流程。
4. 掌握不同电商平台的内容运营渠道。

本章习题

一、名词解释

1. 内容运营
2. UGC、OGC、PGC
3. 直播脚本

二、选择题

1. （单选）以下哪项不属于内容运营工作？（　　）

A. 内容采集　B. 内容审核　C. 内容编辑　D. 内容消费

2. （单选）以下哪项不属于五种拍摄景别之一？（　　）

A. 远景　B. 框景　C. 中景　D. 特写

3. （单选）以下哪项不属于短视频拍摄运动镜头？（　　）

A. 推镜头　B. 拉镜头　C. 定镜头　D. 甩镜头

4. （多选）以下哪几项属于淘宝内容运营渠道？（　　）

A. 今日爆款　B. 逛逛　C. 淘宝短视频　D. 订阅

5. （多选）以下哪几项属于光线布局形式？（　　）

A. 顺光　B. 侧光　C. 白光　D. 顶光

三、填空题

1. 内容运营的主要作用包括内容拉新、内容留存、内容促活、内容______和内容裂变。

2. 常见的图文内容形式主要包括长文章、图片+文字、__________和单张图片内容。

3. 在直播选品中，主要分类包括引流款、主推款、福利款、利润款、______和形象款等。

四、简答题

在图文创作中，主要流程包括哪些？

第 6 章

客户运营和关系管理

随着互联网人口红利的逐渐“退潮”，电商销售增速也呈放缓趋势，进入了存量争夺的竞争阶段。在这样的流量瓶颈之下，如何低成本地获客，如何低成本地维护店内原有的客户资源，就成为了各个商家，乃至平台的主攻方向，因此在第 6 章中，我们就来理一理客户运营和关系管理的相关内容。

6.1 客户运营和关系管理的收益和路径

客户运营，顾名思义就是要“以客户为中心”去促进客户的增长、留存、转化，还有活跃度、忠诚度的提升，针对客户去筹划营销活动，以及推送相关的营销内容。

对于任何商业模式而言，客户永远是最重要的一种资源，是商家、品牌最宝贵的一笔财富。尤其在互联网流量红利已经基本消耗殆尽的电商领域，那些拥有众多客户基础的品牌，那些客户黏性更强、日常管理维系更紧密的商家，无疑将拥有更多更好的运营机会和前景。因此我们从基本收益和实现路径两个方面，来概述一下客户运营和关系管理的相关内容。

1. 客户运营和关系管理的基本收益

一般来说，我们在日常运营过程中做好客户运营和关系管理，主要可以有以下三方面收益。

1）促进客户复购，降低引流成本

这是客户运营和关系管理最为直接的一项收益。尤其在各大电商平台流量已经愈发昂贵的今天，客户的留存已然成了日常店铺和品牌竞争中的重要一环。倘若店铺客户关系运营得好，留存比例能优于竞争对手，那无疑将为店铺节省很大一笔获客经费，从而间接降低店铺的推广引流成本。

2）提升业务效率，加速运营节奏

人们总是对熟悉的事物有更多的好感，而对于陌生的事物则会小心谨慎。在交易场景中，老客户由于比新客户对商家更为熟悉，对商家更为信任，因而其转化率往往比新客户更高，沟通成本一般也比新客户更低。

因此，良好的客户关系管理能有助于我们提升整体的业务效率。比如同样两个商家，对一款新品进行推广，A 商家拥有比 B 商家更多的老客户资源、更多的活跃粉丝，那往往在新品销量破局的初始阶段，就能获得更多的关注，也更容易将新品推起来。

同样，每年的大促过程中，各个商家、各个品牌都会对旗下店铺的会员、老客户，进行多重维度的营销激活，其本质也是希望通过这些会员、老客户的成交，快速增加店铺销售额，成为店铺完成大促业绩的有力保障。

3）改善流程不足，提升客户满意度

客户运营和关系管理的第三个收益，是商家往往可以借助客户运营和关系管理的过程，更为了解客户的真实需求，了解自己商品的弊端、服务的短板，从而有机会在常规运营过程中去改善和调整，不断提升客户的满意度。

举个简单的例子，很多商家在日常运营的过程中，会非常注重客户的评价，尤其是对于商品端，或者自身服务端的一些负面反馈内容，往往定期会做相应的复盘整理和分析优化。

比如经营服装类的商家，大多会关注和统计客户反馈的尺码、板型、舒适度，来考虑生产用料、剪裁工艺、尺寸划定等内容。

在这样的复盘、分析、优化的过程中，商家一方面在解决单个客户反馈的商品或服务问题，另一方面，也在规避同样的问题在不同的客户身上反复发生，影响更多客户群体的体验。而当这些问题被实质性地解决后，商家在体验度层面无疑比先前更进了一步。

因此，从某种层面上说，客户运营和关系管理表面上管理的是客户，而实际上管理和运营的却是商家自身，是商家通过客户这块试金石不断打磨自己，完善商品服务乃至运营流程的过程。唯有自身的客户满意度不断提升，才能吸引更多潜在客户。

2. 客户运营和关系管理的实现路径

而要想实现良好的客户关系，通常情况下，商家需要具备以下四大条件。

1）注重打造良好的客户体验

这是所有客户运营和关系管理的基础条件。上文中我们提到了客户运营的本质是商家自身的完善，是不断提升客户满意度，从而吸引更多客户的过程。因而重视打造良好的客户体验，是一切客户运营和关系管理的基础和起点。

2）选择具备复购属性的商品

客户运营和关系管理的目标之一，是希望客户能多次购买，为店铺创造价值。因而日常运营过程中，有一项重要的关注指标叫二次购买率，或者叫复购率。一段时间内复购率的计算公式是：复购率=有复购行为的客户人数/这段时间内的所有购买客户的总数×100%。

那客户为什么会进行二次购买？

背后的原因可能有很多，但最重要的一条一定是商品本身能满足客户的需求，也就是商品本身具备一定的复购属性。

因而复购属性强的商品品类，复购率指标相对就容易变高一些。比如食品饮料、美妆洗护、纸巾清洁等日用品类，我们在生活中也称之为叫“快消品”。而复购属性弱的商品品类，复购率指标相对就会低一些，比如汽车、房子、家具，乃至大型工业机械设备等，我们在生活中往往也称之为“慢消品”或者叫“耐用消费品”。

因此商家选择具备复购属性的商品经营，往往有助于复购率的提升，也有助于做好客户运营和关系管理。这也是为什么大部分客户运营和关系管理做得不错的商家出自快速消费品行业的原因。

而倘若商家本身经营的商品属于慢消品品类，复购率指标并不容易提升，现实场景中，往往也会通过各种款式上新、技术升级、配件养护，甚至拓宽品类等形式，来尽可能创造复购属性和需求，努力提升客户的二次购买率。

比如服装或者箱包行业，大多数商品本身没有复购属性，客户极少会对同一款衣服或者同一款包包定期反复购买。因此商家要想提升店铺的复购率，提升客户运营或管理的能力，往往就会不断地通过产品上新、营销活动等抓住客户。

3）设计相对完整的管理体系

除了客户体验和刚性需求外，要想做好客户运营和关系管理，往往还需要设计相对完善的管理维护体系，来维系客户。好比一款让人沉迷的游戏、一份令人向往的工作，一般都会有升级系统，客户运营也需要有类似的体系。

4）借助各种场景策划营销活动

营销活动的本质是为了吸引目标客户，放大客户转化的概率，从而使得交易能够顺利达成。因而所有与销售额、利益相关指标挂钩的运营管理，基本都离不开营销活动的策划。

而客户运营的流程，可以简单概述为：拉新—转化—留存—促活，营销活动在这个过程中的各个阶段，都可以有效帮助运营提升成功概率，因而同样是商家做好客户运营和关系管理的必备条件。

6.2 客户运营和关系管理的逻辑和方法

厘清了客户运营和关系管理的收益和实现路径后，我们再来了解一下客户关系管理的逻辑和方法。最有效的方式，通常是从身边具备成功管理经验的人或者企业入手，从他们的运作手法中找出背后相似的逻辑。

比如我们先可以思考这样一个场景：电商平台是如何管理它们的客户的？通常情况下，电商平台的客户群体主要可以分为三类：买家群体、卖家群体和第三方合作伙伴。

首先是买家群体，也就是日常的客户。平台通常会根据买家的基础人群画像、行为特征，乃至近期感兴趣的品类为买家打上各式各样的人群标签，随后根据平台的算法，计算出买家最近可能感兴趣的商品或内容，并通过千人千面、猜你喜欢等形式推送给买家，引导买家在平台上多浏览、多停留，产生更多的行为轨迹和标签数据，便于系统和商家进行更为精准的推送和运营，并在这个过程中，通过降价等促销手段触达买家，促进成交。

其次是卖家群体，也就是日常的商家、品牌和店铺。平台通常会对商家进行类目划分，根据商家店铺的主营商品、近期的成交情况，为商家划定各自的主营类目。并通过该类目下的运营情况、交易近况划分店铺层级，匹配相应的平台资源乃至官方小二资源。比如部分官方活动报名时，平台会要求店铺层级达到类目第三层级或以上时方可提报。这是在商家品类和层级的划分基础上，所做出的对应的管理措施。

最后是第三方合作伙伴，包括第三方物流服务商、各类工具软件服务商，甚至店铺代运营、短视频拍摄服务商等，这类合作伙伴同样也是平台重要的客户群体。平台通常会根据他们各自的服务项目，进行服务类别的划分，并通过卖家群体在合作后的评价反馈，评测划定服务商的星级标准。星级标准高的服务商，往往能获取更多的展现资源、更多的平台推荐，而星级标准低的服务商，则会被淘汰，以此要做好第三方合作伙伴的运营管理。

由此可见，电商平台管理客户的逻辑大体是为群体分类，分项而治，如图 6-1 所示。

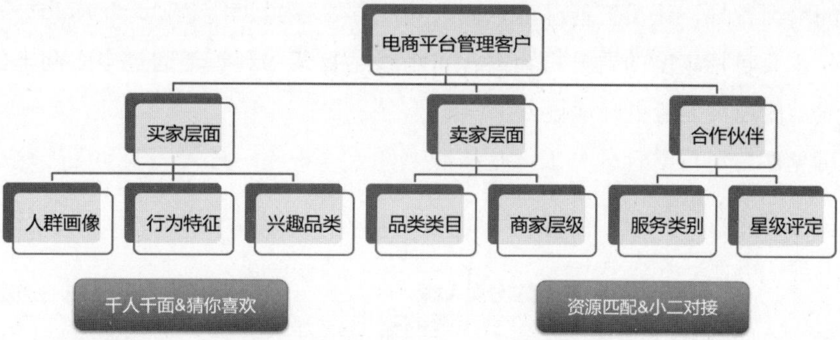

图 6-1　电商平台管理客户的逻辑

我们再思考另外一个问题：一家公司日常如何管理员工？

一般来说，在一家公司或者企业中，负责员工管理的主要是人事部门和相关职能部门的负责人，而想要做好日常的管理工作，通常情况下，又可以分为以下四步。

第一步是要“知人”，也就是管理者要先知道员工的基础情况和背景信息。比如员工的家庭背景、个人学历、工作经历，乃至特色专长等。

第二步是要“识人”，也就是管理者根据已知的员工信息精准为人群分类，根据公司各部门的工作特性、职能安排来划分岗位，划分部门，划分员工，比如××属于运营部，××属于客服部，××属于设计部等，便于后续各部门工作的展开。

第三步是要“管人”，当有了部门的分门别类后，管理者就需要依据各部门的工作特性，制定相应的绩效考核制度进行管理。比如运营部考核的可能是销售额、毛利率、市场排名等业绩指标，客服部考核的可能是接待量、响应时间、询单转化率、客服满意度等服务指标，设计部考核的可能是作图数量、图片点击率、页面跳失率等数据指标。不同部门、不同岗位会有不同的考核标准，部门负责人往往根据这些标准来进行人员的考核与管理。

而与此同时，在这些部门岗位绩效管理的背后，员工也受着人事部门的管理和监督，也就是日常工作中要遵守公司层面的相关管理制度，诸如上下班打卡制度、出席考勤制度，工作汇报制度等。

第四步是要“调动人”，一个好的公司，光有绩效制度约束员工其实还不够，更多的时候需要激发员工的积极性，调动员工的主观能动性，这样才能让很多工作更有效率地推进下去，让公司能更好地发展。

而在这过程中，管理者常用的激励策略，一般既会包括公司的企业文化、企业价值观，通过不断的培训宣导，让员工能深度认同公司文化、愿景、使命观，从而和公司步调一致地去努力，也会包括年度的晋升机会、评审考核、嘉奖福利等，通过个人向上的职业规划和发展路线，促使员工能更好地投入工作。

由此可见，公司日常管理员工，是按照“知人—识人—管人—调动人”这个逻辑来执行运作的，如图 6-2 所示。

图 6-2　公司日常管理员工逻辑

从以上这两个场景的管理方法中，我们不难找出共性，那就是他们在管理过程中都用到了群体分类。

由此，我们结合前文提到的客户运营流程，大体可以将管理的核心逻辑和方法论定为：人群拉新—转化留存—精准分类—培育忠诚。

无论商家体量大小，客户基数多少，营销形式如何，管理方式都可以拆解为这四步。而其中，后两步尤为重要。

其一是要有精准分类，分类越精准，营销越有效。

简单的分类方法，有根据客户的会员级别分类，根据客户的消费单价分类，根据客户年龄、地域，乃至性别进行分类等。而更为严谨的分类方法，是运用 RFM 模型，根据客户活跃程度和交易金额的贡献，进行客户价值细分，如图 6-3 所示。

RFM 模型中，R（Recency）代表客户最近一次购买时间，F（Frequency）代表客户在限定的时间内的购买次数，M（Monetary）代表客户在限定时间内的消费金额。

R_S分类	F_S分类	M_S分类	客户类型
高	高	高	高价值客户
低	高	高	重点保持客户
高	低	高	重点发展客户
低	低	高	重点挽留客户
高	高	低	一般价值客户
低	高	低	一般保持客户
高	低	低	一般发展客户
低	低	低	潜在客户

图 6-3　RFM 模型

通过 RFM 模型分类方法，我们可以清晰地将客户分为一般价值客户、一般发展客户、重点挽留客户、重点发展客户、重点保持客户等多个类别，为之后的营销触达、数据跟进打好了基础。

其二是要培育忠诚，也就是要在人群分类的基础上，配合会员权益，策划相应的会员优惠活动。而这些权益和活动的具体形式，一般会根据商家营销手段侧重的不同而有所差异，通常来说，主要有以下三种透出形式，如图 6-4 所示。

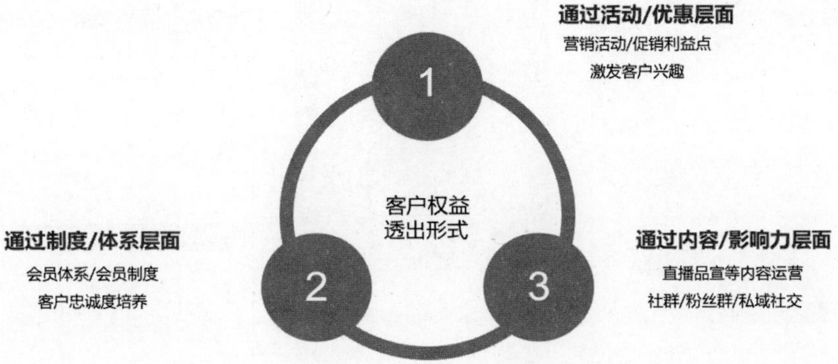

图 6-4　客户权益透出形式

（1）通过活动/优惠层面。商家直接通过老客户专享优惠、老客户营销活动等形式去激发客户回购，拉升老客户复购率，来做相应的客户运营和关系管理。

（2）通过制度/体系层面。这是比之直接优惠活动更为精细化的一种形式，会员运营的链路是商家把客户发展成会员，对其提供超出普通客户权益的专属特权和服务形式，使会员能够感到满意，并进一步能多次产生消费，最终晋升为忠诚会员。比起直接的活动优惠，其在运营内容上有了更多玩法。

（3）通过内容/影响力层面。近些年随着内容电商、直播电商的兴起，不少商家也会通过短视频、直播间、粉丝社群，甚至企业微信号等私域社交渠道来服务客户，并在大量内容触达和社交互动的过程中嵌入相应的营销活动，来提升客户的兴趣，从而促使客户多次购买。

6.3 店铺会员体系和管理

会员运营是日常客户关系管理过程中最常见的一种玩法，各行各业、各个平台都经常运用这种形式，如图 6-5 所示。

图 6-5　各类平台会员运营玩法

线上电商平台也是如此。举个简单的例子，大家在逛电商平台品牌店和官方旗舰店的时候，或许会留意到这些品牌店、官方旗舰店的店铺首页第一屏，最“黄金”的展现资源位，基本都是用来招募会员的，如图 6-6 所示。

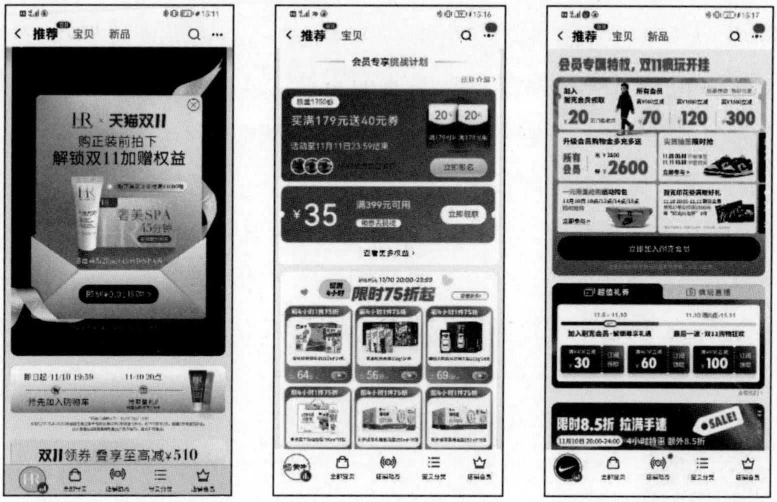

图 6-6　线上商家会员玩法

会员运营的价值不限于当下的成交时刻，也会在未来较长时间段里持续产出价值。这才是各行业各个商家如此重视会员运营的根本原因。

我们可以对人群拉新、转化留存、精准分类、忠诚培育这四个阶段进行一一拆解。

6.3.1 人群拉新

首先是拉新会员入群，也就是让客户成为会员，甚至能产生首次成交。

从运营的视角来看，人群拉新主要是运营对于渠道选择和权益效果的规划问题，我们在商品售卖的过程中，都知道商品销量的构成公式：

销量=流量×转化率=展现量×点击率×转化率

因而，如果我们把拉新的会员数视为一款名叫“会员”商品的销量，事实上，上述的销售公式，可以演化为：

入会会员数=入会广告展现量×入会广告转化率

=入会招募渠道×招募广告点击率×入会广告转化率

而倘若招募广告没有夸大宣传或者，对于入会没有额外的要求，一般情况下，点击广告的人群与真正转化入会的人群之间，并不会有很明显的差别，因而我们人群拉新的落地方向，主要可以围绕招募渠道和广告点击转化效果来展开。

1. 招募渠道

目前各大电商平台都在不断丰富平台自身的会员工具，开放更多的招募入口和玩法功能。此处以店铺会员模块相对成熟的淘宝、天猫平台为例，招募会员的渠道主要包括店铺首页、菜单、详情页、店铺直播间、平台会场活动等。

其中店铺首页、会员模块页、店内直播间、客服回复框，乃至购后渠道招募，一般是值得商家重点布局的招募渠道，淘宝、天猫店铺商家可通过“客户运营平台—忠诚度设置—新版无线端会员中心装修”进行相关装修设置，部分店铺装修效果如图 6-7 所示。

图 6-7　淘宝、天猫商家会员装修效果

2. 点击转化效果

会员招募的效果与会员的权益息息相关。会员权益的核心在于优惠力度，而非权益数量，商家给予的优惠力度越大，吸引客户入会的成功概率就越高，招募广告的点击效果也就越好，因此，运营在设计会员招募的环节，需要结合店内实际的会员权益和玩法，并站在客户的角度，思考其中哪一项、哪一点更容易打动客户，并聚焦于此类权益内容进行广告包装，这样才容易使得客户产生兴趣进而申请入会。

而通常情况下，根据权益表达的方式不同，它们大致可以分为“既得性权益”，“持续性权益”和“长久性权益”三项。

1）既得性权益

既得性权益指的是客户加入会员之后，能够立马获取的权益，比如新会员优惠券、新会员入会积分、新会员入会好礼等，这是我们日常生活中遇见最多的，也是几乎所有商家都会主打宣传的一项权益内容。

2）持续性权益

持续性权益指的是客户加入会员后，会在会员身份期内，或较长的一段时间内一直享有的某种身份权益，比如 1 对 1 专属客服、订单优先发货权、新品优先体验权，甚至购物积分倍增、电器保修期延长等，常见于一些价格高、讲究品质的商品销售中。图 6-8 所示为日常运营中常见的持续性入会权益。

图 6-8　常见的持续性入会权益

3）长久性权益

长久性权益指的是客户成为会员后，日积月累所能获得的权益总值。常见于商品丰富、复购次数较多的品类，比如经营食品饮料、办公文具、居家生活小用品类目的商家，运营过程中往往会把会员权益的小优惠相加，再根据客户的平均购买频次和客单价，来换算一个较高的优惠权益金额，作为入会后的优惠权益去吸引客户申领，如图 6-9 所示。

图 6-9　常见的长久性入会权益

综上所述，会员人群拉新要选择有展现量的曝光渠道，制定有力度、有吸引力的会员权益，外加相应的广告包装和权益优惠呈现，这往往是拉新人入会的关键所在。

6.3.2 转化留存

要做好新会员入会后的转化留存工作，就离不开会员享受的服务或权益活动。通常情况下，促进会员转化和留存的手段或工具，有会员折扣和优惠券、新会员专享礼包、会员首单礼金和会员积分等。

1. 会员折扣和优惠券

设置会员折扣与会员优惠券应该是大家最为熟悉，也最为简单直接的提升会员转化率的方法。两者的营销逻辑基本相同，都是通过商品或店铺的直接优惠让利，来引导客户下单。而随着入会流程的无门槛化，越来越多的商家开始用会员折扣和会员优惠券，取代店铺原有的商品折扣和店铺优惠券，以此既通过折扣优惠券招募会员，也通过折扣优惠券直接吸纳会员。

2. 新会员专享礼包

新会员专享礼包通常是商家拉新时的营销利器，通过实物类礼包商品赠送，吸引客户开卡入会。而为了确保新会员能留存下来，商家往往会在实操中设置一定的赠送门槛来达到运营目的。通常情况下，会有两种选择。

一种是选择小额、低成本的赠品，来作为新会员入会礼包。比如美妆的小样装、两片装的面膜，零食的小规格包装、试吃装等，这些礼品的本身成本并不高，因而赠送的门槛可以放得很低。

另一种是选择具有一定价值和成本的赠品，或多个小赠品的组合装形式来丰富新会员的礼包，比如多款小样装的组合、店铺内价值中等的实物类商品等。这些礼品因本身有一定的成本，因而赠送门槛会调高，有些甚至也会结合平台的大促活动，作为权益点来进行营销宣传。

3. 会员首单礼金

会员首单礼金是目前淘宝、天猫平台针对商家会员运营推出的一项新的营销工具，其形式与会员优惠券整体类似，也是通过优惠引导转化。而稍微不同的是，会员首单礼金仅能针对入会后未购买的新会员，且优惠权益仅限部分单品，无法让全店客户享用。图 6-10 所示为淘宝天猫平台会员首单礼金。

图 6-10　淘宝天猫平台会员首单礼金

从商家日常运营层面上来看，设置会员首单礼金主要有三个优势：第一是会员首单礼金不进入平台最低价审核系统，因而不影响商家对于该商品日常的活动运营和规划。第二是人群是定向的，首单礼金仅针对入会未购买的新会员，因而属于新会员专属权益，对于商家拉新有直接的影响。第三是首单礼金的会员权益能精准落在具体的商品上，因而商家可以考虑适合的商品进行营销设置，对于商品本身的销量提升也有切实的帮助。

4. 会员积分

无论在线上平台店铺，还是线下实体门店中，会员积分都是很多商家用来做会员留存转化，乃至后续培育忠诚的重要工具。

积分就像一种虚拟的货币，其最大的好处就是成本可控，且客户感知性较强，商家可以根据积分的发放和使用情况，随时调整积分的价值，而客户则通过获得积分增强对店铺、品牌，乃至平台的认知，通过积攒和使用积分，提升活跃度。

商家可以通过平台工具设置开卡得积分、购物得积分、签到得积分、玩游戏得积分等。而会员可以用积分兑换优惠券、参与抽奖等，如图 6-11 所示。

图 6-11　常见的会员积分营销

6.3.3 精准分类

会员运营中的精准分类，主要通过会员的体系搭建和等级划分来实现。绝大部分商家会根据客户在一段时间内的购物金额或者购买频次来进行相应的级别划分，而随着互联网会员玩法的不断增多，会员卡也正成为会员级别的一种体现。

商家在搭建会员体系、设置会员等级时，通常需要注意以下三点。

1. 会员等级要有均衡性

均衡性指的是店铺在划分会员等级时，应当考虑各等级的会员占比分布是否合理，是否能呈现一个健康的金字塔结构（如普通会员、高级会员、VIP 会员和至尊 VIP 会员比例为 4∶3∶2∶1 等），随着会员等级的变高，会员基数和占比应当相应降低。

倘若会员等级设置得不好，会造成高等级会员占比过低或者过高的局面。高等级会员占比过低，说明级别晋升要求或者门槛较高，大部分会员只能停留在基础等级上，高等级的权益即便有吸引力，客户也很难享受到，因而不利于会员活跃度的培育。而高等级会员占比过高，又说明级别晋升要求或者门槛较低，大部分会员能很轻易获得高等级的身份，此时用会员级别区分客户重要程度的作用渐渐丧失，高等级会员身份也就不那么重要了，同样不利于留住客户和培育会员的忠诚度。

因而通常情况下，商家在设置时可以结合店铺近一两年整体服务的客户数、服务客户的消费总额、店铺客户的平均客单价和购买频次，乃至客户的生命周期等进行客群整体的划分，并在其基础上划定会员等级，测算人群占比，后续定期（如每一两年）微调。

2. 会员服务要有差异性

差异性指的是店铺不同等级的会员，享有的会员权益是不同的，级别越高，享有的权益越多且力度应该越大。客户成为会员，乃至成为 VIP 会员的本质就是希望能够获得异于普通客户的权益，因而差异性越大，晋升体系和高等级会员级别对于客户的吸引力才越强。

实际运营中，这种差异性可以体现在会员积分、会员折扣、会员优惠券力度等直接优惠维度，也可以体现在礼品兑换、优先接待、新品试用，乃至退换货延时、保修期延长等服务体验维度，如图 6-12 所示。

尊享特权	体验会员	银卡会员	金卡会员	白金会员	VIP会员
升级福利	新人礼券	抵扣券			
		30元	40元	50元	80元
生日权益	20元无门槛	优惠券			
		900-140	1200-200	1500-270	2000-400
新品首发当天		95折	93折	9折	88折
积分兑券		√	√	√	√
积分兑礼		√	√	√	√
积分加钱购					√
复购券		复购券	复购券	复购券	复购券
保价周期	7天	7天	7天	15天	15天

图 6-12　会员服务要有差异性

3. 会员体系要可视化

可视化指的是店铺的会员体系、会员级别及相应的权益，应当在店铺会员页面中清晰呈现，能让会员直观看到可享受的权益，甚至能看到与下一等级的距离，乃至下一等级的会员权益等。

优秀的会员体系，往往在保障体系均衡性和权益差异化的同时，也非常注重体系的可视化，因为设置会员体系、等级制度的根本目的是培育会员的忠诚度，能让客户或会员看得见的成长体系会更有意义。

6.3.4 忠诚培育

会员忠诚度指的是会员产生的对某商品、品牌或公司的依赖感和希望重复购买的一种心理倾向。

商家想要提升会员忠诚度，需要在完成会员留存的工作之后，继续跟进会员的消费情况、购买周期，乃至会员体系的成长情况，做好后续的数据跟进和分析，并尝试针对部分已成交的会员做进一步的人群细分，策划有针对性的营销内容或者优惠活动，来帮助会员多了解商家、商品和品牌，直至能形成转化，多次成交，由普通会员晋升为更高价值的高级会员，如图 6-13 所示。

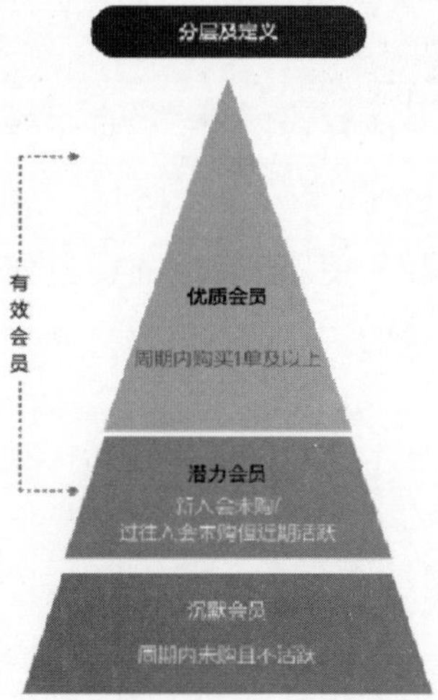

分行业会员人群定义标准

	服饰/快消/食品/others	消电/家装
优质会员	365天内购买1单及以上会员	720天内购买1单及以上会员
潜力会员	180天内入会未购或365天内未购/但近180天内有过进店（包含访问店铺、详情、直播间）、加购行为;	180天内入会未购或720天内未购/但近180天内有过进店（包含访问店铺、详情、直播间）、加购行为;
有效会员	优质+潜力	优质-潜力
沉默会员	总会员-有效会员	总会员-有效会员

注：仅计算入会后的成交行为

图 6-13　淘宝、天猫平台会员分层

通常来说，日常运营中，提升会员忠诚度的运营策略，主要可以有以下五种。

1. 商品推陈出新

任何商家或品牌在日常运营的过程中，都应该不断尝试新的商品、新的品类。一方面，新商品、新品类可以丰富商家的运营版图，提升店铺或品牌的综合竞争力，而部分涉及技术升级的商品，甚至还能成为新的竞争壁垒，规避市场上一些成熟商品的价格战冲击。另一方面，大部分商家也需要通过新的商品，去吸引或激活店铺“沉睡”的老客户和会员。

日常生活中，我们熟悉的服饰、美妆、数码类店铺，甚至经常关注的网红主播等，都会通过商品的不断推陈出新，来吸引客户留存会员，如图 6-14 所示

图 6-14　商家持续吸引客户留存会员

2. 主动复购提醒

商家根据会员的消费习惯、购买周期等数据，主动做相应的复购提醒，借助于会员积分、会员优惠券等玩法，促成复购。

比如卖纸尿裤、奶粉的商家，往往会根据会员购买的件数和使用情况，推测其使用周期，并根据这个周期尝试做复购提醒，召回客户，或配合平台的大促活动，做定向的会员人群激活，唤醒店铺的沉睡会员，如图 6-15 所示。

图 6-15　淘宝、天猫智能复购提醒

3. 设计会员任务

接着是商家设计会员任务，会员任务是商家提升会员活跃度的有效手段，活跃度高的会员往往会高频访问该店铺，从而增加复购的可能，间接影响着会员整体交易额。

会员任务的玩法和形式有很多，包括新会员任务（如完善会员信息、领取新会员福利、完成首单成交等），日常任务（如每日签到、浏览宝贝、分享给好友、写评价、加入社群等），乃至消费任务（如把商品加入购物车、复购×次、累计消费满一定金额）等。

商家在设置时，可根据会员权益和活动节奏，利用平台工具进行相应的营销设置，也可以根据品类特色和玩法需求，选择第三方软件，以实现更丰富的玩法。图 6-16 所示为商家日常会员任务设计。

图 6-16 商家日常会员任务设计

4. 定制会员活动

所谓定制化的会员活动，简单来说，就是商家可以在满足原有会员权益和会员玩法的基础上，增添一些时间、地点、人群，乃至消费门槛的限定，从而形成定制化的会员体验和专属化的会员活动。

比如很多店铺会按月或者按周策划一档名为“会员日”的活动。在会员日活动中，商家往往会挑选一些特价商品额外设置会员折扣，用一些小礼品或定制类商品，做会员日消费满额赠品，或者设置积分奖励、优惠券权益，来引导会员成交，如图 6-17 所示。

图 6-17 店铺会员日活动

从营销玩法上来看，会员日的活动和传统的营销活动差异并不大，都是积分、折扣、优惠券的综合应用。但从活动设计的角度出发，会员日的活动其实是在传统活动折扣、优惠券和积分权益的基础上，增加了时间维度、人群维度，乃至消费门槛维度的再次限定，从而形成了某种定制化、专属化的活动权益，以此来激励会员多参与，并提升客户忠诚度。图 6-18 所示为店铺定制化会员活动。

图 6-18　店铺定制化会员活动

5. 付费会员制度

在付费会员制度中，客户可以通过付费充值的形式，兑换特有的会员权益和会员身份，比如日常生活中的理发店、美容院、健身房乃至教育培训机构，都是充值办卡式会员玩法的代表。而线上的视频音乐网站、购物外卖平台，甚至旅游、游戏类平台，这几年也都在极力推广和打造平台自身的付费会员制，培育更有黏性的付费会员，如图 6-19 所示。

综上所述，会员运营是日常客户关系管理中最为常用的形式之一，在实操中，尽管形式内容有变化，但其依然符合客户关系管理的四步内容：人群拉新—转化留存—精准分类—忠诚培育，如图 6-20 所示。

图 6-19　付费会员制度

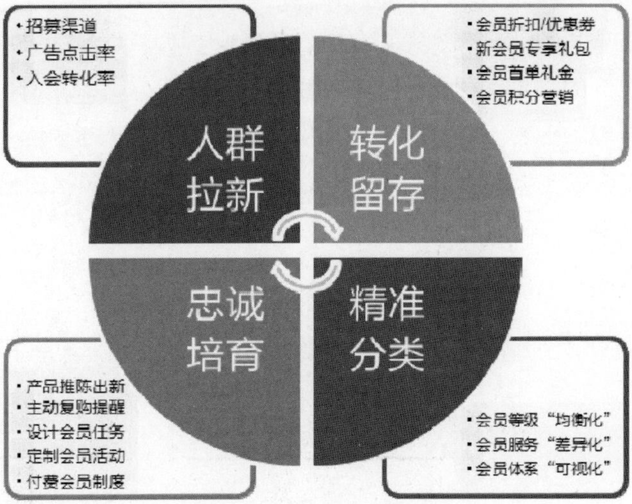

图 6-20　客户关系管理四个步骤

6.4　商家社群搭建和维护

如果说会员运营是客户关系管理中最常见的营销手段，那社群运营绝对是商家批量化、深度化管理维系客户关系的重要渠道。很多商家在店铺或者品牌发展到一定的规模后，都希望通过自己建立的社群，让那些成交客户沉淀下来，并通过在社群里交流和互动的形式，来达到客户关系管理和维护的目的。

在生活中的一些线下超市或者餐饮门店，我们经常会看到商家会在门口或者显眼的位置竖起社群招募的广告牌，用以招募居住在周边的居民扫码入群，并在之后通过社群中的秒杀、团购、优惠券、福利商品等形式，实现线上社群内直接成交，或者召回到线下门店，为店铺引流，如图 6-21 所示。

线上平台同样如此，当运营规模、客户基数达到一定程度后，商家也一定会通过粉丝群、会员群等形式来实现人群的批量化管理，如图 6-22 所示。

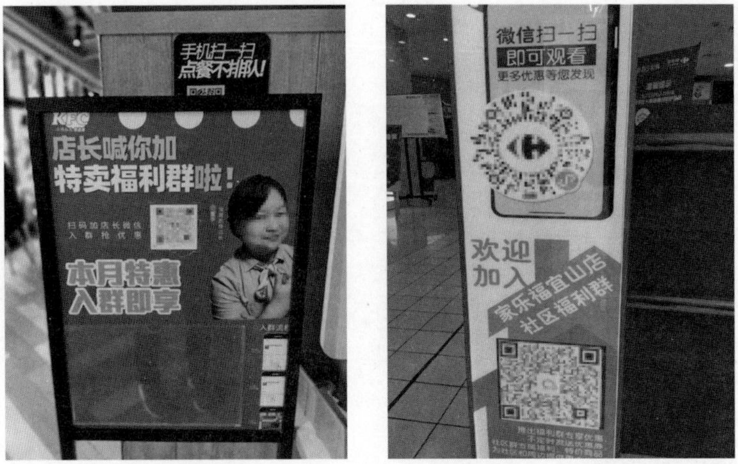

图 6-21　生活中随处可见的社群招募

图 6-22　线上平台各类社群营销

从商家运营层面而言，建立社群有很多好处，但社群运营和维护工作却是极难的，真正把社群长久地做下去，其实是件很困难的事。社群运营存在三大痛点，如图 6-23 所示。

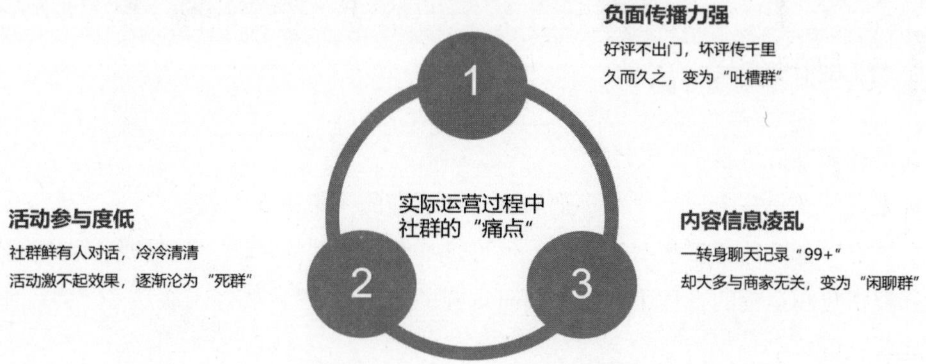

图 6-23　社群运营过程中的三大痛点

1. 负面传播力强

群聊的好处在于信息的覆盖面足够宽广，但覆盖面宽广是把双刃剑，当社群中成员发表负面评价、负面信息的时候，往往会迅速引起其他成员的“围观”乃至“讨论”，原来的客户群就变成了“吐槽群”，极大考验着社群管理员的问题处理能力。

2. 活动参与度低

很多社群在刚建立时，无论是管理员还是群成员，都能有足够的热情去关注社群的各项活动、各项话题的讨论。而当这种“新鲜劲”逐渐褪去后，许多群成员开始慢慢变得沉默，时间一长，社群也就渐渐沦为某种“死群”。

3. 内容信息凌乱

与第二类问题的状态相反，有些群不是不活跃，而是过于活跃。每天都是几个特定的客户在群里闲聊、刷表情图，讨论的内容也非常乱，新闻轶事、娱乐八卦，乃至拼团砍价等，什么内容都有，导致整个社群失去了原有营销的作用，转变为个别客户的“闲聊群”，而社群中大部分其他成员则基本处于沉默或不关注的状态。

商家要想真正做好社群的维护和管理工作，就必须先行了解这些问题发生的原因，然后在实操过程中，不断尝试，不断调整，来寻找适合自己客群特点的方法。具体说来，我们可以从社群的定义、社群的组建和社群的运营维护三个维度来寻找这几个问题的答案。

6.4.1 社群的定义

什么是社群？

简单来说，就是基于一个“点”把一群志同道合的人聚集在一起。

这个“点”可以是商家售卖的商品，也可以是商家策划的话题。但需要特别强调的是，我们在社群搭建和运营的过程中，始终要有这样的一个“点”，要能围绕这个“点”来聚集人群、运营社群。

理解了这层含义后，我们其实也就不难想象，通常情况下，以下三类商家往往更需要也更适合建立社群。

（1）有一定粉丝基数，并希望对其批量管理的商家。

（2）有一批忠实粉丝，并希望对他们重点关怀和服务的商家。

（3）客户群体有一些共同兴趣、共同话题的商家。

6.4.2 社群的组建

社群的组建需要有目标性，此处我们再从社群组建的工具和引导入群的方式两个方面入手，对问题进行拆解。

1. 社群组建的工具

所谓社群组建的工具，也就是我们在哪个渠道建群。通常情况下，对于电商平台的商家而言，社群基本可以分为站内社群和站外社群两大类。

一般商家创建淘宝站内群，需要满足以下任一条件：

（1）店铺状态正常，近 30 天支付宝成交笔数大于或等于 90 笔。

（2）店铺状态正常，近 180 天成交金额为 100 万元及以上。

而站外社群，商家的选择就会更多样，比如我们日常最为熟悉的微信群或者 QQ 群，往往都是商家社群运营的主要阵地，当然也有部分商家会通过其他的聊天工具或者社交平台来建群。

通常情况下，在社群组建工具的选择上，商家最关心的问题往往是站内社群和站外社群该如何做选择。

从结论上来说，站内社群偏营销，站外社群偏维护，两者的特点和形式各不相同。

1）站内社群

站内社群的优势，首先就是客户的招募或者入群方式相对简单，因为属于平台站内渠道，所以在店铺首页、详情页、直播间、客服聊天窗口，甚至其他资源页面都可以直接引导客户入群，客户往往只需要动动手指即可入群，无须做任何跳转。其次，站内社群的营销工具齐全，也基本已打通，诸如群内的签到、随机红包、店铺优惠券、商品券、多人拼团等营销玩法要比站外的社群方便很多，参与形式也更丰富。最后，站内社群的数据更容易分析，可以为长线运营提供数据支持。

但站内社群也有一个明显的缺点，就是客户关注度和参与度会偏低。当然，如果商家就想要一个以营销活动为主的社群，比如直播铁粉群、活动福利群、店铺新品秒杀群、店铺清仓特卖群等，那站内社群是比较适合的，毕竟工具的完善和数据的打通是非常重要的。

2）站外社群

站外社群的优劣势正好和站内社群相反，建群的目的可以不局限于营销活动，像育儿交流群、读书会、花卉养殖群等，都是很方便落地的。而店铺或品牌如果有自己的公众号或服务号，想转载一些平台上的内容，也比站内渠道要方便许多。因而有这方面考量和需求的商家，往往会选择站外渠道的社群。

而另一方面，站外的劣势又是站内的优势，比如站外社群在商家宣传和招募入群的环节，就要比站内社群复杂，客户大多需要二次甚至多次跳转，商家也不太能在官方的页面做大量的外部宣传。因而如果商家想建一些日常交流型的社群，往往可以选择站外的社群工具。

2. 引导入群的方式

引导入群，就是社群维度的“拉新”和“留存”问题。关于引导入群的方式，本质上和前文中的招募客户入会是同一类问题。销量=流量×转化率=展现量×点击率×转化率，如果我们把招募人数视作要获取的销量，那么：引导入群的人数=入群广告的展现量×入群广告的点击率×入群广告的转化率。

也就是如果我们想要让更多的人入群，就需要在首页、详情页，以及客服过程、订单包裹等展现渠道上布局，同时通过入群后的营销利益点来吸引人群，增加客户入群的可能性。

6.4.3 社群的运营维护

社群如何运营和维护，是个仁者见仁智者见智的问题，我们在实操过程中发现，商家在日常运营时，通常会融入以下一些管理技巧。

1. 保证大部分群成员拥有共同的兴趣或话题

能否围绕一个“点”来聚集人群，是一个社群能否存活的主要因素。

如果社群里的大部分成员都没有共同的兴趣点或者能聊到一起的话题，那这个群必然很难长久经营。即使有的时候大家偶尔能就某个话题聊得很热闹，但话题一旦结束，群里的气氛也就会陷入沉寂。

比如工作群通常以聊工作为主，工作不止，话题不断。粉丝群通常聊明星偶像，偶像的动向、八卦等都是群里的主要话题。球队球迷社区通常聊俱乐部的赛事、人员转会等新闻。车友会话题往往围绕车辆驾驶感受、保养、改装，乃至组织聚会，自驾游活动等。

因此无论社群的建立还是日常运营，都应保证大部分群成员拥有共同的兴趣点或话题。

2. 社群需要拥有明确的规则体系

任何一个组织想要长久，都必须有明确的规则体系并能付诸实践，社群也不例外。

社群的第一项规则就是不能违背建群的理念，也就是群里所谈论的内容，应是大部分群成员感兴趣的话题。

除此之外，每个社群根据性质的不同，也会有些其他方面的相关规则体系，比如有的社群要求入群后，每个人需要备注自己的真名。有的社群除了有群主、管理员外，还会设组织委员，定期会举办线下聚会活动、福利派对等。甚至有些社群会对入群后的群成员有活跃度和参与度的要求，连续一年没有参加群活动的成员，管理人员有权将其清退等。

3. 对社群的人数规模予以合理控制

虽然社群成员人数越多，社群规模就越大，也显得越热闹，但当社群成员人数过多时，也会导致负面信息扩散太广、管理难度增大等问题。

因此通常情况下，在只拥有一个管理员的社群中，人数控制在30～50人最为适宜，超出的部分可以通过多群分类的模式运作，或者增加社群管理员来维持平衡（每增加50名群成员，建议多配备一个管理员)，这样才能把社群管理得更为有序，更为高效。

这是我们通过对那些能持续经营、持续产生价值的社群的分析研究，所能获取的一些管理技巧，而围绕这些管理技巧，社群运营的类型，大体又可以分为以下两类。

1. 鱼塘式社群运营

所谓鱼塘式社群运营，是指商家在运营社群时，并非直接“拉人”组建社群，而是通过兴趣话题、营销活动反向招募的形式，形成各种不同目的的社群来经营管理的一种形式。具体运营维护的过程大致可以分为以下四步。

第一步，是利用客户运营和关系管理的渠道沉淀私域流量，比如通过短信、包裹宣传，用红包等形式吸引客户到微信等“私域池”中，并做好日常维护工作，添加客户基本标签。

第二步，是尝试通过营销活动或话题设计，反向招募客户来参与，并组建社群，以此来区分人群和形成不同的分类社群，并在分群动作完成之后，完成日常的运营工作。

第三步，是对一些参与过活动，并表现活跃的客户添加标签（备注），之后策划活动时能更有针对性地进行。

第四步，是根据客户的生命周期，定期进行人数和群数量的控制，使得社群活跃度能得以维持。因为绝大部分客户在店铺中的消费周期是有限的，如果客户已经没有消费需求，即使社群运营的能力再强大，也很难真正去撬动客户，所以定期清理是非常有必要的。

而由此四步构建的社群，其实不单单是一个社群，而是一个由客户私域“大池子”外加多个不同功能、不同目的、不同需求的“小池子”所共同组建的社群群组，或者叫社群矩阵。这些“小池子”可以根据功能和目的进行分类，比如营销活动群、内容分享群、打卡学习群等，如图 6-24 所示。

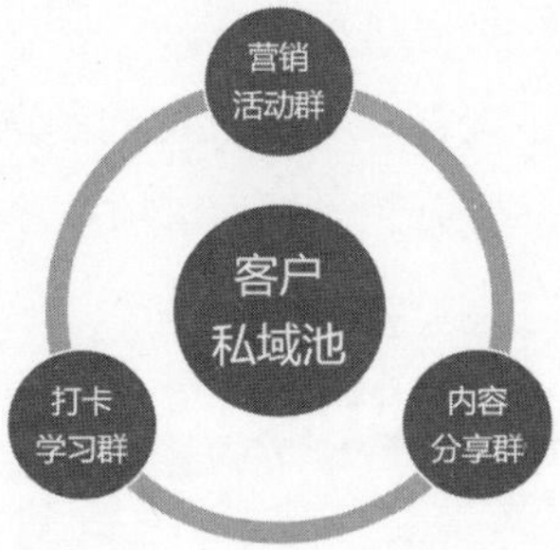

图 6-24　鱼塘式社群运营

鱼塘式社群运营的优点在于商家可以将社群按照各自的功能拆分得很细，解决了精准分类和营销活动设计的难题。

但是，鱼塘式社群运营也有缺点，就是对于商家的客户关系管理和沉淀有要求，流程比较长，体系也比较庞大，因而会需要耗费大量的人力和精力去组织，去维护。

2. 定向式社群运营

所谓定向式社群运营，是指商家在运营社群时，设定一些筛选条件，从而缩小人群的匹配范围，并围绕这些人做定向的活动和精细化运营，聚集有限的资源和精力提升社群的价值。

某女装店在进行社群运营时，对入群的客户有严苛的筛选条件，比如要求客户在店铺已经累计消费满 1000 元，或者至少有 3 笔交易记录等。而商家建群的目的，是为真正“忠实”的人群服务，并通过特殊权益活动来提升这部分人的权益感和复购率，如图 6-25 所示。

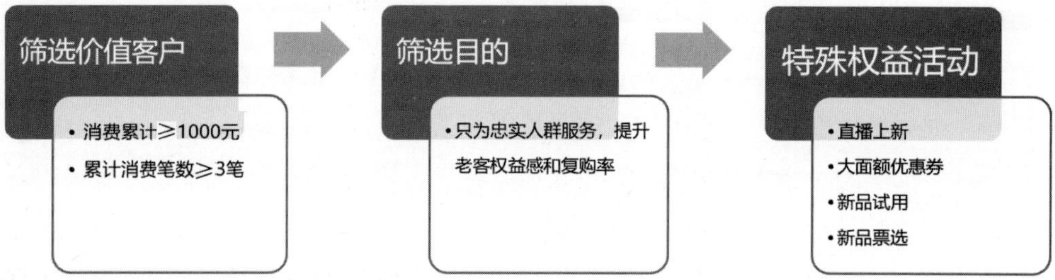

图 6-25　某女装店定向式社群运营

而同样，实操场景中，诸如“直播粉丝专享群”“付费会员 VIP 群”，乃至其他带有定向人群特征的社群等，也都是常见的定向式社群。

商家通过定向式动作，筛选了人群，并通过定向的条件，把控了社群规模，因而无论是后续的管理成本还是营销成本，都会变得更为可控。

6.5　客户运营分析和岗位说明

严格意义上来说客户运营并没有标准的分析方法，因为不同商家在日常运营过程中的玩法和运营诉求不同，因而分析方法和内容也就有很大的差异。而通常来说，客户运营分析大体可以从以下四个维度来进行。

1. 人群画像分析

人群画像分析并非客户运营独有的分析维度，几乎所有和市场交易沾边的内容，都离不开人群画像分析。

人群画像主要包括客户的性别、职业、年龄段，乃至地区分布情况，方便我们后续针对这些信息来量身定制营销方案，或者在推广端针对某一信息特征的人群加大投入，促使销售变得精准，转化率变得更高。图 6-26、图 6-27 所示为抖音与淘宝、天猫后台的人群分析入口和画像截图。

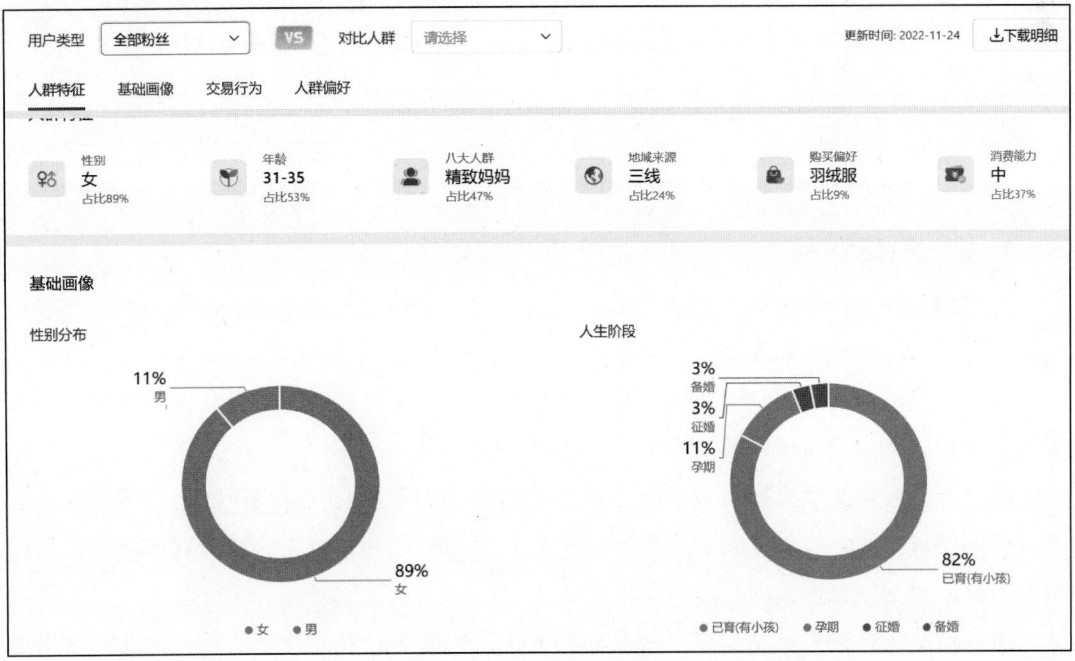

图 6-26　抖音后台人群画像

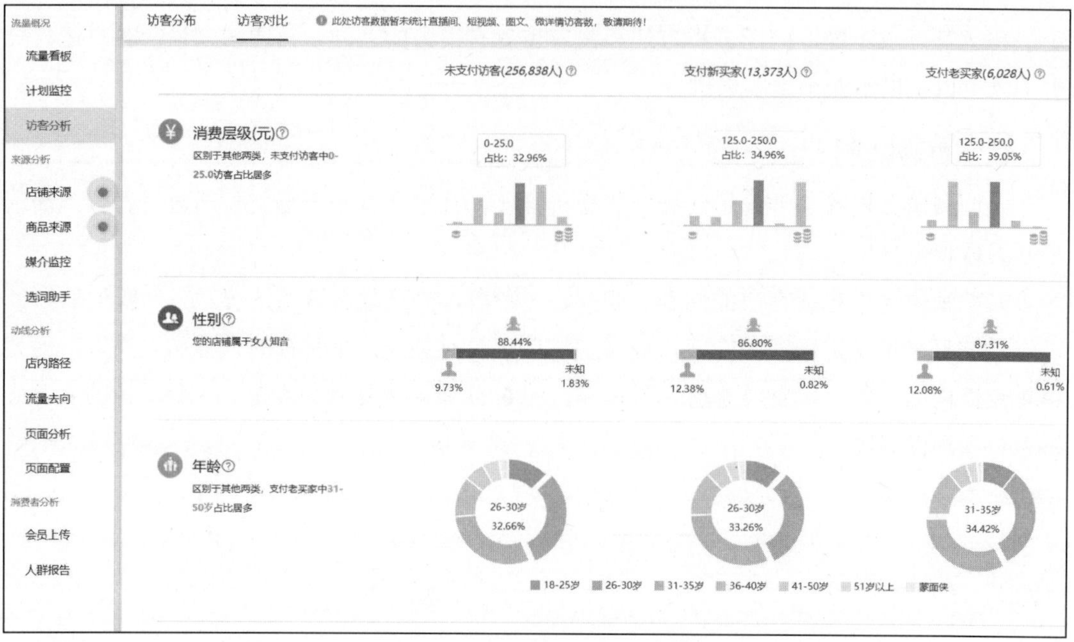

图 6-27　淘宝、天猫后台访客分析

2. 客户满意度分析

客户满意度是一个相对抽象的概念。所谓满意，主观上来说是客户情绪的综合体现，是客户对于购买流程、商家服务、货品质量等的认可程度。

通常情况下，商家做满意度分析最为简单的方式，就是通过各平台后端的商家服务体验综合评分和重点商品评价的内容来做观察和分析。

综合评分可以帮助商家有效了解店铺目前的综合运营情况，及当下的运营服务能力在行业中的整体水平。比如平台会显示行业评分均值，给予商家参考，或者通过活动报名门槛的限制，对于相应指标项有考核要求。

重点商品评价则可以帮商家了解商品的情况，比如客户收到货之后是否满意、使用过程中是否有疑问等。商家可以通过客户的具体评价内容，来找出店铺或商品的短板，并在之后不断调整的过程中，持续跟进和追踪新的评价和评分数据，逐步提升服务水平，让更多客户感到满意。表 6-1、表 6-2 所示为我们日常工作中可以参照的分析样表。

表 6-1　店铺综合服务指标分析

日期	星期	售后退款			DSR 动态评分			服务体验		客服接待		
		退款率	成功退款金额	成功退款笔数	描述相符评分	卖家服务评分	物流服务评分	无忧购评分	营销综合评分	客服平均响应时长（秒）	客服首次响应时长（秒）	客服询单支付转化率
×月×日	星期一											
×月×日	星期二											
×月×日	星期三											

表 6-2　主推商品负面评价分析

商品名	商品货号	月销量	负面评价标签						
			整体不满意	尺码不符	做工质量差	缩水变形	发货慢	包装破损	其他问题
商品 A									
商品 B									
商品 C									
商品 D									

3. 客户活跃度分析

客户活跃度分析，可以理解为 RFM 模型去掉 M（消费金额）这一维度后的简化的分析，旨在了解店铺最近几个月有过成交记录的活跃客户人数，及其在一段时间内的整体占比情况。

对于任何一个店铺而言，最好的客户永远是当下这个时间点正在店铺下单付款、购买商品的那些客户。从客户下完单付完款的那一刻起，其实就开始了一根无形的时间轴，在这根时间轴里，客户会渐渐远离商家的视线，远离商家的店铺。

其中有些客户可能在这根时间轴前进了一两个月后，又一次回到店里来下单购买，于是再一次成为成交客户，再一次回到了时间轴的“原点”。而更多的客户很有可能就这么一直走下去，再也没有回到店里来，最终成为“流失客户”，如图 6-28 所示。

而通常情况下，大部分品类的商家会根据客户上一次购买的时间，对这根时间轴上的客户做出划分，比如当前客户、活跃客户、沉默客户、沉睡客户、预流失客户、流失客户等。

对于任何店铺来说，活跃客户占比越高，说明店铺近期运营情况就越好。因而在日常工作中，店铺可以通过各类活动努力激活沉默客户、沉睡客户、预流失客户乃至流失客户，让他们不断回归“活跃客户池”。

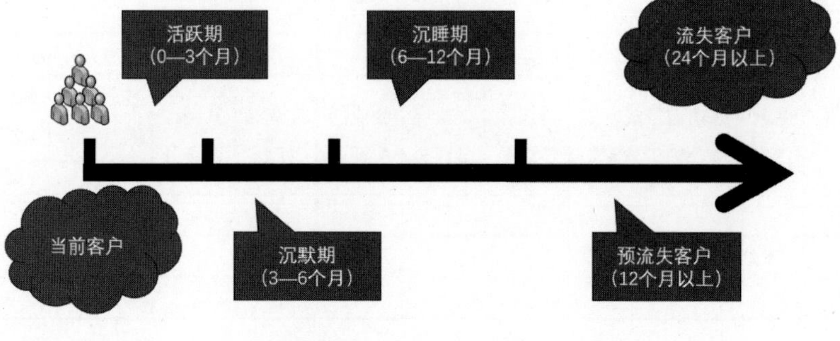

图 6-28　客户成交时间轴

表 6-3、表 6-4 所示为我们日常运营工作中可以参照的分析样表。

表 6-3　2 年内交易客户总览

日期	2 年内有购物行为的客户					1 年内有购物行为的客户				
	总数	购买 1 次		购买 2 次及以上		总数	购买 1 次		购买 2 次及以上	
		人数	占比	人数	占比		人数	占比	人数	占比
×月×日										
×月×日										
×月×日										
×月×日										
×月×日										

表 6-4　店铺客户活跃度分析

日期	活跃客户（3 个月内有购买行为）						沉默客户（3 个月内无购买行为，近 3～6 个月有购买行为）		沉睡客户（6 个月内无购买行为，近 6～12 个月有购买行为）		预流失客户（1 年内无购买行为，近 1～2 年有购买行为）	
	活跃客户总数	2 年内活跃客户保持率	全新客户		老客户		沉默客户总数	2 年内活跃客户保持率	沉默客户总数	2 年内活跃客户保持率	预流失客户总数	2 年内活跃客户保持率
			总人数	占比	总人数	占比						
×月×日												
×月×日												
×月×日												
×月×日												
×月×日												

4. 会员人群相关指标分析

会员运营是日常客户运营和关系管理中最常见的形式，因而会员的数据分析，和客户运营的数据分析多有相似或重叠之处。通常情况下，商家除了会关心人群画像、满意度、活跃度等指标外，往往还会侧重于关注以下三大核心指标：

规模指标：比如会员总数、近期入会和退会人数、会员等级分布等。

活跃指标：比如 30 天活跃会员数、30 天活跃会员占比，以及会员优惠券领取和核销情况、会员积分发放和核销情况等。

价值指标：比如最近 30 天会员成交额、会员客单价（AUS 值）、会员客件数（UPU 值）等。

图 6-29、图 6-30 所示为我们日常运营工作中可以参照的人群指标分析样例。

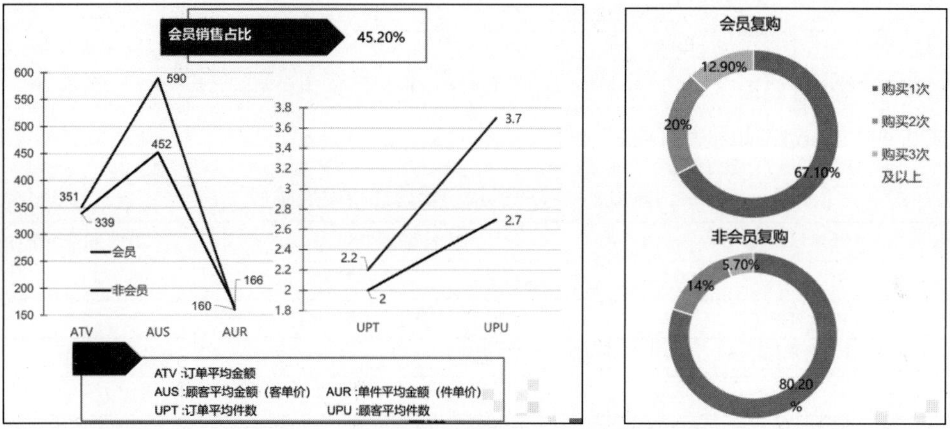

图 6-29　会员和非会员销售占比和复购比对

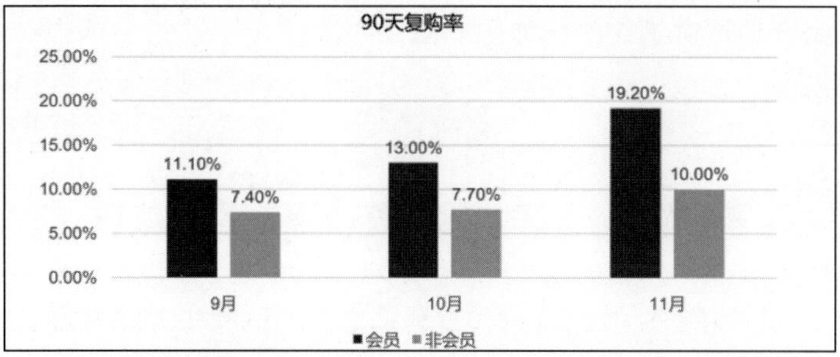

图 6-30　会员和非会员 90 天复购比对

以上是我们在运营过程中常见的客户运营分析的四个维度。

从根本上来说，电商领域的客户运营，不应该只是客户运营和关系管理部门或者客户运营专员的工作，而是全公司上下都应理解执行的理念。因为以“客户第一”为导向的原则对于所有类目、所有商家都应该是适用的。

因而客户运营岗位的人员首先应该是一个了解公司的人，了解公司的运作模式、企业文化、人员管理、商品架构乃至整体的运营节奏和运营方向。

其次，通过对客户数据的观察、分析，他们也应该会变得了解客户，了解客户的人群画像、店内的行为习惯、复购频率乃至对于商家而言的生命周期等。

接着，通过运营目标与客户经营现状相结合，找出相应的客户运营短板和提升方向，设计相应的管理机制和执行体系，配合运营节奏策划相应的营销活动来促进客户活跃度提升，有效提升店铺客户的价值。

而就整个部门的发展而言，客户运营和关系管理部门应该是一个随着店铺品牌发展、客户增多而愈发重要的部门。整个发展的过程和职能的变化，可以大致分为孵化期、导入期、成长期，及成熟期四个阶段，如表 6-5 所示。

表 6-5　客户运营和管理部门发展阶段

店铺发展阶段	CRM 职能变化	CRM 职能发展阶段
刚开店，客户很少	没有 CRM 职能，老板就是专员	孵化期
店铺步入正轨，初步积累客户	从客服部或运营部分出人手兼管 CRM	导入期
店铺快速发展，客户池不断扩大	有专职的 CRM 人员，向运营部汇报	成长期
店铺进入成熟阶段，有大量的客户资源	成立专门的 CRM 部门，形成独立的职能	成熟期

此外，客户运营和关系管理（客户管理）的岗位通常情况下会挂靠在运营部，尤其是店铺处于发展初期，交易体量、客群规模还不够的情况下，更多是由运营主管或店铺运营统一调度管理，来开展日常工作的，如图 6-31 所示。

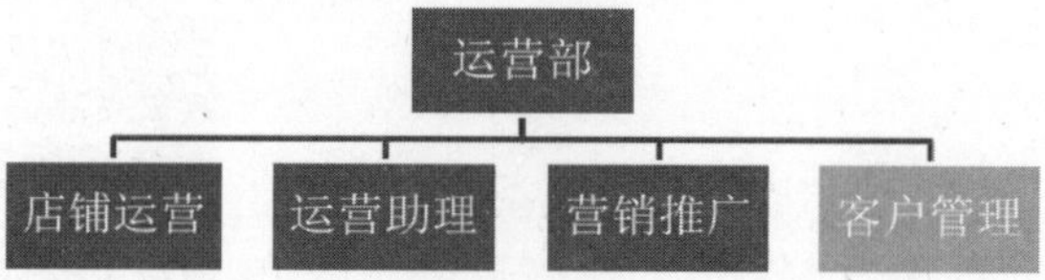

图 6-31　客户运营和关系管理（客户管理）部门组织架构

而对于已经有一定规模的商家，尤其是多品牌、多平台运营的电商公司，客户运营和关系管理部门采用的是水平协作型的组织架构，既与客服、售后等部门为水平协作关系，配合其开展工作，又在部分场景中融合打通各平台的客户数据，以便于商家更全面了解客户、经营客户，如图 6-32 所示。

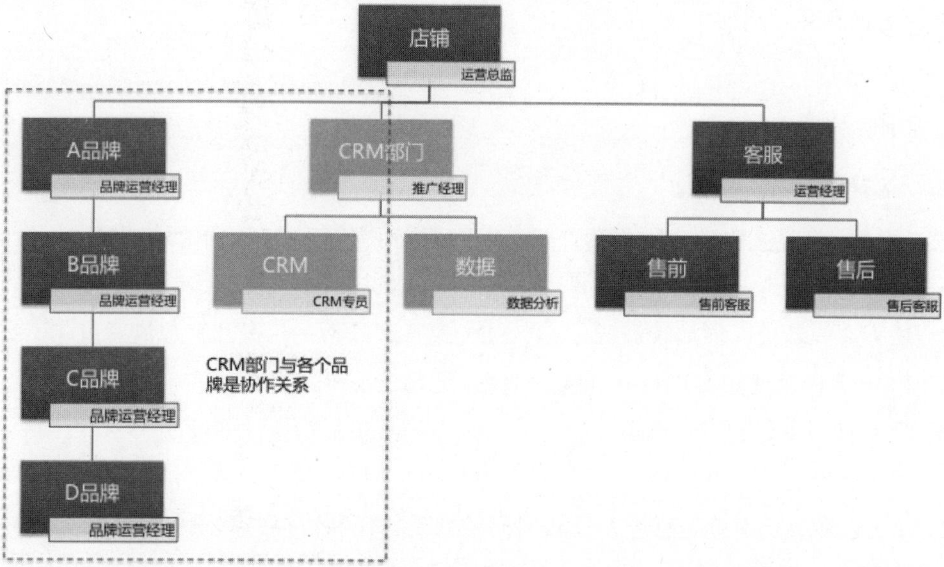

图 6-32　CRM（客户关系管理）部门组织架构多为水平协作型

本章要点

1. 了解商家做好客户运营和关系管理的四大条件。
2. 了解客户运营和关系管理的逻辑和方法。
3. 掌握会员拉新的关键所在。
4. 掌握会员转化留存的主要营销玩法。
5. 掌握会员运营中的精准分类。
6. 了解社群运营要能围绕一个“点”来聚集人群。

本章习题

一、名词解释

1. 客户运营

2. 社群

二、选择题

1. （多选）做好客户运营和关系管理，对于商家而言，可以有以下哪些收益？（　　　）

A. 促进客户复购，降低引流成本　　B. 提升业务效率，加速运营节奏

C. 增大客户基数，增加管理成本　　D. 改善流程不足，提升客户满意度

2. （多选）商家要想实现良好的客户关系，通常情况下，需要具备哪些条件？（　　　）

A. 注重打造良好的客户体验　　B. 选择具备复购属性的商品

C. 设计相对完整的管理体系　　D. 借助各种场景策划营销活动

3. （多选）会员运营过程中，比较常用的会员转化和留存的手段包括（　　　）。

A. 会员折扣和优惠券　　B. 新会员专享礼包

C. 会员首单礼金　　D. 会员积分

4. （多选）客户运营分析通常会包括以下哪些维度？（　　　）

A. 人群画像分析　　B. 店铺商品结构分析

C. 客户满意度分析　　D. 客户活跃度分析

三、简答题

1. 客户运营和关系管理过程中，最为核心的逻辑有四步，具体是哪四步？

2. 社群运营管理过程中有哪些常用的管理技巧？

第 7 章

数据运营

电商数据分析就是把平台店铺中的数据信息提炼出来，并加以分析，从而找出研究对象的内在规律。电商数据运营需要将整个店铺的运营建立在科学分析的基础上，对各种数据指标进行定性、定量分析，从而为决策者提供科学、准确的参考依据。

7.1 电商数据运营概述

在运营的各个环节中都会产生不同的数据，比如商品数据、交易数据、流量数据、粉丝数据等，数据运营需要围绕一系列指标，进行数据收集、整理、分析等操作。

商家需要根据不同的运营目标，搭建有效的数据指标体系，从整体战略到目标设定，再到驱动店铺运营的细节，最后通过相应的指标来监测、衡量店铺运营的效果。使商家的选品、推广和营销等更加精准，节省费用与时间成本。

7.1.1 电商数据运营的含义

广义的数据运营是一种思维方式，主要通过不同平台的数据化工作、技术和方法，对各种运营环节进行分析和指导，从而达到优化运营效果和效率、降低运营成本、提高店铺销售额的目的。

狭义的数据运营是指数据岗位的工作，与商品运营、客户运营、内容运营、活动运营等都属于整个运营体系的分支，主要工作是从事数据的采集、分析，提供决策支持。

数据运营为决策者、管理者和运营者提供运营依据。对决策者，数据提供战略；对管理者，数据提供战术；对运营者，数据指导操作。

数据运营的重要工作内容是采集、记录并整理数据，然后合成报表进行分析，最后总结规律并制定优化调整方案，帮助团队用数据进行经营、管理和决策。

7.1.2 电商数据运营的作用

数据运营可以帮助商家发现店铺运营中的问题，并且找到出现问题的原因，最终通过切实可行的办法解决现存问题。同时借助以往的数据分析，预测店铺未来的发展趋势，如

图 7-1 所示。

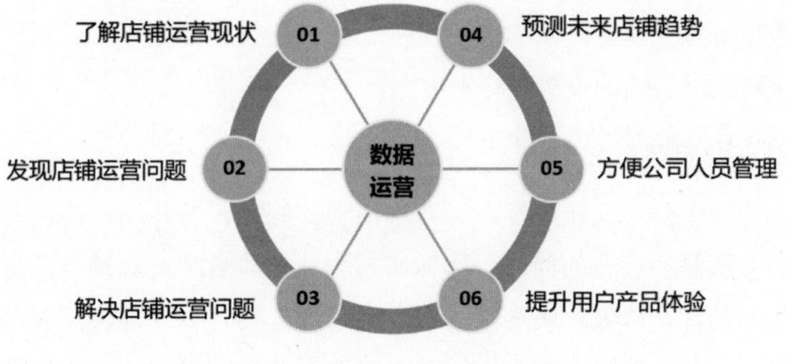

图 7-1　数据运营的主要作用

1. 了解店铺运营现状

要从不同的数据维度查看店铺运营的现状，以生意参谋数据分析为例，可以查看流量、品类、交易、直播、内容、服务、营销、物流、财务等数据指标，如图 7-2 所示。

图 7-2　电商店铺运营数据维度

通过店铺数据可以了解销售交易情况，比如支付金额、访客数、支付订单数、支付转化率、浏览量、加购人数、客单价和支付买家数等店铺经营情况。

通过流量数据可以了解访问店铺和商品的访客数、人均浏览量、新老访客数、关注店铺人数、直播短视频和图文访客数，以及店铺访客来源、商品来源、内容来源、店内路径、页面分析等情况。

通过品类数据可以了解商品动销、商品收藏加购、商品访问、支付转化以及商品价格带等情况。

通过内容数据可以了解内容“种草”人数、内容相关粉丝数、内容引导访客数、内容相关成交金额、图文短视频直播等渠道的表现等。

通过服务数据可以实时监控店铺客服数据、竞店行业服务数据，以及售后和商品评价情况等，对客服绩效和商品进行评测。

通过营销数据可以了解客户从哪些渠道来、客户的关注点是什么、这些客户是新客户还是老客户，从而优化店铺的投放策略和方向。

2. 发现店铺运营问题

店铺数据分析的主要意义在于发现运营中出现的问题，并找出产生问题的原因，最终通过卓有成效的方法解决存在的问题。比如店铺为什么流量少，店铺推广后效果为什么不明显，店铺转化率为什么降低，老客户为何复购率低，为什么商品浏览量大转化率低，等等。

3. 解决店铺运营问题

店铺运营过程中会遇到各种问题，需要运营罗列出问题并统计成表格，标注序号、运营问题、问题原因和解决办法。最后，将问题进行归纳汇总，对具体问题进行具体分析和解决，如表 7-1 所示。

表 7-1　店铺运营问题汇总及分析解决

序号	运营问题	问题原因	解决办法
1			
2			
3			

4. 预测未来店铺趋势

基于以往的数据分析，总结发展趋势，为营销决策提供数据支持。借助数据，可以预测下一年的销售额，预测下一个“双 11”大促的销量，预测下一季度投入的推广费用。

5. 方便公司人员管理

数据运营可以提供相关人员的 KPI 数据、人力管理数据、财务数据等，方便公司高效管理运营的各个关键点，以制定出高效的执行策略。例如某电商公司用指标完成率、咨询转化率、下单成功率、客单价等 KPI 数据指标考核客服，如表 7-2 所示。

表 7-2　某电商公司客服绩效数据考核

KPI 指标	详细描述	标　准	分　值	系　数	得　分
指标完成率（A）	实际销售额/计划销售额	A≥80%	100	30%	
		70%≤A<80%	85		
		60%≤A<70%	70		
		50%≤A<60%	55		
		40%≤A<50%	40		
		A<40%	0		
咨询转化率（B）	最终下单人数/咨询人数	B≥40%	100	20%	
		35%≤B<40%	80		
		30%≤B<35%	60		
		B<30%	0		
下单成功率（C）	最终付款人数/下单人数	C≥90%	100	20%	
		80%≤C<85%	80		
		75%≤C<80%	60		
		C<75%	0		
客单价（D）	销售额/下单付款人数（元/人）	D≥150	100	5%	
		80≤D<150	80		
		40≤D<80	60		
		D<40	0		
旺旺回复率（E）	回复过的客户数/总接待客户数	E≥98%	100	5%	
		95%≤E<98%	80		
		92%≤E<95%	60		
		E<92%	0		
旺旺响应时间（F）	平均响应时间（秒）	F<30	100	5%	
		30≤F<60	60		
		F≥60	0		
协助跟进服务（G）	客户下单后的跟进服务，由于客服原因导致差评的要扣分，扣完为止	G≤500	100	5%	
		500<G≤1000	80		
		1000<G≤1500	60		
		G>1500	0		
执行力/工作态度	按照主管要求完成任务的情况	上级主管打分	100	10%	
			80		
			60		
			0		

6. 提升客户产品体验

数据运营贯穿于整个产品的生命周期，从市场调研到售后服务的各个过程，通过客户好评和差评等，对客户不满意的地方进行持续改进，为客户提供更好的运营体验。

7.2 电商数据运营的主要内容

以淘宝、天猫生意参谋数据为例，在电商数据运营中，主要分析市场类数据、竞店类数据、交易类数据、流量类数据、商品类数据、内容类数据、服务类数据、营销类数据、物流类数据、财务类数据和人群类数据等指标。

7.2.1 市场类数据

市场类数据主要反映行业发展情况、自己店铺的发展情况、竞争对手店铺的发展情况等，是店铺运营做决策时参考的重要内容。

以淘宝、天猫生意参谋数据工具为例，市场洞察有助于店铺经营者跟踪行业趋势及机会、洞察客户需求、深度解析运营全景，从而使店铺健康发展，如图 7-3 所示。

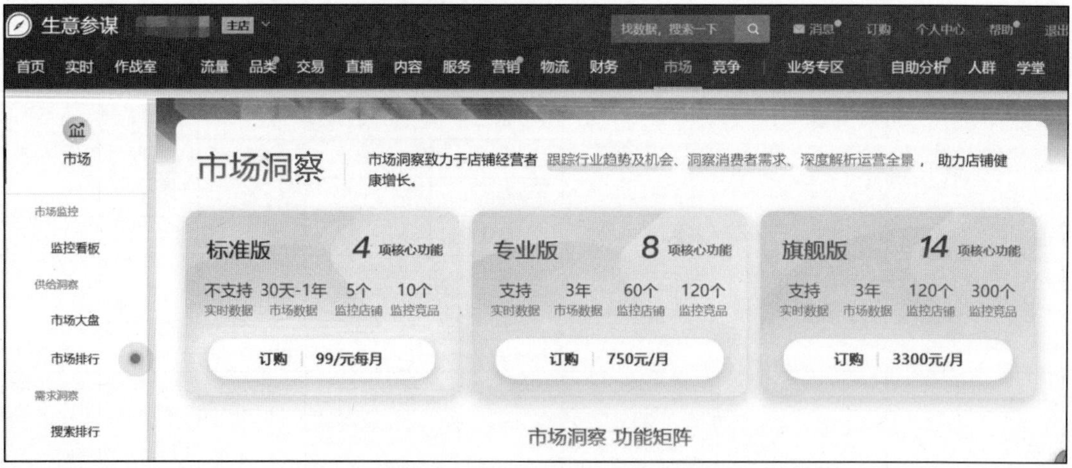

图 7-3 电商数据化市场类数据内容指标

生意参谋市场类数据主要包括市场监管、供给洞察、需求洞察、客群洞察和机会洞察。市场大盘主要分析行业趋势、行业构成、卖家情况和地域分布等总体情况。

市场排行包括店铺排行和商品排行，市场排行数据可以帮助商家了解行业内店铺、商品、品牌排行及变化，了解行业头部商家特征，及时发现市场黑马。

需求洞察主要包括搜索排行、搜索分析、搜索人群和内容排行。搜索排行分析搜索人气词数据。搜索分析主要分析搜索词概况、相关词分析和类目构成等。需求洞察可帮助商家洞察客户新需求和市场机会，了解搜索词变化趋势，优化投放策略，提升流量获取效率。

搜索人群主要分析人群画像、购买偏好和支付偏好等。搜索人群提供搜索词对应的人群画像，并支持 3 个搜索词同时在线对比，帮助店铺进行精准营销。行业客群数据帮助店铺了解市场人群特征，分析店铺与市场之间的差距。客群透视提供该行业下的人群画像及多维透视分析。

客群洞察主要包括行业客群和客群透视。行业客群主要分析客群趋势、属性画像、购买画像和支付偏好等，可以帮助商家了解品类数据波动原因，针对客户人群进行视觉优化、推广优化和定价优化等。

机会洞察主要包括商机发现、属性洞察和商品洞察，帮助商家进行商品选品优化，实现商品丰富度提升和品类销售额增长。

不同的平台市场分析工具有所差别，主要分析逻辑大致相似。不同费用的版本功能也不同，需要根据具体版本具体分析。

7.2.2 竞店类数据

竞店分析主要用于对竞争店铺进行识别和分析。在生意参谋竞争数据分析中，主要包括竞争店铺（监控店铺、竞店识别、竞店分析）、竞争商品（监控商品、竞品识别、竞品分析）、竞争品牌（监控品牌、品牌识别）、竞争动态等模块。

竞争识别是系统基于当前店铺特征，在海量数据中，从交易流失和搜索流失的维度识别出的核心竞争店铺和竞争商品，帮助商家快速发现竞争店铺和竞争商品，了解差距，取长补短。

竞争分析主要对竞争店铺和竞争商品进行关键要素分析，针对交易、流量等关键指标趋势、流量结构及搜索词进行对比。

7.2.3 交易类数据

交易分析板块主要包括交易概况、交易构成和交易明细。交易总览包括电脑端和手机端访客数、下单数和支付数据，如图 7-4 所示。交易构成主要是终端构成（电脑端或手机端）、类目构成、品牌构成、价格带构成。

图 7-4　淘宝生意参谋交易类数据

7.2.4 流量类数据

流量分析主要包括流量概况、访客分析、流程来源分析、动线分析。

流量概况主要是指店铺的流量总览情况，可以帮助商家快速了解每月、每周、每日和实时的流量数据情况，如图 7-5 所示。

在访客分析中，可以查看客户访问和下单的时间分布，根据时间进行推广引流。访客地域板块主要包括不同省市访客排行和下单排行，可以根据重点地域进行推广。访客特征分布主要是性别、消费层级，以及店铺新老访客数占比和下单转化率。行为分布板块主要是关键词搜索和浏览量分布。

在流量来源分析中，可以选择竞店分析。流量来源构成主要包括访客数、下单数据（下单金额、下单买家数、下单转化率）和支付数据（支付金额、支付买家数、支付转化率）等，如图 7-6 所示。

图 7-5 淘宝生意参谋流量类数据

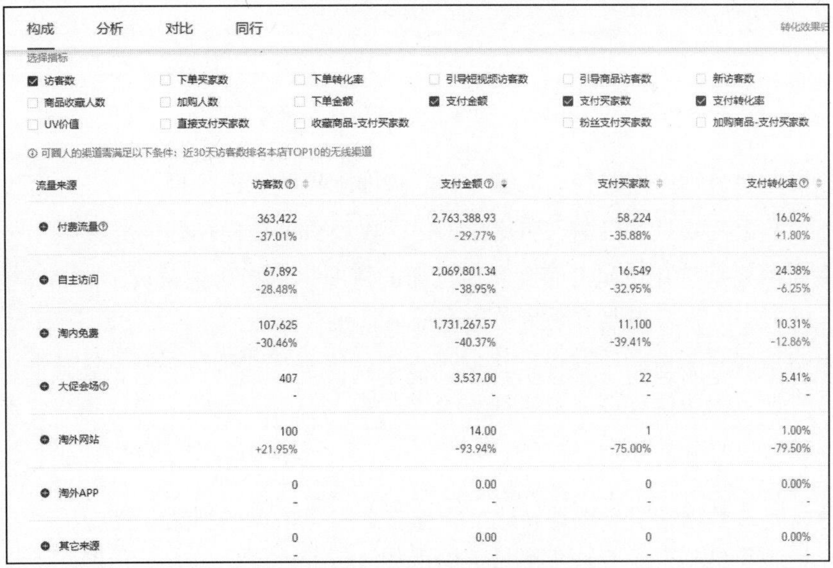

图 7-6 淘宝生意参谋流量来源

流量来源主要包括付费流量、站内免费流量、站外流量、自主访问流量、大促会场流量和其他流量，也可以简单地归类为付费流量、免费流量和自主访问流量，如表 7-3 所示。

表 7-3　淘宝生意参谋流量来源分类

流量分类	具体流量来源
付费流量	引力魔方、淘宝客、直通车、品销宝、聚划算、超级直播等
免费流量	手机淘宝的搜索、淘宝直播、推荐、猜你喜欢、问大家、旺信、订阅、消息中心、淘金币等
自主访问流量	我的淘宝、购物车、直接访问

选词助手可以分析引流搜索关键词、竞店搜索关键词、行业相关搜索词。本店引流词包括搜索词、长尾词、品牌词、品类词和修饰词等，如图 7-7 所示。

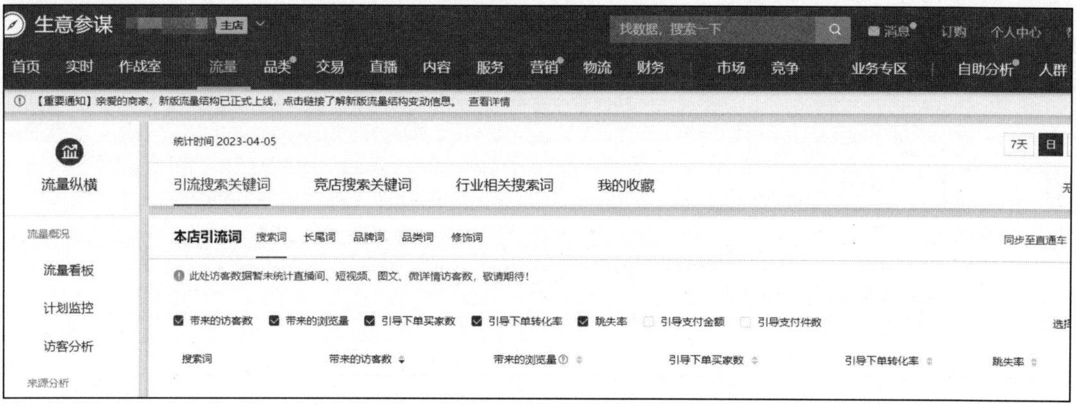

图 7-7　淘宝生意参谋选词助手

动线分析主要包括店内路径、流量去向、页面配置和页面分析。

店内路径数据主要是手机端入店流量入口，以及页面访问排行情况。

流量去向主要是离开访问页面到其他页面的情况，包括店铺首页、商品详情页、搜索结果页、店铺自定义页、商品分类页、店铺其他页等。

页面配置主要是对自定义承接页，以及已定制商品详情页进行日常数据监控或实时监控。

页面分析重点是首页、自定义承接页和商品详情页的页面数据概览和装修诊断，可以帮助商家分析流量数据和引导数据转化，指导首页和详情页的视觉运营。

在进行页面分析时，注意与流量和转化相关的数据指标，如表 7-4 所示。

表 7-4　淘宝生意参谋页面分析数据相关指标

页面数据	相关数据
流量相关	浏览量、访客数、点击次数、点击人数、点击率、跳失率、平均停留时长
转化相关	引导下单买家数、下单转化率、支付金额、支付买家数、支付转化率

7.2.5 商品类数据

商品分析就是通过对商品在店铺运营中的各项指标进行统计与分析，来指导商品的结构调整、价格升降，商品的库存系数以及引进和淘汰决策。它直接影响店铺的经营效益，关系到采购、物流和运营等多个部门的有效运作。

在生意参谋中，可以监测商品支付金额，商品收藏加购件数、人数和转化率，以及商品访客数。

在商品排行中，可以对商品动销、收藏加购和商品访问三大指标进行选择筛选和查看，如图 7-8 所示。

图 7-8　淘宝生意参谋商品类数据

在商品专题中可以分析异常预警商品（异常、缺货、滞销）、连带分析（关联洞察、连带效果）、新品追踪、商品诊断和销量预测等数据。

7.2.6 内容类数据

内容类数据主要分析图文、短视频和直播等不同内容形式的数据表现。主要考虑从内容种草、人群沉淀到生意增长的过程。通过不同渠道的效果表现，提供内容优化策略，如图 7-9 所示。

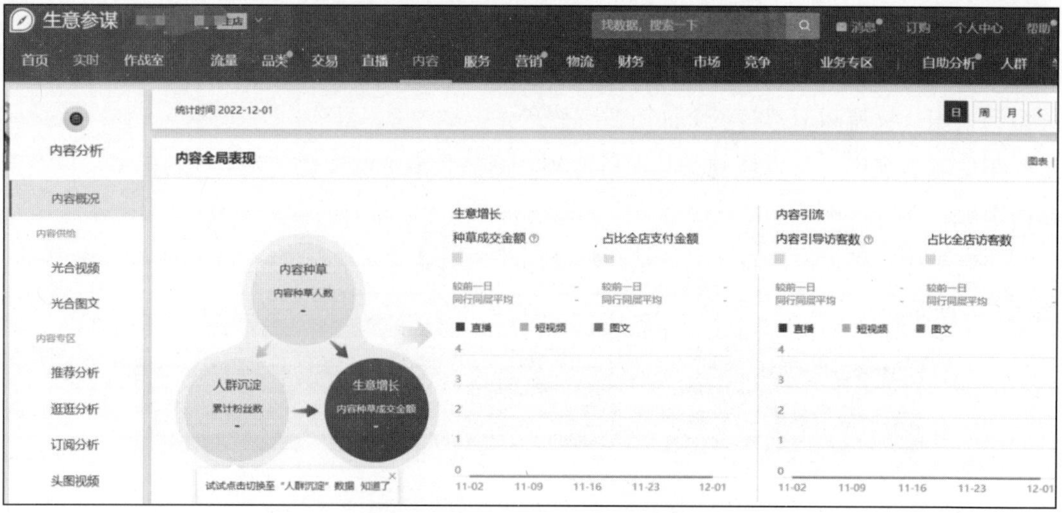

图 7-9 淘宝生意参谋内容类数据

短视频数据主要分析曝光人数、查看人数、视频互动人数、内容引导访客数、种草成交金额、新客种草成交金额、播放视频数和引导进直播间人数等数据。

图文数据主要分析查看人数、互动人数、内容引导访客数和种草成交金额数等数据。

内容专区包括推荐分析、逛逛分析、订阅分析、头图视频和店铺视频，对整体概况、单条效果、商品分析和行业榜单等数据进行统计和具体分析，如图 7-10 所示。

生意参谋直播内容单独分区，在淘宝直播中控台也有专门的数据分析。直播板块的内容主要包括直播概况、直播间业绩、本店商品成交和货品分析等，如图 7-11 所示。

图 7-10　淘宝生意参谋内容专区数据

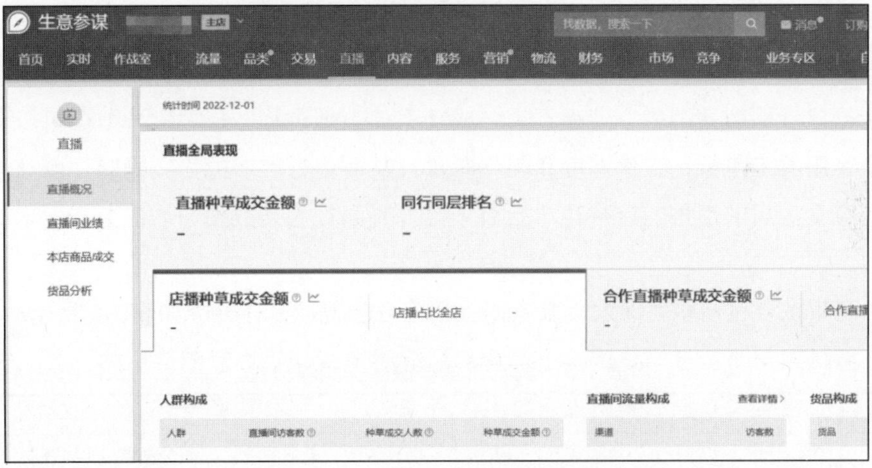

图 7-11　淘宝生意参谋直播内容数据

7.2.7 服务类数据

服务数据主要是对客服全链路服务进行分析，帮助商家管理和考核客服，提高售前销售产出，降低售后损失。数据功能包括实时数据、店铺/客服绩效、竞店/行业数据、商品绩效、售后退款商品评价和自定义绩效规则等，如图 7-12 所示。

图 7-12 淘宝生意参谋服务类数据

在服务数据中可查询销售、接待数据，对客服和静默数据进行拆分，对客单价、咨询接待、接待评价、商品销售、商品预售、成功退款数据进行分析。服务数据可以帮助店铺看清每个客服的工作量、工作态度和工作质量，从而提升客服能力。同时，商家可配置竞争店铺，查看竞店的销售、接待转化指数。可查看同行优秀数据、均值数据，以对比店铺自身能力。

服务洞察主要包括服务绩效、服务体验和服务配置，具体分类如表 7-5 所示。

表 7-5 淘宝生意参谋服务洞察分类

服务洞察	分 类
服务绩效	核心监控、实时咨询、自制报表、店铺绩效、客服绩效、绩效明细、机器人客服、专属客服、咨询渠道
服务体验	体验诊断、咨询分析、实时退款、售后维权、售后评价
服务配置	客服配置、绩效配置、标签管理、竞争配置、操作日志

7.2.8 营销类数据

营销数据主要分析平台推广数据、营销玩法和营销工具数据，如图 7-13 所示。

营销推广主要包括推广中心、万相台、直通车、引力魔方和极速推。

营销玩法主要是购物金和笔笔返红包效果总览和商品明细。购物金效果总览主要是营销活动带来的商品访客数、充值买家数、充值金总金额、充值本金金额和充值转化率等。

营销工具主要是单品宝、店铺宝、搭配宝、店铺券、商品券等营销工具。

图 7-13　淘宝生意参谋营销类数据

7.2.9 物流类数据

物流洞察，是菜鸟与生意参谋合作为商家定制的物流数据分析工具，面向物流运营等，提供物流全链路实时监控、异常预警、时效诊断、体验分析、网点情报等七个方面的数据分析，帮助商家减少物流负面评价，提升物流时效性。

物流分析主要包括整体概况、异常雷达和效果提升。整体概况包括单量概况、指标监控、菜鸟指数和分析月报。异常雷达包括异常概况和订单跟踪。效果提升主要是经营诊断和时效诊断，如图 7-14 所示。

图 7-14　淘宝生意参谋物流类数据

7.2.10 财务类数据

财务分析主要包括财务总览、财务报表、收支账簿、财务工具和配置管理，主要供财务人员数据分析使用，如图 7-15 所示。

图 7-15　淘宝生意参谋财务类数据

其中，财务总览主要包括财务概况、营业利润分析、现金负债分析和现金流量分析。财务报表包括快速报表。收支账簿包括收支记账、订单明细。财务工具包括利润计算器、订单利润分析。配置管理包括商品成本、运费配置、科目管理、凭证录入、凭证管理和财务密码。

7.2.11 人群类数据

人群运营是生意参谋联合数据银行，为商家提供的客户运营工具，围绕店铺、单品、大促、内容、服务等维度，可一键圈选潜力人群，并通过推广、短信、优惠券、店铺千人千面等渠道对其进行精准运营和追踪。

人群基础分类包括新客、老客、未购新客和已购新客等。可分析不同分类下的访客数、支付人数、支付金额、30 天人均购买次数和 90 天人均购买次数等，如图 7-16 所示。

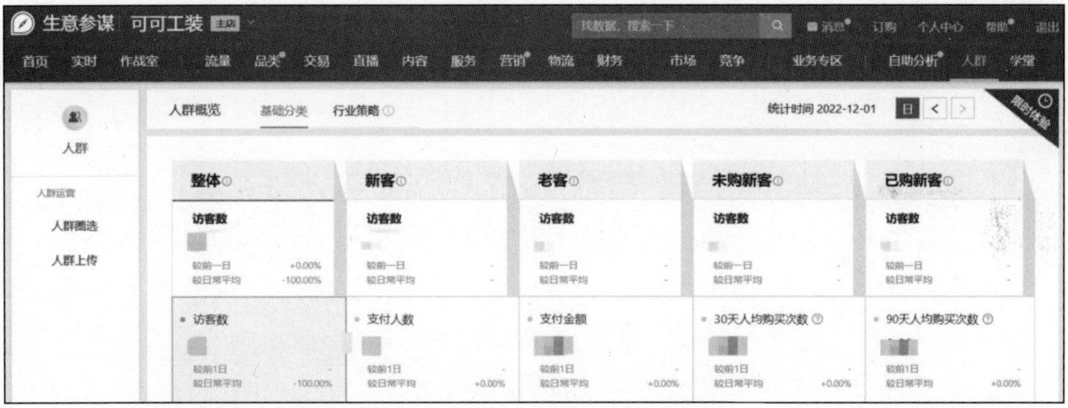

图 7-16　淘宝生意参谋人群类数据

7.3　主流电商平台数据运营工具

不同的电商平台都配置了相应的数据分析工具，比如淘宝、天猫的生意参谋，京东的商智，拼多多的数据中心，抖音的电商罗盘和快手小店的生意通。

7.3.1 淘宝、天猫生意参谋

生意参谋诞生于 2011 年，是阿里巴巴推出的首个统一的官方数据服务门户，向商家提供一站式、个性化、可定制的数据服务。商家可以通过生意参谋了解店铺经营状况，包括流量、品类、交易、直播、内容、服务、营销、物流、财务等数据。商家可以实时或按日、周、月收集和统计数据，记录店铺销售、流量、转化和推广等方面数据，为网店提供经营决策，提升店铺销售额和运营效率，如图 7-17 所示。

图 7-17　淘宝、天猫生意参谋数据工具

7.3.2 京东商智

京东商智是为京东商家提供数据服务的平台。商家订购之后，可以获取店铺的流量、商品、交易、服务、营销、供应链、客户、行业、竞争、揽客、报表等数据，如图 7-18 所示。利用这些数据，可以支持运营决策，展开客户精准营销，帮助提升销售额。

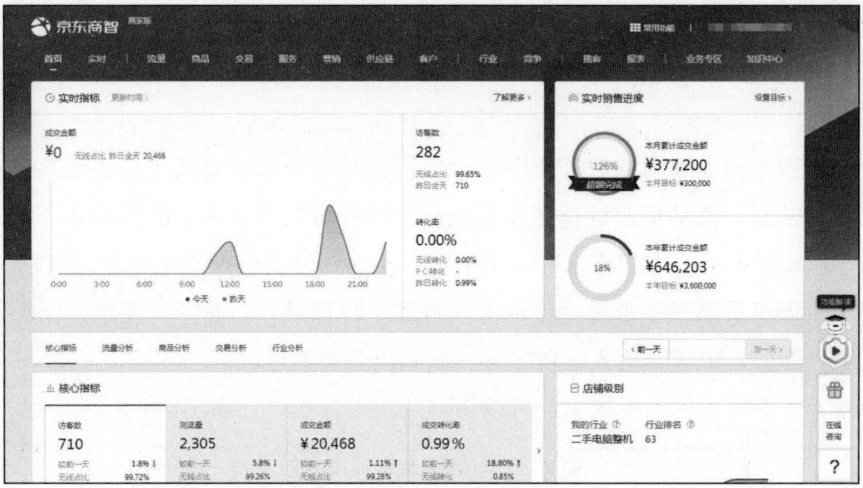

图 7-18　京东商智数据工具

7.3.3 拼多多数据中心

拼多多数据中心主要有经营总览、商品数据、交易数据、售后服务质量、流量数据和营销数据，如图 7-19 所示。

图 7-19　拼多多数据中心数据工具

7.3.4 抖音电商罗盘

抖音电商罗盘为多视角的数据平台，抖店罗盘帮助达人、商家在抖音建立稳定的经营模式，从内容流量、商品供应链及客户私域三大板块出发，以直观的数据商品形式帮助达人、商家了解市场趋势、客户需求等重要信息，从而构建更成熟的电商经营体系。

抖音电商罗盘页面包括首页、作战室、直播、短视频、商品卡、搜索、商城、交易、商品、人群、服务、物流、达人、营销等多项数据分析专区。

选择电商罗盘中不同的专题页，可以进行具体的分析，如表7-6所示。

表7-6 电商罗盘专业版导航分类

导　航	分　类
首页	实时概览、经营概览、服务体验
作战室	活动大屏、单店翻牌器、单店大屏
直播	直播列表、直播复盘、主播分析、直播计划、直播榜单、竞争对比
短视频	自营视频、合作视频、视频列表、视频榜单
商品卡	流量分析、单商品卡流量、行业榜单、竞店对比、竞品对比
搜索	本店搜索流量（流量概况、看后搜索分析、引流搜索词）、行业（行业搜索词、行业排行榜）、竞争（竞店搜索对比）
商城	商城推荐分析、店铺页分析、商城概览
交易	成交分析、账号分析、退款分析、财务概览
商品	单品分析、品类分析、实时商品、商品概览、商品榜单
人群	核心人群、场景人群、人群画像、人群管理
服务	体验分析（用户原声、客服分析、售后分析）、体验考核（商家体验分、客户反馈、品质中心）
物流	物流概况、物流指数
达人	达人优选（直播带货达人、视频带货达人）、合作复盘（核心数据分析、达人对比分析、合作达人列表）
营销	活动分析、营销分析

7.3.5 快手小店生意通

快手小店生意通是面向快手商家的数据服务平台，可为商家提供多渠道、全链路的精细化数据分析服务。基于快手电商的海量数据库，快手生意通可以提供对流量、直播、短视频、店铺、营销、交易和服务等数据的分析，如图7-20所示。

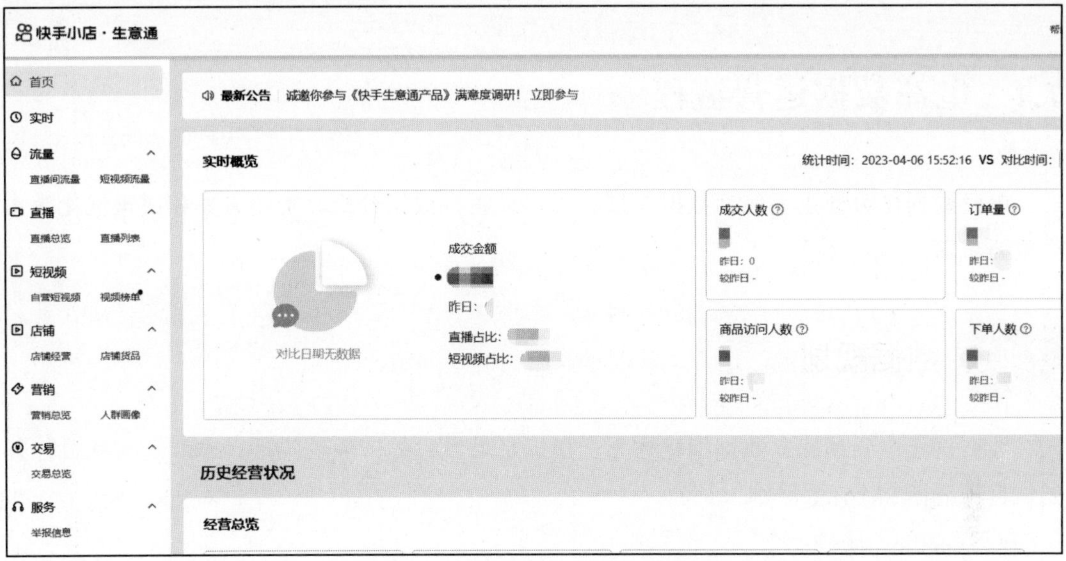

图 7-20　快手小店生意通数据工具

选择快手小店生意通导航中不同的专题页，可以进行具体的分析，如表 7-7 所示。

表 7-7　快手小店生意通导航分类

导　航	分　类
首页	实时概览、历史经营状况、经营总览、带货日历、历史数据
实时	实时概览、营销效果速览
流量	直播间流量、短视频流量
直播	直播总览、直播列表
短视频	自营短视频、视频榜单
店铺	店铺经营、店铺货品
营销	营销概览、人群画像
交易	交易总览
服务	举报信息

运营不同电商平台，需要熟练掌握相应的数据分析工具，统计日常、每周、每月的数据，对数据进行跟踪分析，以便更好地指导运营工作。

7.4 电商数据运营流程

电商数据化流程主要包括数据规划、数据采集、数据分析、提出方案和决策优化等五个重要步骤。

7.4.1 数据规划

数据规划主要是建立数据指标体系。指标是对目标的一般性描述，电商运营从目标开始，目标遵循 SMART 原则：

- Specific：明确的
- Measurable：可测量的
- Action oriented：行动导向的
- Realistic：务实的
- Time related：有时间表的

指标体系分为总量指标、相对指标、平均指标和变异指标。

总量指标反映研究对象在一定时间、地点，一定条件下达到的总规模或总水平，例如店铺每月总销售额、总访客数、总支付人数等。

相对指标是反映有联系的事物之间数量关系的综合指标，例如店铺转化率、客单价等。

平均指标用于反映某一数据在一定时间、空间条件下所达到的一般水平，例如人均浏览量、人均停留时间。

变异指标是反映差别的综合指标。

电商中的数据指标体系比较多，包括总体运营指标、流量指标、客户指标、商品指标、直播指标、销售转化指标、活动指标等。需要将指标细化并分解，找出相关影响因子，如图 7-21 所示。

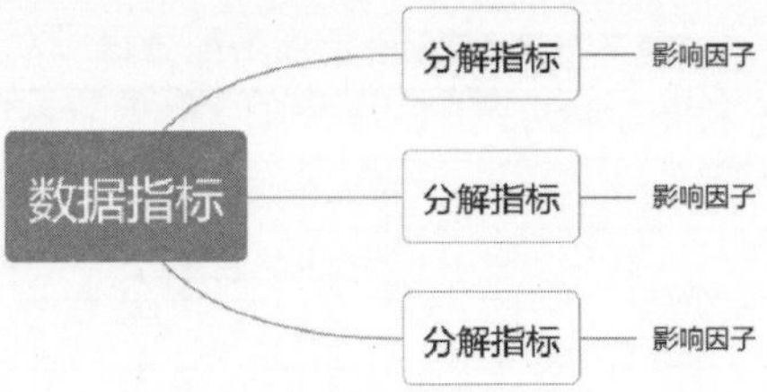

图 7-21　数据指标体系分解和影响因子

例如建立店铺销售运营指标体系，根据公式：销售额=流量×转化率×客单价，销售额是总量指标，相关指标包括流量、转化率和客单价等。分解其中的流量指标，流量=付费流量+免费流量+自主访问流量+其他流量。以淘宝网为例，分解指标如表 7-8 所示。

表 7-8　流量来源数据指标分解

付费流量	免费流量	自主访问流量	其他流量
直通车	手淘搜索	我的淘宝	
引力魔方	手淘推荐	购物车	
淘宝客	手淘首页推荐	直接访问	
品销宝	手淘淘宝直播		
万相台	手淘旺信		
超级直播	淘宝活动		

转化率可以分为询单转化率、静默转化率、下单转化率、支付转化率等。其中询单转化率和静默转化率影响因素的分解如表 7-9 所示。

表 7-9　转化率数据指标分解

询单转化率	静默转化率
客服响应速度	页面设计（专业、精美）
客服服务态度	商品展示（细节、卖点）
客服知识经验	商品陈列（分类、关联）
客服数量	促销活动（满减、满送）
其他	商品品牌（质量、口碑）

根据不同的指标，找到相关影响因子，进行调整和优化提升。例如询单转化率重点提升客服响应速度和服务态度等。

客单价受商品单价和客户平均购买数量及总量影响。其指标分解如表 7-10 所示。

表 7-10　客单价数据指标分解

商品单价	客户平均购买数量
价格结构	客服推荐
商品定价	商品搭配
行业定价	关联销售
竞品定价	促销活动
其他	

商家需要根据销售管理、客户管理等不同的数据指标体系，建立店铺经营参考坐标系，将销售运营情况简化为一系列能够反映运营全貌的数据指标，方便及时掌握运营现状，了解趋势变化，发现异常指标，及时调整原有销售计划或解决执行中存在的问题。

以淘宝生意参谋自助分析为例，商家可以规划店铺经营核心、无线端流量结构、类目结构、服务评价、物流效率等日报、周报和月报数据指标体系。

7.4.2 数据采集

数据采集主要是指收集网店后台的数据、平台数据、第三方平台数据、研究报告数据等，为数据分析展开做好数据预处理工作。

数据采集的第一步是明确由谁，在何时，在何处，通过何种渠道、何种工具、何种方法，对哪些数据进行采集。

例如店铺数据运营每周在生意参谋下载后台数据，统计销售额数据和流量来源数据。

数据采集的第二步是将数据保存于相应的表格中，可以下载平台固定的 Excel 模板，也可以自行调整具体内容。表 7-11 所示为店铺经营核心日报。

表 7-11　店铺经营核心日报

统计日期	访客数	支付金额	老客户支付金额	支付件数	客单价	支付转化率	成功退款金额	直通车消耗	钻石展位消耗	淘宝客佣金
2022-12-05										
2022-12-10										
2022-12-13										

数据采集的第三步，是将报表中各项数据进行分类、汇总，最终导入指标体系。目前各大电商平台商家建立好自己的数据指标体系之后，可以自动导入每日、每周数据。

7.4.3 数据分析

完成数据采集之后，需要对各项指标进行比较分析。数据分析是将收集的数据进行加工、整理和分析，从而总结结论，提供解决方案，或者进行数据预测，形成数据分析报告。

常用的数据分析包括对比分析、趋势分析、关联分析和因果分析等。

1. 对比分析法

对比分析法，主要是指对数据指标进行对比，检查计划的完成情况，分析产生差异的原因，进而挖掘内部潜力的方法。

对比分析法主要应用于计划指标与实际完成指标的对比、本期（日/周/月）指标与上期指标的对比（环比）、今年与去年的对比（同比）、行业平均水平对比等。以生意参谋流量总览为例，可以对比日、周、月等周期的数据增长或降低等情况，如图 7-22 所示。

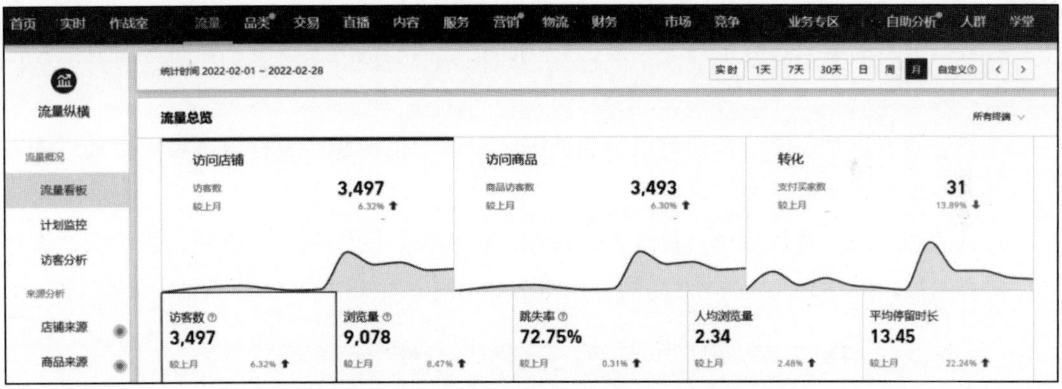

图 7-22　流量数据月度对比分析

2. 趋势分析法

趋势分析法是通过对有关指标的各期对基期的变化趋势的分析，从中发现问题，为追溯和检查运营数据提供线索的一种分析方法。

趋势分析法主要应用于电商年度或季度销售、流量、转化率、客单价等的变化趋势分析，预测下一年度或季度市场规模、销售量和市场占有率等。

3. 关联分析法

关联分析法是在交易数据、关系数据或其他数据中，分析项目集合或对象集合之间的相关性。

例如在分析交易总览数据时，销售额与访客数、支付转化率和客单价等相互关联，在提升店铺销售额时，需要考虑如何增加店铺流量，如何提升商品从客户下单到支付的转化率，如何提升客单价等相关因素。

4. 因果分析法

因果分析是为了确定引起某一现象变化的原因，主要解决“为什么”的问题。例如同样是分析交易数据，为什么 10 月份的交易额降低？在分析时可以考虑“双 11”临近，客户等待“双 11”大促时购买等因素。

7.4.4 提出方案

对数据分析的结果进行汇总、诊断，并提出相应的解决方案。评估数据，编制数据统计图表，提出观点。

在整理数据表时，既可以通过数据表格陈述目前的情况和主要问题，也可以通过图表的形式，更加直观清晰地进行展现。

常见的图表形式有柱形图、折线图、饼图、条形图、面积图、散点图、股价图、雷达图、组合图等，以 WPS 办公软件为例，如图 7-23 所示。

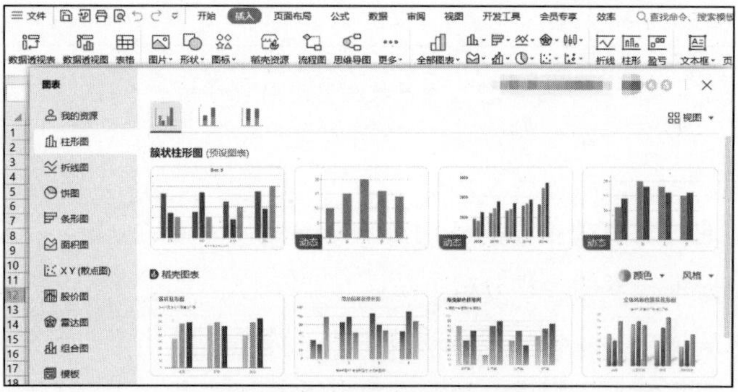

图 7-23　不同的图表形式

7.4.5 决策优化

制定数据改进措施，即时了解数据相应的变化，不断优化和改进，避免同类问题再次出现，从根本上解决问题。

数据运营是一项长期的工作，也是一个循序渐进的过程，需要数据运营人员实时监测网店数据情况，即时发现问题、分析问题和解决问题，保证店铺健康、持续地发展。

本章要点

1. 了解数据运营的含义和主要作用。
2. 掌握店铺运营的核心数据指标。
3. 掌握数据分析的五步流程。
4. 学会运用主流电商平台的网店数据分析工具。

本章习题

一、名词解释

1. 广义的数据运营
2. 狭义的数据运营

二、选择题

1. （单选）以下哪项不属于客服 KPI 考核内容？（　　）

A. 指标完成率　　B. 咨询转化率　　C. 商品点击率　　D. 下单成功率

2. （单选）以下哪项不属于电商数据运营的主要内容？（　　）

A. 市场类数据　　B. 竞店类数据　　C. 交易类数据　　D. 气象类数据

3. （多选）以下哪几项属于 SMART 原则？（　　）

A. Specific　　B. Measurable　　C. Realistic　　D. Table

4. （多选）以下哪几项属于电商罗盘中的专题页？（　　　）

A. 首页　　B. 直播　　C. 竞争　　D. 短视频

三、填空题

1. 常用的数据分析包括对比分析、趋势分析、关联分析和__________等。

2. 数据运营为决策者、管理者和_________提供运营依据。

3. 淘宝生意参谋流量来源主要包括付费流量、站内免费流量、站外流量、___________、大促会场流量和其他流量

四、简答题

1. 数据运营的六个作用是什么？

2. 电商数据化流程分哪五步？

第 8 章

团队运营

8.1 电商团队运营简述

电商团队的运营，和其他互联网类运营相比更为复杂，分工也更为细化，因为会涉及复杂的供应链及物流体系。一般来讲，电商运营的岗位分为多个：店铺运营、商品运营、流量运营、活动运营、客服与售后等。其协同的岗位，有策划、推广、美工、文案、分销、客服、选品、主播、直播场控等。

电商运营岗位，一般起“军师”的作用，帮助公司负责人制定运营策略，以及市场发展目标，统筹各岗位的整体工作，指导参与市场的开拓，与各相关部门沟通商品从开发到上线，再到交付及售后的全过程。

8.1.1 常见的组织架构

电商团队要想在激烈的竞争中站稳脚跟，必须有一个与团队发展相适应的组织架构。企业的组织架构有集权制、分权制、直线式和矩阵式四种形式，在电商业务中以直线式（按岗位）和矩阵式（按业务）为主，我们可用物理学里面的串联和并联来进行联想记忆。

按照岗位分，就是把同类型或者同样的岗位放在一个部门，比如经营管理部、运营部、客服部等，这有点像串联，一环扣一环，每个部门各司其职，如图 8-1 所示。好处是同一环节抗风险能力强，不怕有人员变动或者离职，而且相同岗位的人员可互相学习借鉴。坏处是容易形成大锅饭思维，团队人效不高，且各部门之间容易形成部门墙，导致沟通效率下降，形成“甩锅”等情况。目前市面上的企业，多数采用的是这种串联模式。

按照业务分，就是一个类型的业务、一个店铺、一个品牌，可以独立核算，这有点像物理学中的并联，如图 8-2 所示。好处是按阿米巴模式（各业务小组独立核算）经营，能够快速响应市场变化。坏处是虽然在业务快速增长期团队会如虎添翼，但是一旦业务遇到瓶颈很容易分崩离析。所以这种模式一般适用于初创型组织，或者较为成熟的大公司事业部。典型代表是韩都衣舍，他们很早就采用了这种模式，对企业进行了人效提升，形成了品牌矩阵。

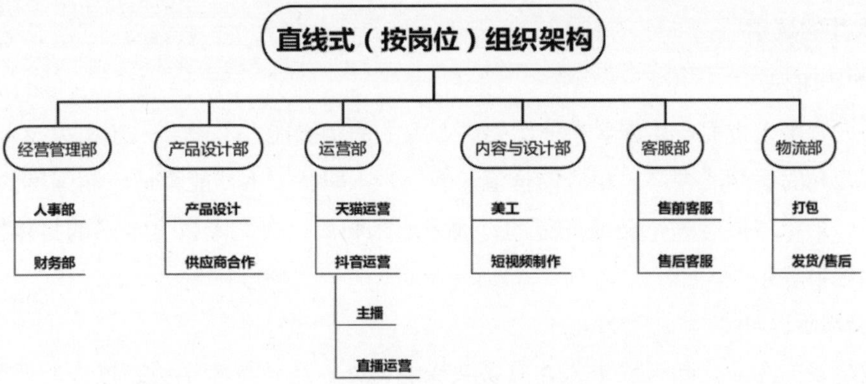

图 8-1 直线式组织架构

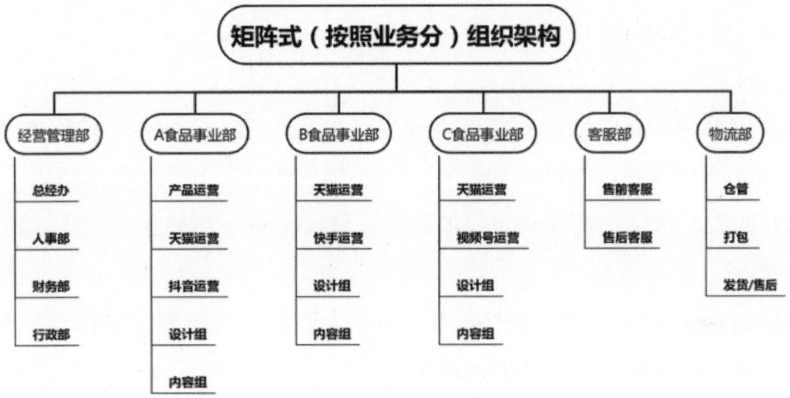

图 8-2 矩阵式组织架构

当然，串联模式和并联模式并不是对立的关系，在同一个组织里面，也可以同时使用。在 200 人以上的公司中，这两种模式同时存在是很常见的。

8.1.2 人才的选用和培养

一家成熟的企业基本上都要经历起步阶段、发展阶段、稳定阶段和壮大阶段四个时期。任何一个企业，在不同阶段如何选用、培养人才，所采用的方法是不太一样的，因为每个阶段对于人才的需求，和能给人才的回报也是不一样的。

1. 人才的选用

1）起步阶段

在选人和用人方面，初创型企业主要关心人才的实操能力，以及人才相关投入产出比，比如给1万元的薪酬能否产出相应的价值，能否一入职就上手，能否适应高强度的加班等，对于学历、形象气质等并不是最在意的。而人才入职后，会跟老板有很多的直接接触，能够很快学到很多东西。

2）发展阶段

发展阶段的企业，除了要求人才具备实操能力外，还会参考学历、过去的经验是否与该公司所经营的类目相同或者相似，此时具备相关类目经验的人，在求职中就会有一定的优势。这个阶段的企业，员工很容易“剩者为王”，只要你能取得相应的成绩，且在公司有一定资历，就很容易得到晋升。

3）稳定阶段

稳定阶段的企业，会考虑招聘管培生或者有较高学历的应届生，他们的主要目的，是为了培养适合自己企业的，忠诚度和执行力都不错的人才。在人才的使用中，竞争空间较大，能力出众的人，可以很快找到自己的位置，逐步负责一部分业务。

4）壮大阶段

壮大阶段的企业，会全方位地考虑人才的各个方面，人才的竞争也非常激烈，才能不足够出众的，就容易被淹没在人才的河流中。

2. 人才的培养

1）起步阶段

这个阶段的企业往往缺乏资金，人才培养以自学和视频培训为主。这个阶段的员工可以多主动自学，然后实践，并与比自己更有经验的人交流，快速获得从学习到实践，再到学习的螺旋式成长。

2）发展阶段

到了发展阶段，人员基本稳定，企业也开始盈亏平衡，可以投入一定的资金和精力到培训上。员工如果能很好地结合自学和视频学习，一般能很快超越同期入职的人。

3）稳定阶段

这个阶段的企业一般都会有自己的内部讲师，员工可以系统性地学习更多实操的知识，实现所学即所用。

4）壮大阶段

这个阶段的企业很多都成立了自己的企业培训部门，员工要学会合作和协同，不求自己什么都会，但求能够有一技之长，并且要善于调动资源，实现单位时间的学习、产出价值最大化。

8.1.3 岗位职责与岗位绩效

1. 岗位职责

运营更像是一座桥，一边是商品，一边是客户，中间的桥墩是需要协调的内部各个岗位，以及外部的各种资源。常见的运营岗位及其职责如下。

1）店铺运营

店铺运营一般被称为店长。店铺运营相当于一个或者一群店铺的大脑，该岗位人员要分析市场数据，总结公司内部与市场的突破点，制订战略计划，并分配到各岗位各人员，保证执行有效。负责店铺相关数据整理解析，分析行业每日动态趋势数据，并根据所有数据资料进行运营费用计算。

核心技能：市场数据分析。店铺目标与计划制订，即定目标。渠道流量优化及团队协同，即盯过程。组织复盘和汇报成绩，即拿结果。

2）商品运营

商品运营在有的公司中也叫买手。电商里有一句老话，叫“七分靠选品，三分靠运营”，选择了一款好商品，能起到事半功倍的作用。该岗位的需要制订及实施商品购买计划、商品上市计划，控制货品结构、商品搭配、尺码配比、买货数量、零售定价等；建立和完善供货商档案，开辟新的采购方式及供货渠道，不断降低采购成本，监督和审查到货质量；分析商品售卖的数据，分析得失，基于客户的反馈，进一步改进商品的包装、材质、配方等，从商品侧支持实现销售利润的最大化。

核心技能：选对款是根本。了解同行业同类品牌的货品及流行趋势，优化选品策略。

3）平面设计运营

视觉呈现主要是美工岗位的职责，其工作的本质是根据店铺运营的需求，设计制作店铺所需的页面和广告图，并根据店铺数据的反馈来更改、更新页面设计。数据分析是运营岗位和推广岗位的强项，而推广图对数据的要求极高，因此运营与推广人员应当对设计人员进行辅助，避免设计产生数据盲区，从而提高运营的效率。

核心技能：店铺所有页面和推广图的设计，以及相关转化数据的研究。

4）内容及直播运营

当前的内容运营主要是小红书等平台的图文，和抖音、快手、视频号、淘宝等平台的短视频。图文和短视频的主要作用是“种草”，其次是“新奇特”商品的即时转化。

直播运营主要管理艺人，通过多种形式激励艺人创造优质内容，掌握并了解最新的艺人和业内动向，收集整理业务信息，建立最新的信息资料库。

核心技能：控制好单场观看人数、停留时长和转化率、客单价，求得最佳的 ROI（投入产出比）。

5）客户运营

客户运营本质上是把新客户转化为老客户，把老客户转化为复购客户。这里面涉及会员运营、客服运营、私域运营等。客服或者私域运营人员的优秀与否很大程度上决定了商品的下单转化率的高低。一个亲和力强的客服不仅可以为店铺增加下单量，还能够提升店铺粉丝数量。一个服务周到且细心的客服，可以让客户对店铺和商品产生安全感。

做售后服务是客服的一个重要任务，好的售后服务能让客户有更好的购物体验，每一次售后咨询都是一个二次沟通的机会，处理好二次沟通，可以提升客户的信任感，拉近店铺与客户的距离。因此，售前与售后客服都很重要。

售前客服核心技能：售前客户问题解答，客户询单转化率的提升。

售后客服核心技能：中差评的维护与处理，客户关系管理，老客户复购率的提升。

6）仓储物流运营

仓储物流部门是店铺的后勤保障，主要负责货物的安全，保证货物在平台要求时间内发出，保证货品发出质量，不出错、不遗漏。

核心技能：货品的仓储数据整理，货品安全与高效摆放，发货的准确率与效率把控。

2. 岗位绩效

设定岗位绩效的目的是发挥员工的工作积极性，激励员工工作，并配合公司整体战略规划，体现公司绩效，贯彻薪酬分配制度。绩效包括个人绩效和组织绩效两个方面。组织绩效的实现应在个人绩效实现的基础上，但是个人绩效的实现并不一定保证组织绩效能够实现。如果组织绩效按一定的逻辑关系被层层分解到每一个工作岗位及每一个人，只要每一个人达成了组织的要求，组织的绩效就实现了。

一般绩效考核会采取打分制，HR 根据绩效周期调取信息，并进行打分。电商公司绩效考核涉及运营岗、推广岗、设计岗、客服岗，根据每个公司的实际情况，各有侧重。

工资时期分试用期与正式期，工资结构总体分为基础工资与绩效工资。

8.2　创业与就业

值得一提的是，未来很多工种都会基于 AI 工具提升效率，电商也不例外，甚至在客服、美工等领域 AI 已经被广泛应用了。重复性的工作会逐步被机器取代，尤其是 ChatGPT 出来之后，微创意、文字初稿、AI 绘画、私域回复、私域发单等工作，都可以被机器取代，所以我们在择业的时候，要选机器替代性弱的，更需要发挥人的创造力和想象力的工种，用好智能工具为我们服务。

在这个前提下，我们再去思考创业和就业，是很有意义的。

8.2.1　电商专业大学生如何创业

创业的目的是什么？是为了短期挣钱，是为了实现一个具体的理想，还是为了帮助一群人？“初心”决定了下一步到底做什么。

创业三要素是天时、地利、人和，一般至少要占两个时，才适合创业。因为企业经营的本质是为客户创造价值，并从中获得利润。天时，即所选项目是否顺应趋势，是否具备自己想要的增长空间。地利，即所在的城市，或者所选的网络平台，是否具备所选品类需要的供应链，或者流量优势。人和，即自己是否具备所选项目需要的核心能力，是否有其他的伙伴，可以互相弥补不足。

就业更需要执行力，而创业更需要创造力和判断力。原则上不建议大学生一开始就创业，理由是“就业是如何做好麻婆豆腐”，但“创业本质上是要从做好四菜一汤到做好满汉全席”。

但如果要一定要创业，并非不能从大学时代开始。可以从开一个店开始，可以通过抖音、微信、快手，包括小红书这样的平台提前去实践，去感知消费，而不是盲目地学教科书，等着一毕业就去创业，否则失败的概率是很大的。

可以在抖音、微信、快手这样的轻量级平台，开一个自己有供应链优势和获客优势的小店，选择一个小的细分市场着手。

创业和就业本身有很多相似之处，就业做不好的人创业很可能做不好，创业做得好的一般就业的时候也做得很好。无非是就业由他人承担风险，自己享受分配权，而创业是自己承担风险，从零到一，享受所有权。

8.2.2 电商专业大学生如何择业

就业是创业的预演，创业是就业的强化，两者本身就有很多相似之处。本节重点介绍就业里面的择业，给大学生一些具体的建议。

一是选城市。不同的城市，可以合作的人才不一样。不同的城市，有不同的优点。如果择业的时候不知道去哪里，可优先选择北上广深等大城市，拓宽格局和眼界，再决定下一步。

二是选供应链，要根据自己想要从事的品类去选供应链。电商“七分靠选品，三分靠运营”，尤其是直播电商，更加注重供应链。比如卖小商品就得去义乌，卖家具最好去广州、佛山等地，卖小家电则去慈溪等。

三是选趋势，人是干不过趋势的，要顺势而为。要去选择哪些增长趋势明显的，国家鼓励发展的朝阳产业。也要去选择哪些顺应趋势的打法，比如百草味一直讲究顺势而为，乐于尝试新事物。在 2017 年，微信小程序还在推广期的时候，百草味顺势而为搭建了小程序，逐步利用社交裂变促成更多的交易，实现了较好的新渠道增长。

四是选兴趣，基于自己的兴趣去做事情，哪怕是去做一些小而美的事情。坚持做自己喜欢的事情，做到极致，金钱自然会来。

五是选家乡，因为自己的根和父辈的资源都在这里。但是即使要回家乡继承家业，也不要急于回家乡，先在外“习得文武艺”，打开了格局之后再回家乡结合父辈的资源，整合资源，快速突破。

六是选跨境，进入全球市场。跨境电商有三种：从国内卖到国外，从国外卖到国内，从国外卖到国外。以前的跨境电商要么基于亚马逊，要么基于独立站，随着国家一些贸易政策的推行，会有一些新的结构性的机会。如果有合适的资源，或者自己有海外生活经历，可能进入跨境电商行业会更有优势。

七是选平台，即选择传统的货架电商还是新兴的内容电商。选传统的淘宝、天猫、京东、拼多多等平台，意味着稳定、简单，但是大起的空间也有限。选新兴的抖音、快手、视频号平台，有很广阔的前景，但是很容易大起大落。可以根据自己的兴趣和能力，去做合适的选择。

八是选市场主体的经营方式，即选择做品牌方、代理商，还是做服务商。做品牌方最为持久，而且也是生态链的顶端，但是整个业务路径复杂。代理商就是渠道分销，是纯粹的贸易公司。服务商就是服务电商行业的公司和从业者。

在做决策时，方向很重要，选择大于努力。一旦方向确定，执行很重要，要努力到感动自己。电商运营知识既是技能，也是方法论，掌握了好的方法论，不管进入什么行业，和什么人合作，都能有所成就。

祝福你，未来的电商从业者。

本章要点

1. 掌握电商团队的组织形态与管理方式。
2. 掌握电商运营岗位的职责与绩效模式。
3. 了解电商专业学生的就业与创业的注意事项。

本章习题

一、判断题

1. 一家成熟的企业基本上都要经历起步阶段、发展阶段、稳定阶段和壮大阶段四个时期。

2. 仓储物流部门是店铺的后勤保障，主要职责是负责选品，保证选择的商品容易收纳，在物流中不容易破损，降低投诉率。

3. 一般情况下，工资时期分试用期与正式期，工资结构总体分为基础工资与绩效工资。

二、选择题

1. （多选）以下哪些是售前核心技能要求？（　　　）

A. 售前客户问题解答　　　　B. 客户询单转化率的提升

C. 包裹丢失查件　　　　D. 店铺详情页设计

2. （多选）以下哪些是店长的主要职能？（　　　）

A. 店内图片修图　　　　B. 店铺目标与计划制订

C. 渠道流量优化　　　　D. 组织复盘和汇报成绩

3. （单选）以下哪一项不是抖音直播运营岗位需要重点关注的指标？（　　　）

A. 转化率　　　　B. 直播间曝光率

C. 商品好评率　　　　D. 商品卡自然成交率

4. （单选）以下哪一项不是直接影响商品成交转化率的主要因素？（　　　）

A. 主图点击率　　　　B. 商品定价

C. 发货速度　　　　D. 商品历史好评率

三、填空题

1. 创业三要素包含天时、地利、______，一般至少要占两个才适合创业。

2. 电商业务架构以直线式和矩阵式为主，其中按岗位分的是_____式，按业务分的是_____式。

3. _____运营，一般在公司中称呼为店长。

四、简答题

1. 电商运营一般起什么作用？

2. 如果你要创业，你会从哪个平台开始？为什么？

附录 A

习题参考答案

第 1 章

一、名词解释

1. B2C，是企业对个人的一种电子商务模式，即企业通过互联网将商品、服务及信息提供给个人客户。B2C 模式是直接面向客户销售商品和服务的商业零售模式。比如天猫、京东等电子商务平台都是 B2C 模式的。

2. O2O，又称离线商务模式，是指线上营销、线上购买或预订（预约），带动线下经营和线下消费的模式。美团、饿了么、途虎养车、携程都可以归属于这一类平台。

3. B2G，是电子商务的专业用语，意思是企业与政府合作的电商，比如国家控股的国家和私人合营公司就是属于这种商业模式，政府的采招网、政采云就是这种类型。

二、选择题

1. D
2. A
3. A
4. ABD
5. ABD

三、填空题

1. C2C
2. 老铁
3. 法治

四、简答题

1. 根据书中内容，适当展开，列举相关企业及特点即可。
2. 根据书中内容，结合自己的体会，覆盖人格化、品牌化、精细化等内容即可。

第 2 章

一、名词解释

（略）

二、选择题

1. ABCD
2. B
3. D
4. ABD
5. D

三、简答题

（略）

第 3 章

一、选择题

1. D
2. D
3. C
4. D
5. C

二、判断题

1. 正确
2. 错误
3. 正确

4. 错误

5. 错误

三、填空题

1. 商品海报　商品参数

2. 兴趣爱好　消费能力

四、简答题

1. 选品的法则有六个方面，包括商品的质量、卖点、定价、应季性、销量、好评率。

2. 商品链接管理主要涉及商品查询、商品发布、批量上架、批量删除、批量设置邮费、批量设置发货时间等。

第 4 章

一、选择题

1. B

2. C

3. B

4. ABD

5. ABCD

二、填空题

1. 手机端（无线端）

2. 促销说明类

3. 形式美观

三、简答题

1. 传递网店信息，提升店铺形象，传递品牌信息，提高店铺流量，提高店铺转化率，提高店铺销售额。

2. 从客户需求出发，与流量分配相关，与 SKU 相关，与店铺发展阶段相关。

第 5 章

一、名词解释

1. 内容运营是指商家运营通过图文、图集、音频、视频或直播等内容形式，将店铺信息、品牌信息或商品信息，通过平台内外传播渠道，展现、传递给客户，通过优质的内容，激发客户参与、分享、传播，从而达到吸引客户和促成转化等目的。

2. UGC 是指 User Generated Content，即用户创作内容，主要是用户自发或运营激励用户生产创作内容。OGC 是指 Occupationally Generated Content，即职业创作内容，主要是指行业内人员创作内容。PGC 是指 Professionally Generated Content，即专业人员创作内容，在电商领域中主要是指 4A 广告公司、MCN 等机构创作的内容。

3. 直播脚本是指在直播前制定的直播大纲，帮助把控直播的节奏，规范直播的流程，以达到既定的直播目标。

二、选择题

1. D

2. B

3. C

4. BCD

5. ABD

三、填空题

1. 转化

2. 九宫格图文

3. 活动款

四、简答题

主要包括确定内容选题、确定内容标题、搭建内容框架、填充图文内容和检查修正内容。

第6章

一、名词解释

（略）

二、选择题

1. ABD
2. ABCD
3. ABCD
4. ACD

三、简答题

（略）

第7章

一、名词解释

1. 广义的数据运营是一种思维方式，主要通过不同平台的数据化工作、技术和方法，对各种运营环节进行分析和指导，从而达到优化运营效果和效率、降低运营成本、提高店铺销售额的目的。

2. 狭义的数据运营是指数据岗位的工作，与商品运营、客户运营、内容运营、活动运营等都属于整个运营体系的分支，主要工作是从事数据的采集、分析，提供决策支持。

二、选择题

1. C
2. D
3. ABC
4. ABD

三、填空题

1. 因果分析
2. 运营者
3. 自主访问流量

四、简答题

1. 了解店铺运营现状、发现店铺运营问题、解决店铺运营问题、预测未来店铺趋势、方便公司人员管理、提升客户产品体验。

2. 电商数据化流程主要包括数据规划、数据采集、数据分析、提出方案和决策优化等五个重要步骤。

第 8 章

一、判断题

1. 正确
2. 错误
3. 正确

二、选择题

1. AB
2. BCD
3. D
4. C

三、填空题

1. 人和
2. 直线　矩阵
3. 店铺

四、简答题

1. 电商运营岗位，一般起“军师”的作用，帮助公司负责人制定运营策略，以及市场发展目标，统筹各岗位的整体工作，指导参与市场的开拓，与各相关部门沟通商品从开发到上线，再到交付及售后的全过程。

2. 无固定答案，回答合情合理即可。